高速铁路桥梁工程施工技术

GAOSU TIELU QIAOLIANG GONGCHENG SHIGONG JISHU

徐浩然 姜 鸿 应广生 主编

华中科技大学出版社
http://press.hust.edu.cn
中国·武汉

内 容 简 介

本书为高速铁路桥梁工程施工技术参考用书,主要分为9章:高速铁路桥梁概述、桥梁基础施工、桥梁墩台施工、桥梁支座安装、预应力混凝土简支梁桥施工、预应力混凝土连续梁(刚构)桥施工、其他类型桥梁施工、桥梁病害处理及综合接地施工以及高速铁路桥梁工程标准化工艺工装。内容结合理论与实际,有面有点,适合初学者阅读,亦适合相关从业者参考查阅。

图书在版编目(CIP)数据

高速铁路桥梁工程施工技术/徐浩然,姜鸿,应广生主编;李永军等副主编.—武汉:华中科技大学出版社,2024.5
ISBN 978-7-5772-0694-3

Ⅰ.①高… Ⅱ.①徐… ②姜… ③应… ④李… Ⅲ.①高速铁路-桥梁工程-工程施工 Ⅳ.①U448.13

中国国家版本馆 CIP 数据核字(2024)第 090548 号

高速铁路桥梁工程施工技术　　　　　　徐浩然　姜　鸿　应广生　主编
Gaosu Tielu Qiaoliang Gongcheng Shigong Jishu

策划编辑:周永华
责任编辑:郭雨晨
封面设计:杨小勤
责任校对:张会军
责任监印:朱　玢

出版发行:华中科技大学出版社(中国·武汉)　　电　话:(027)81321913
　　　　　武汉市东湖新技术开发区华工科技园　　　邮编:430223
录　　排:华中科技大学惠友文印中心
印　　刷:武汉科源印刷设计有限公司
开　　本:710mm×1000mm　1/16
印　　张:20.5
字　　数:368千字
版　　次:2024年5月第1版第1次印刷
定　　价:98.00元

本书若有印装质量问题,请向出版社营销中心调换
全国免费服务热线:400-6679-118　竭诚为您服务
版权所有　侵权必究

编委会

主　编	徐浩然	中铁十一局集团有限公司
	姜　鸿	中铁十一局集团有限公司
	应广生	中铁十一局集团有限公司
副主编	李永军	中铁十一局集团有限公司
	李若愚	中铁十一局集团有限公司
	汪祥国	中铁十一局集团有限公司
	刘　继	中铁十一局集团有限公司
	金荣臻	中铁十一局集团有限公司
编　委	郑贵杰	中铁十一局集团有限公司
	於礼红	中铁十一局集团有限公司
	吴　瑞	中铁十一局集团有限公司
	万广超	中铁十一局集团有限公司
	袁梦玮	中铁十一局集团有限公司
	杨　亮	中铁十一局集团有限公司
	徐志成	中铁十一局集团有限公司
	刘琪林	中铁十一局集团有限公司
	段　誉	中铁十一局集团有限公司
	师烽育	中铁十一局集团有限公司
	王雅璐	中铁十一局集团有限公司
	安　伟	中铁十一局集团有限公司
	熊军华	中铁十一局集团有限公司
	向　虎	中铁十一局集团有限公司

高永俊	中铁十一局集团有限公司
方远鑫	中铁十一局集团有限公司
于　辉	中铁十一局集团有限公司
宋　辉	中铁十一局集团有限公司
杨　航	中铁十一局集团有限公司
兰　剑	中铁十一局集团有限公司
杨　凯	中铁十一局集团有限公司
闫晓田	中铁十一局集团有限公司
王　楠	中铁十一局集团有限公司
李　豪	中铁十一局集团有限公司
汪　勇	中铁十一局集团有限公司
王　进	中铁十一局集团有限公司
李航天	中铁十一局集团有限公司

前　言

21世纪初,以京津、京沪和武广高速铁路开工建设为标志,我国高速铁路建设迎来了黄金发展期。到2023年底,全国高速铁路营业里程达 4.5×10^4 km。在高速铁路的建设中,桥梁工程施工占据着重要的地位。

高速铁路桥梁工程施工是高速铁路建设中非常重要的环节。高速铁路桥梁工程施工的任意一个环节一旦出现问题,都可能会导致严重的事故发生,同时给我国经济的发展以及社会的和谐带来诸多不良影响。铁路行业工作者较为关注的问题是如何提高高速铁路桥梁工程施工技术的水平。他们正不断地进行技术创新,以求提高高速铁路桥梁工程建设水平。

本书以高速铁路桥梁工程施工技术为研究对象,将理论与实践相结合,主要分为9章:高速铁路桥梁概述;桥梁基础施工;桥梁墩台施工;桥梁支座安装;预应力混凝土简支梁桥施工;预应力混凝土连续梁(刚构)桥施工;其他类型桥梁施工;桥梁病害处理及综合接地施工;高速铁路桥梁工程标准化工艺工装。

本书引用了大量相关专业文献,在此对相关文献的作者表示感谢。由于编写时间紧,书中难免存在疏漏之处,恳请广大读者批评指正。

目　　录

第 1 章　高速铁路桥梁概述 ……………………………………………… (1)
　1.1　高速铁路概述 ………………………………………………………… (1)
　1.2　高速铁路桥梁工程 …………………………………………………… (10)
　1.3　高速铁路桥梁主要施工方法 ………………………………………… (16)

第 2 章　桥梁基础施工 …………………………………………………… (23)
　2.1　明挖基础施工 ………………………………………………………… (23)
　2.2　桩基础施工 …………………………………………………………… (38)
　2.3　沉井基础 ……………………………………………………………… (48)
　2.4　组合式基础施工 ……………………………………………………… (54)
　2.5　桥梁基础施工实践——以新建上海至南京至合肥高速铁路沪宁段
　　　站前Ⅸ标为例 ………………………………………………………… (56)

第 3 章　桥梁墩台施工 …………………………………………………… (67)
　3.1　墩台身施工 …………………………………………………………… (67)
　3.2　锥体填筑 ……………………………………………………………… (77)
　3.3　吊围栏施工 …………………………………………………………… (80)
　3.4　桥梁墩台施工实践——以新建上海至南京至合肥高速铁路沪宁段
　　　站前Ⅸ标为例 ………………………………………………………… (81)

第 4 章　桥梁支座安装 …………………………………………………… (91)
　4.1　高速铁路桥梁支座 …………………………………………………… (91)
　4.2　盆式橡胶支座 ………………………………………………………… (92)
　4.3　球形钢支座 …………………………………………………………… (97)

第 5 章　预应力混凝土简支梁桥施工 …………………………………… (101)
　5.1　后张法预应力混凝土简支梁桥预制 ………………………………… (101)
　5.2　先张法预应力混凝土简支梁桥预制 ………………………………… (118)
　5.3　预应力混凝土简支梁桥整孔架设 …………………………………… (126)
　5.4　支架浇筑 ……………………………………………………………… (135)
　5.5　移动模架制梁 ………………………………………………………… (147)

5.6 移动支架制、架梁 …………………………………………………… (157)
第6章 预应力混凝土连续梁(刚构)桥施工 …………………………… (162)
 6.1 悬臂浇筑法施工 ………………………………………………… (162)
 6.2 悬臂拼装法施工 ………………………………………………… (174)
 6.3 转体法施工 ……………………………………………………… (176)
 6.4 连续梁顶推 ……………………………………………………… (183)
 6.5 先简支后连续箱梁 ……………………………………………… (190)
第7章 其他类型桥梁施工 ………………………………………………… (193)
 7.1 拱桥施工 ………………………………………………………… (193)
 7.2 斜拉桥施工 ……………………………………………………… (205)
第8章 桥梁病害处理及综合接地施工 …………………………………… (227)
 8.1 桥梁病害处理及治理措施 ……………………………………… (227)
 8.2 桥梁综合接地施工 ……………………………………………… (238)
第9章 高速铁路桥梁工程标准化工艺工装 ……………………………… (242)
 9.1 桩基施工标准化工艺工装 ……………………………………… (242)
 9.2 墩台施工标准化工艺工装 ……………………………………… (274)
 9.3 支座施工标准化工艺工装 ……………………………………… (292)
 9.4 箱梁施工标准化工艺工装 ……………………………………… (293)
参考文献 …………………………………………………………………… (316)
后记 ………………………………………………………………………… (319)

第1章 高速铁路桥梁概述

1.1 高速铁路概述

1.1.1 高速铁路的定义、特点

国际铁路联盟(英文全称是 International Union of Railways,法文全称是 Union Internationale des Chemins de Fer,以下简称 UIC)是创立于1922年的国际组织,其任务是促进铁路运输、发展铁路系统,进而支持 UIC 成员的铁路业务。UIC 作为标准制定机构,其主要目标之一是促进铁路系统的技术协调。为了保障铁路系统安全,UIC 标准规定了设计、建造、运营和维护应符合的通用要求。标准从形式上分为早期制定的 UIC 活页标准和大力推广的国际铁路行业标准(International Railway Solution,简称 IRS)两类。UIC 国际标准化工作的基本思路是大力推进 IRS 国际铁路行业标准的制定工作,修订 UIC 活页标准,并适时将 UIC 活页标准转化为 IRS 国际铁路行业标准。

2011年5月,UIC 客运部"高速铁路全体委员会"更名为"城际与高速委员会"。城际与高速委员会工作目标是应对运输领域可预见的变化、应对其他运输模式的竞争,以及支持相关铁路项目和活动。近年来,城际与高速委员会组织了与高速铁路相关的多项活动,包括科学研究、世界高速铁路大会及相关培训等。在标准化工作方面,城际与高速委员会组织制定了一系列高速铁路相关标准,除高速铁路实施系列标准外,还有 IRS 70001:2016《铁路应用 高速铁路-开通运营前的动态集成测试和运行试验》和 IRS 60662:2019《铁路应用 高速铁路 高速铁路线路维护》等。

2015年11月,城际与高速委员会 IRS 工作组召开会议,提出由中国和西班牙专家共同主持制定高速铁路实施系列标准。系列标准以城际与高速委员会2012年出版的 UIC《高速铁路系统实施手册》为基础研究制定,为未来高速铁路实施过程项目提出、可行性研究、设计、施工、运营等阶段提供指导。IRS 60670:

2020《高速铁路实施-定义和特点》(下文简称 IRS 60670:2020)于 2020 年发布,是系列标准的基础。IRS 60670:2020 定义了高速铁路,阐述了高速铁路的基本特点和技术特点,并明确了系列标准的结构,为后续制定其他标准奠定了基础。

1. 高速铁路的定义

IRS 60670:2020 中明确规定了高速铁路的定义。标准制定参考了 UIC 有关文件、中国《铁路主要技术政策》、欧盟 2008/57/EC《铁路系统互通性指令》、美国交通部联邦铁路管理局《高速城际客运铁路计划》、日本国土交通省《全国新干线铁道整备法》等相关规定。现有高速铁路技术体系主要为欧洲体系、中国体系、日本体系三大体系,中国体系及欧洲体系均定义新建高速铁路为运营速度达到 250 km/h 的铁路,但其他具体要求在各国、地区之间存在差异。在进一步与国内专家和国际标准工作组的各国专家充分研讨后,各方对高速铁路定义达成一致。IRS 60670:2020 中将高速铁路定义为"运营速度不低于 250 km/h 的铁路",并注释"高速铁路的定义在各国可能存在差异"。相关组织和国家高速铁路定义见表1.1。

表 1.1　相关组织和国家高速铁路定义

组织、国家	高速铁路定义
UIC	高速铁路结合了许多不同元素,构成了一个"完整的综合系统":基础设施(新建线路设计速度不低于 250 km/h,在某些情况下,既有线改造最高运行速度达到 200 km/h 甚至 220 km/h)、机车车辆(特别设计的动车组)、通信、运营条件和设备等
中国	新建设计开行 250 km/h(含预留)及以上动车组列车,初期运营速度不小于 200 km/h 的客运专线铁路
欧盟	(1)高速铁路系统线路:专门新建的高速线路的速度一般不低于 250 km/h,专门改造的高速线路的速度一般不低于 200 km/h。专门改造的高速线路受地形、城市规划制约而具备特殊性,因此速度应与特定情况相适应。此类也包含高速和普速网络间的联通线路、通过车站的线路等高速机车车辆以普速运行的线路。 (2)高速铁路系统机车车辆:在高速铁路专用线路上运营速度不低于 250 km/h,在合适情况下,运营速度超过 300 km/h;或与线路的性能等级相匹配,在高速铁路系统线路上运营速度达到 200 km/h

续表

组织、国家	高速铁路定义
美国	根据各运输通道的不同需求和特点,交通部联邦铁路管理局使用基于市场的方法将客运铁路分级。其中,速度等级最高的区域的核心快捷运输列车以 200~400 km/h 速度运行
日本	能够以 200 km/h 或以上速度运营的干线铁路

2. 高速铁路的特点

IRS 60670:2020 明确了高速铁路的基本特点和技术特点。

(1) 基本特点。

①系统复杂性。高速铁路是一个复杂的系统,体现在其集成了机车车辆、工务工程、通信信号、牵引供电、运营及服务、车站等技术领域。每个领域均涉及复杂的子系统、设备和零部件,如高速铁路动车组涉及动车组车体及车端连接、转向架、高压牵引系统、辅助电气系统、供风及制动系统、网络及监控系统、旅客信息系统、车内环境控制系统、给排水及卫生系统、驾驶设施、列控车载设备等,包含 2 万余种零部件。另外,各技术领域内、各技术领域间及各技术领域与外部系统还存在复杂的技术接口,例如:车载设备与铁路沿线装备之间的接口,列控系统与动车组牵引制动系统的接口;动车组与轨道电路之间的兼容性、动车组与列控车载设备及通信车载设备的接口及电磁兼容性、轨道结构和制动技术兼容性;轮轨关系、牵引供电调度与运营调度的关系、供电能力与运行图编制及列车运行调整的关系;通信信号系统与牵引供电系统的综合接地方式、通信信号系统的电源需求和牵引供电系统的供电方式等。同时,高速铁路还包括财务、市场运营等非铁路专业技术领域的先进技术。上述领域均会对高速铁路的性能产生影响。每个领域的各环节及各领域间的相互协调也至关重要。

②多样性。高速铁路的多样性体现在各高速铁路系统间存在的差异。差异可能由多方面原因造成。在各专业技术领域,高速铁路系统子系统、设备和零部件的设计及其相互作用的不同均会导致高速铁路系统间的差异。同时,高速铁路所在地区的文化、商业模式、运营模式和成本管理方法不同也可导致高速铁路存在差异。例如,各国高速铁路现多采用网运分离或网运合一的运营模式,高速铁路的运营因采用不同运营模式而存在较大差异。在成本分析时,按照网运合

一模式运营的铁路仅需要考虑统一运营商内部的成本;而按照网运分离模式运营的铁路则需要分别考虑运营商和基础设施管理商。此外,高速铁路还涉及多个利益相关方,如管理者、运营商、基础设施管理商、施工承包商等。各相关方在高速铁路系统间的不同诉求也会造成高速铁路的差异化。国际标准化组织(International Standards Organization,ISO)发布的技术报告 ISO/TR 21245:2018《铁路应用-铁路项目规划过程-铁路项目规划指南》对利益相关方的需求和关注进行了详细说明。例如,基于不同的文化及宗教背景,人们对列车内饰设计的需求及关注点有所不同。

综上所述,多方面因素造成的各方面差异,导致了高速铁路的多样性。

③高运能。由于列车运行速度快,在相同时间内,相对于普速铁路,高速铁路可承载的旅客量明显增加。例如,2011 年我国京沪高铁开通时,年客运输送能力双向达到 1.6 亿人次,是旧京沪线年客运能力的 2 倍以上。日本九州新干线(新八代—鹿儿岛中央)开通后,客运量由每天的 3900 人次提升至 8800 人次。

(2) 技术特点。

高速铁路按照专业技术领域划分为工务工程、机车车辆、牵引供电、通信信号、运营服务、车站等。IRS 60670:2020 明确了各专业技术领域的技术特点。

①工务工程。

为了保障列车运行安全、平稳,以及实现较小的维修工作量,相对于普速铁路,高速铁路的工务工程应满足更高要求。

a. 线路。高速铁路线路采用较大的曲线半径、较缓的超高顺坡、较长的夹直线长度和较大的线间距;线路应采用与高速列车和维护用车辆牵引、制动性能相适应的最大坡度和较长的坡段长度。

b. 路基。高速铁路路基应具有足够的强度、足够且均匀的刚度、较小的工后沉降、稳定的路基边坡和良好的排水设施。

c. 桥梁。高速铁路桥梁应具有足够的强度、刚度、稳定性和耐久性,应严格控制梁体结构变形和墩台工后沉降,优化梁体自振频率,并具有良好的车桥耦合和线桥耦合动力性能。

d. 隧道。高速铁路隧道断面应根据运输需求(最高运行速度、列车相关性能、旅客乘坐舒适性等)设置。可根据需要设置洞口缓冲结构,以减缓列车气动效应所造成的不利影响,满足旅客乘坐的舒适性要求和洞口环境要求。

e. 轨道。高速铁路轨道应采用高稳定性、高平顺性、少维修的轨道结构和跨区间无缝线路、通过速度较高的大号码道岔。轨道几何状态偏差管理应采用较高标准。综合考虑,选择无砟轨道或有砟轨道。

②机车车辆。

在机车车辆方面,IRS 60670:2020对高速动车组作出了相关规定。高速动车组是高度智能化、机电一体化的高速铁路运载装备,具备固定编组、自带动力、双向运行的商业运营能力。高速动车组应满足高级别的可靠性、可用性、可维修性、安全性要求;在全寿命周期内,生命周期成本合理的要求,能够满足限定的轴重,满足与轨道、路基、桥梁、隧道、站台、接触网、通信设备等设施和装备的兼容性和匹配性。

高速动车组主要由车体、转向架、牵引系统、制动系统、列车网络控制系统等部分组成。

a. 车体。高速动车组具有经过优化的空气动力学外形及性能、轻量化的车体结构、良好的气密性和隔音降噪性能。

b. 转向架。高速动车组采用动力学性能优良的高速转向架,能够保障高速列车安全、平稳运行。

c. 牵引系统。高速动车组采用技术成熟、可靠适用的大功率变流元件,牵引传动系统的电气设备和控制电路能够实现运用可靠性高、维修简便的交-直-交电力牵引传动系统。牵引系统温升稳定,不应出现超温导致的功率限制、动力切除等异常现象,具有较高的功率重量比,受电弓能够保障受流质量。

d. 制动系统。高速动车组采用计算机控制的多个互补的制动系统,以保障制动距离限值满足要求。

e. 列车网络控制系统。高速动车组采用先进的控制与诊断系统,以保障高速列车的车辆以及控制设备按照行车指挥命令与司乘人员的操纵工作。系统能及时发现列车运行中的故障,提出应急处理方案或通知地面维护部门准备采取措施,并迅速准确地检测出控制与诊断所需的全部信号,必要时给予显示。

③牵引供电。

高速铁路牵引供电系统是从三相电力系统接收电能,向单相交流电气化铁路行驶的列车输送电能的电气网络。牵引供电能力需要适应高速动车组高速度、高密度、大功率的运行需求。牵引供电设备还要满足可靠稳定供电的要求。高速铁路牵引供电系统主要由牵引变电所、接触网、监视控制与数据采集系统组成。其中,接触网应具有较大张力,能使受电弓运行轨迹平顺、降低离线率、提高列车受流质量,以保障弓网受流质量,并且满足免维护、少检修、抵御自然环境侵害的要求,接触线应具有较小的电阻率、高机械强度、良好的抗磨损性能;监视控制与数据采集系统应具有综合一体化的远程监控能力。

④通信信号。

高速铁路通信信号系统包括列车运行控制系统(traction control system,TCS)、调度集中系统(centralized traffic control,CTC)、联锁、闭塞及其有线/无线传输网络。TCS实现对高速列车运行状态的实时监控以及安全自动防护,CTC实现对所有列车的远程集中控制。

TCS用于自动监控列车运行,是保障高速铁路运营安全、提高运营效率的核心技术装备,是高速铁路的中枢神经。系统应具备安全性、可用性、可靠性、互通性、适用性、电磁兼容性能和抗干扰能力,并满足线路远期运输能力需求。跨国(区)运行列车的运行控制系统还应满足互通运行需求。列车运行控制根据技术先进程度分级,高级别的TCS设备具备向下兼容能力。TCS由车载设备和地面设备组成,车载设备和地面设备可通过通信网络进行单向或双向数据传输。TCS车载设备应实现对列车和调车作业的监控,为列车司机提供安全驾驶所需的信息,并在不同场景下采用不同的操作模式。TCS地面设备应采集列车运行相关信息,并生成行车许可,传输给车载设备。

CTC采用计算机、网络通信和现代控制技术,是高度自动化调度指挥系统、新型行车指挥和信号控制设备。根据运量和运力配置要求,CTC用于指挥和协调线路、牵引供电、高速动车组、通信信号、旅客服务等各个领域严格执行运输计划,并不断地实时收集调度指挥所需要的各种信息,监视高速动车组运行情况,及时调整和修正运输计划,满足高速铁路安全、准点、高密度的运行要求。

⑤运营服务。

高速铁路应在确保安全的前提下,采取高速度、高密度、公交化的运营模式,实现快捷、方便输送旅客,充分运用先进的信息系统,提供高品质的运输及服务,并采取有效措施提高服务质量。

调度指挥人员应严格按计划行车,及时预测延误,采取有效措施避免列车晚点,保障列车按计划接续。指挥列车运行的作业过程要有记录,供事后分析使用。列车运行计划应根据运输需求、设备条件等因素综合确定,节假日高峰客流期间采用节假日列车运行图。对于客货共线的高速铁路,旅客列车优先于货物列车。

高速铁路应采用多种安全监控设备,遇严重设备故障、自然灾害等情况时,及时发出报警信息,通知列车采取相应应急措施。铁路运输企业应制定突发事件应急预案,建立完善的铁路运营管理规章制度及标准,并加强员工培训。

高速铁路宜采用综合检测方式,检测轨道、接触网、通信、信号等基础设施的工作状态,为养护维修提供依据,综合检测速度宜与运营速度相同。高速铁路的设施设备应按规程维修,在制定列车运行计划时要留出维修时间,保证可持续运营。基础设施维修结束后、运营列车开行前,宜开行确认列车。

⑥车站。

对于整个高速铁路系统而言,高速铁路车站的选址是一个重要而且具有战略意义的组成部分。高速铁路车站的选址应能减少乘客旅行时间,并与航空、城轨运输、公交系统以及私人运输方式紧密相连,方便乘客换乘。

高速铁路车站的规模应满足系统功能要求和运输需求,便于运营管理和开展商业活动,并根据需要预留一定的发展条件。

高速铁路车站的平面布置应根据引入线路数量、线路输送能力、车站作业量、列车开行方案、车站性质及运营要求等因素确定。车站咽喉区布置应满足车站接发车能力要求,引入多条线路或动车组走行线时,引入端咽喉区布置应满足列车平行作业数量的要求。

1.1.2 高速铁路的技术经济优势

高速铁路是一种新型的交通运输工具,与民航、公路、水运、普速铁路相比,其在速度、运能和便利性等方面都有着自己的错位优势,正好满足了市场上不同群体的不同需求,填补了既有交通运输方式之间的空缺。与既有交通运输方式相比,高速铁路具有以下技术经济优势。

(1) 营运速度快。

高速铁路的营运速度都在 200 km/h 以上,5 h 内可以到达 1000 km 范围内的目的地,而且高速铁路的营运速度还有发展的空间,许多高速铁路线路的营运速度都达到了 300 km/h。法国、日本、德国、西班牙和意大利高速列车的最高营运速度分别达到了 350 km/h、300 km/h、330 km/h、270 km/h 和 300 km/h。如果进一步改进,营运速度可以达到 350~400 km/h。旅客除了关心最高营运速度,更关心的是旅行时间,而旅行时间是由旅行速度决定的,乘坐高速铁路列车可以大大缩短全程旅行时间。有关统计数据显示,在 1200 km 的范围内乘坐高速铁路列车所花费的总时间与乘坐飞机所花费的总时间几乎一样。例如,在正常的飞行状态下,乘坐飞机从北京至上海花费的总时间为 5 h(包括从市区到机场的时间和候机时间),乘坐高速铁路列车的时间也为 5 h;如果乘坐既有铁路列车,则最快需要 10 h。若与高速公路比较,以上海到南京为例,沪宁高速公路长

274 km,汽车平均时速为 83 km,行车时间为 3.3 h,加上进出沪、宁两市区一般需要花费 1.7 h,全程时间为 5 h,而乘坐高速铁路列车约需要 2 h。

(2) 安全性好。

由于高速铁路在全封闭环境中自动化运行,又有一系列完善的安全保障系统,所以其安全程度较高。在几个以高速铁路为主要交通方式的国家,一天要发出上千对的高速列车,其事故率及人员伤亡率远远低于其他现代交通运输方式。因此,高速铁路被认为是较安全的现代交通运输方式。与此相比,全世界公路交通伤亡事故每年的死亡人数为 25 万～30 万。

(3) 准点率高。

旅客选择交通工具的重要依据就是时间,期望能够准时到达目的地,以便与其他行程安排协调一致。高速铁路拥有强大的技术保障体系、高标准的列车组织运营水平,能够充分保证列车的高准点率。在高速线上运行的列车普遍具有很高的准点率,到达终点站的时间误差大多小于 5 min。

有关数据显示,西班牙高速铁路的准点率达到 99.6%,法国高速铁路的平均晚点时间为 30 s,行车密度很高的日本能达到 98.5% 的准点率,平均晚点时间不超过 1 min。日本东海道新干线列车平均晚点时间只有 0.4 min。同时,高速铁路按照列车运行图行驶在固定的轨道上,避免了交通拥堵。

(4) 输送能力强。

输送能力强是高速铁路的主要技术优势之一。各国高速铁路几乎都能满足最小行车间隔 4 min 的要求。日本东海道新干线高峰期的发车间隔为 3.5 min,在东京—新大阪的 2.5 h 的运行路程中开行"希望"号 1 列、只停大站的"光"号 7 列及各站都停的"回声"号 3 列,每列车可载客 1200～1300 人,年均输送旅客达 1.2 亿人次。品川站建成后,东京站的发车密度为 15 列/小时。东海道新干线目前每天发送旅客人数是开通之初的 6 倍多,最高可达到 37 万人/天。相比较而言,四车道高速公路年均单向输送能力仅为 8760 万人;目前最大型号的飞机可承载 300～400 人/架,按单向每天 20 架计算,则每天单向输送旅客仅 6000～8000 人。

(5) 全天候运行。

高速铁路线路采用全封闭的结构,具有自动控制系统和自动驾驶系统,一般情况下不受天气变化的影响,可以做到安全运行,按图行车。在较为严重的自然灾害条件下,可以采用减速运行的方式维持行车,受大雾、暴雨、大风天气影响较小。高速铁路的安全保障系统不但保证了高速铁路的运行安全,而且使铁路全天候运行的优势得到了充分发挥,保证高速铁路能够准确运行。以日本东海道新干线为例,只有风速达到 35 m/s 时才停运。而民航运输经常受到大雾、雷雨等恶劣天气的影响,特别是夏季,雷雨气候多,航班起降会受到很大的制约。公路运输和水路运输也经常受气候因素的影响,停运停航的情况时有发生。

(6) 环境污染少。

当今,发达国家选择新一代交通工具的着眼点是对环境污染少。高速电气化铁路基本上消除了粉尘、油烟和其他废气污染,噪声比高速公路低 5~10 dB。发达国家普遍认为,发展交通运输应注意环境生态问题。现在的交通运输,特别是汽车运输造成的环境污染日益严重,汽车产生的废气及噪声对生态环境和人体健康的影响越来越大。有学者建议,为防止地球上的臭氧层被破坏而造成气候异常现象,应力争使汽车排放的废气减少 25% 并控制高速公路的发展,还应力争以高速铁路网逐步替代大城市间适当距离内的航空运输。

(7) 能耗低。

根据日本对平均每人每千米采用各种交通运输工具产生能耗的统计,高速铁路为 571.2 J,普通铁路为 403.2 J,公共汽车为 583.8 J,小汽车为 3309.6 J,飞机为 2998.8 J。如以普通铁路每人每千米的能耗为 1.0 J 计算,则高速铁路为 1.42 J,公共汽车为 1.45 J,小汽车为 8.2 J,飞机为 7.44 J。这也是在当今石油能源紧张的情况下,各国选择发展高速铁路的原因之一。

(8) 经济效益好。

高速铁路自投入运行以来备受旅客青睐,其经济效益也十分可观。例如,日本东海道新干线开通后仅 7 年就收回了全部建设资金。日本东海道新干线的营业里程虽然仅为日本铁路公司(Japan Railways)营业里程的 1/4,但其收入却占到 85%。

(9) 舒适性好。

高速铁路车厢宽敞、整洁,座位空间大,各类服务设施齐全。列车运行平稳,噪声小,安全稳定。高速铁路的设计很好地融入了大量的高科技成果,全自动呼叫服务器、LED 光源等设备的应用大大提升了列车的科技化程度。高速铁路还根据不同人群的出行需要设置了不同等级的座位和铺位,为旅客提供个性化的服务,更好地满足旅客对舒适度的要求。高速铁路可以做到每 3 min 发一趟列车,日本在旅客高峰期每 3.5 min 就发出一趟列车,基本上可以做到旅客随到随走。西欧、日本等地的高速铁路还采取周期化运行、站台按车次固定等措施,进

一步方便了旅客乘车。高速铁路不仅设施先进,运行平稳,而且有飞机和汽车无法比拟的个人活动空间,甚至可以提供会议、娱乐、观光等空间。

(10) 占地面积小。

高速铁路的路基比高速公路的路基窄,一条双向四车道的高速公路的路基宽度为28 m,高速铁路的路基宽度为14 m,高速铁路的路基占地面积是高速公路的1/2。双线铁路用地宽度为13.7 m,六车道高速公路的用地宽度为37.5 m,要完成高速铁路的同等运量,高速公路需要建设八车道。如果采用路桥的建设方式,能够节约更多的土地。京津城际铁路采用路桥的建设方式,累计节约用地4900余亩(1亩≈667 m^2)。

1.2　高速铁路桥梁工程

1.2.1　高速铁路桥梁的特点

高速铁路桥梁是用于承托铁路架空部位的轨道。高速铁路桥梁由上部结构(桥跨)和下部结构(桥墩、桥台、墩台基础)组成。

由轨道传来的力通过桥墩、桥台、墩台基础传递至基底面。高速铁路桥梁除需要满足一般铁路桥梁的要求外,还需要满足一些特殊的要求。这是因为列车在运行时,其结构的动力响应加剧,从而使列车运行的安全性、旅客舒适度、荷载冲击、材料的疲劳、列车运行时的噪声、结构的耐久性等问题都与普通铁路不同。高速铁路桥梁的结构必须具有足够的强度和刚度,必须保证可靠的稳定性,保持桥上轨道的高平顺状态,保证其具有良好的动力特性。

高速铁路桥梁的特点可以概括为以下几点。

(1) 刚度大、整体性好。

与普速铁路桥梁相比,高速铁路桥梁设计的最大不同点是桥梁结构不仅要满足强度的要求,更重要的是要满足刚度要求,以此保证车辆运行的安全性、平稳性以及乘客的舒适性。

尽管高速铁路桥梁的活载小于普通铁路,但由于速度大幅度提高,列车对高速铁路桥梁的振动力作用远大于普通铁路桥梁。桥梁出现较大挠度会直接影响桥上轨道的平顺性,造成结构物承受很大的冲击力,影响乘客的舒适性,不能保持轨道状态稳定,影响列车的运行安全。为了保证高速铁路行车的安全、舒适,要求高速铁路桥梁必须具有足够大的刚度和良好的整体性,以防桥梁出现较大挠度和振幅。

(2) 沉降控制严、徐变上拱控制严。

和路基一样,高速铁路桥梁对沉降控制严格。此外,由于高速铁路桥梁上无缝线路钢轨的受力状态不同于路基结构上的无缝线路,温度变化、列车制动、桥梁挠曲都会产生长钢轨作用力,从而引起桥上钢轨的附加应力,甚至使桥梁在纵向产生一定的位移。过大的附加应力可能造成无缝线路失稳,影响行车安全。

另一方面,预应力混凝土桥梁在预应力和自重作用下,各截面处于偏心受压状态,下缘混凝土的预压应力沿梁高按线性变化规律逐渐变小。梁体各部分长期处于不同程度的预应力作用下,各层将产生不同的、与时间有关的徐变变形,下缘混凝土的徐变变形最大,沿梁高逐渐变小。桥梁变形后会因上长下短产生向上拱起的弯曲变形,即梁的预应力徐变上拱。这种徐变上拱将直接影响轨道平顺性。因此,为保证轨道的高平顺性,必须限制桥梁的预应力徐变上拱和不均匀温差引起的结构变形,保证行车的安全。墩台基础要有足够的纵向刚度,以尽量减少钢轨附加应力和梁轨间的相对位移。

(3) 对桥梁结构的耐久性要求高。

高速铁路行车都是高密度运行,任何中断性行车可能会造成不良后果。为此,桥梁结构物应尽量做到少维修或免维修。这就需要设计师在设计时将改善结构物耐久性作为主要设计原则。为保证桥梁质量,需要统一考虑合理的结构布局和构造细节,并在施工中严格控制。另外,高速铁路运营繁忙、列车速度快,维修时间多为夜间"天窗"时间。考虑到维修、养护难度比较大,桥梁结构构造应易于检查与维修。

(4) 强调结构与环境的协调。

高速列车对桥梁的动力作用远大于普速列车。这种动力作用会引起桥梁结构振动,产生环境噪声。如何消除高速铁路桥梁的环境噪声,特别是居民点附近的环境噪声,成为高速铁路桥梁设计需要考虑的一个重要问题。高速铁路作为重要的现代交通运输线,其设计应注重结构与环境的协调,注重结构外观和色彩,重视生态环境保护。

1.2.2 高速铁路桥梁的组成

高速铁路桥梁的组成与桥梁结构体系有关。常见的简支梁桥一般由以下部分组成。

(1) 上部结构。

上部结构指桥梁支座以上的部分。它包括桥跨结构和桥面构造两部分：前者指桥梁中直接承受桥上交通荷载、架空的主体结构部分；后者则指为保证桥跨结构能正常使用而建造的各种附属结构或设施。

桥跨结构的形式多样。对梁桥而言，其主体结构是梁；对拱桥而言，其主体结构是拱；对悬索桥而言，其主体结构是主索，也称"大缆"。桥面构造是指公路桥的行车道铺装，铁路桥的道砟、枕木、铁轨，伸缩装置，排水防水系统，人行道，安全带（护栏），路缘石，栏杆，照明等。

(2) 下部结构。

下部结构指桥梁位于支座以下的部分，也叫支承结构。它包括桥墩、桥台及墩台的基础，是支承上部结构、向下传递荷载的结构物。桥梁墩台的布置是与桥跨结构相对应的。桥台设在桥跨结构的两端，桥墩则分设在两桥台之间。桥台除起到支承和传力作用外，还起到与路堤衔接、防止路堤滑塌的作用。为此，通常需要在桥台周围设置锥体护坡。墩台基础是承受由上至下的全部荷载（包括交通荷载和结构重力）并将其传递给地基的结构物。它通常埋入土层或建在基岩之上，有时需要在水中施工。

(3) 支座。

在桥跨结构与桥墩之间还需要设置支座，以连接桥跨结构与桥墩，提供荷载传递途径，适应结构变位要求。支座提供的约束影响上部结构的受力行为。因此，可视支座为上部结构的一部分。

1.2.3　高速铁路桥梁的种类

高速铁路桥梁的形式很多，根据其受力情况可分为五类，即梁桥、拱桥、刚构桥、悬索桥、斜拉桥。

梁桥在竖向荷载作用下只产生竖向反力。梁桥的桥跨为梁，只受挠受剪，不受轴向力。梁桥可以分为简支梁桥、连续梁桥和悬臂梁桥。

拱桥在竖向载荷作用下会产生竖向反力和水平反力，无铰拱桥还会产生支座弯矩。拱桥的桥跨为拱，以受压为主，也受挠受剪。拱桥可以分为实体拱桥和桁架拱桥。

刚构桥的特点是桥跨与墩台刚性连接成一体。刚构桥在竖向荷载作用下会产生竖向反力和水平反力，无铰刚构桥还会产生支撑弯矩。刚构桥以受挠为主，也受剪和受轴向力。从造型上看，刚构桥可以分为门式刚构桥和斜腿刚构桥。

悬索桥的缆索跨过塔顶锚固于河岸上,是桥的承重结构,其桥面系通过吊杆悬挂于缆索上。

斜拉桥由桥塔、加劲梁和斜拉索组成。斜拉桥的主梁类似于多点支承的连续梁,索塔以受压为主,斜拉索承受拉力。

为适应不同地区的自然环境差异,客运专线的建设中广泛采用了特殊结构桥梁。特殊结构桥梁的一般形式主要有拱桥、连续刚构桥、V 形刚构桥、斜拉桥、组合结构桥(如连续梁与拱组合桥、斜拉刚构组合桥、连续钢桁梁柔性拱组合桥等)。

1.2.4 高速铁路桥梁的发展

根据国内外的科研成果和经验,我国相继制定了速度为 200～250 km/h 及 300～350 km/h 的新建铁路桥涵设计、施工和质量验收的相关规定。秦沈客运专线首次采用了预制双线整孔箱梁、无砟轨道箱梁、四片式 T 梁、连续结合梁及刚构连续梁等一批新结构。

在我国已建成和相继开工的客运专线、城际铁路中,桥梁所占比例较大,且高架桥梁应用较广。京津城际铁路桥梁比例达到 87.8%,广珠城际铁路桥梁比例达到 90%。京沪高速铁路桥梁比例为 80%,其中丹昆特大桥全长 164.85 km,为我国客运专线中桥梁长度之最。除大量采用简支箱梁预制架设外,高速铁路桥梁还采用大跨度连续梁等特殊结构。高速铁路桥梁一般选用简支梁、连续梁、连续刚构、拱及组合梁等刚度大的桥型,并尽量采用双线整孔箱形截面,跨度一般不超过 100 m。大跨度桥梁对外界影响因素的敏感性强,且结构庞大,不易更换,因而施工时对其物理力学性能及结构的可靠性要求比小跨度桥梁要高。

(1)秦沈客运专线桥梁。

秦沈客运专线是我国第一条速度为 200 km/h 以上的客运专线,是具体落实铁路主要技术政策的体现,也是我国铁路高速发展的前奏。

秦沈客运专线桥梁以 24 m 双线整孔箱梁为主,配以 20 m 单、双线和 24 m、32 m 单线箱梁的主要结构形式。受当时运架能力的限制,32 m 双线整孔箱梁未能预制,但在辽河大桥和小凌河桥上采用了移动支架阶段拼装法和移动模架现浇的施工方法现场制梁。除简支梁外还分别采用了悬臂灌注的预应力混凝土连续箱梁、钢-混凝土连续结合梁和斜交刚构连续梁等。其中,后两者在我国铁路工程中首次应用。

传统的制、架梁技术一直是制约铁路桥梁整体技术水平提高的主要因素之一。在秦沈客运专线桥梁施工中,除少数设备由国外引进外,各类箱梁的预制、架设工艺和架桥设备等多数是我国自主完成的,基本达到或接近世界制、架梁先进水平。先进设备应用和施工水平保证了箱梁的现场预制、运输和架设的顺利进行,使铁路桥梁建设的整体水平得到了提升,也为高速铁路建设进行了技术储备。

(2) 武广客运专线桥梁。

武广客运专线是京港高速铁路的一部分,线路主要穿越湘江流域和北江流域,湘江流域沿线湖泊河流众多,水系发育;北江流域陆路和水路交通发达,水网交织,水库塘泊密布。该线路桥隧相间,桥梁分布密集,工程量较大。

武广客运专线全长 1068 km,其中桥梁 468 km,占全线总长度的 43.8%,桥梁总数 684 座。全线以 32 m 简支箱梁为主导梁型,部分桥梁采用主跨 100 m 以下的混凝土连续梁。大禾特大桥桥墩高 42 m,为全线最高桥墩。韶关至花都段为越岭地段,沟壑交错,桥隧密集相连,桥隧占本段线路长度的 76.8%,其中桥梁 97 座,长 70.4 km。根据工程条件,分别采用了整孔箱梁割部分翼缘板运输通过隧道,增加 2 个小制梁场,移动模架现浇整孔箱梁等施工方法,解决了客运专线桥隧密集相连地段整孔箱梁的运输、架设问题。特殊工点桥梁有以下几座。

①汀泗河跨京珠高速铁路采用了主跨 140 m 钢箱系杆拱桥,胡家湾双线特大桥及梁家湾特大桥跨京珠高速铁路采用跨度 112 m 的提篮拱结构形式。

②株洲西湘江特大桥和衡阳湘江特大桥分别采用了 $(60+5\times100+60)$ m 连续梁和 $(64+4\times116+64)$ m 连续梁跨越湘江的结构形式。

③王灌冲大桥跨京珠高速铁路采用了 $(70+125+70)$ m 混凝土连续梁形式。

④黄土湾大桥跨河谷采用了 $(70+70)$ m 混凝土 T 形刚构形式。

⑤白庙北江特大桥采用 $(48+2\times80+48)$ m 预应力混凝土箱形连续梁跨越Ⅳ级航道,采用悬臂灌注施工,用 40 跨简支箱梁跨越连江和大堰河,采用移动模架施工。

⑥花都特大桥桥长 9676.1 m,除采用 32 m 整孔箱梁外,还采用了多座主跨 48 m、64 m、80 m 和 100 m 的预应力混凝土箱形连续梁桥跨越道路和铁路。

(3) 郑西客运专线桥梁。

郑西客运专线沿线大部分被第四系土层覆盖。线路北临黄河、横穿渭河及其支流,黄河上的三门峡水库使本线路多条河流形成河水倒灌,全线 80% 的地段处于湿陷性黄土地区,是世界上首条修建在大面积湿陷性黄土地区的高速铁路。

郑西客运专线全长 485 km，其中桥梁 312 km，占全线总长度的 64.3%，桥梁总数 137 座。最长桥梁为位于新华山站至新临潼站区间内的渭河特大桥，全长 79.47 km。该桥包括设于其上的渭南北站，渭南北站是世界上第一座设在高速铁路高架桥之上的全封闭式车站。特殊地区的桥梁有以下几座。

①湿陷性黄土地区桥梁桩基础。本段线路所经地区多为湿陷性黄土，具有松软、空隙大、不稳定等特性，所以墩台基础绝大部分采用桩基础。一般以桩径为 1.25 m、1.5 m 的钻孔桩为主，简支箱梁桥每墩台桩数为 8～10 根，跨渭河的大跨连续梁采用直径为 1.8 m 的钻孔桩。一般简支梁桥墩桩长为 50～55 m，本段桥梁桩基最长者为渭南跨渭河的连续梁主桥，桩长达 75 m。

②造桥机节段拼装桥梁。潼关境内黄土台塬区四座隧道之间有潼洛川、列斜沟、磨沟河三座大桥。由于整体式箱梁横截面尺寸大于隧道宽度，架桥机高度大于隧道净高，无法用大型架桥机施工，所以隧道间的桥梁采用 32 m 简支梁造桥机节段拼装施工方法，合计为 23 孔。

(4) 京沪高速铁路桥梁。

京沪高速铁路经过海河、黄河、淮河、长江四大江河流域的下游地区，线路全长 1318 km，其中桥梁 230 座 1140 km，占全线总长度的 86.5%。京沪高速铁路全线长度超过 5 km 的桥梁共计 32 座，京徐段 15 座，徐宁段 17 座。一般地段的桥梁大多为 32 m、24 m 预应力混凝土简支箱梁桥，大于 40 m 时采用预应力混凝土连续梁或 56 m 钢混结合梁，大于 80 m 时采用预应力混凝土连续梁、刚构连续梁、系杆拱桥和钢桁拱桥等桥梁形式。特殊工点桥梁有以下几座。

京徐段的特殊桥梁主要有 (68+110+68)m 连续梁桥，(80+128+80)m 连续梁桥，9×24 m 空间刚架桥，(32+108+32)m 中承式钢箱拱桥，80 m、96 m、112 m 系杆拱桥。

徐沪段的特殊桥梁主要有 (48+5×80+48)m 连续梁桥，(18+31+18)m 连续刚构桥，(40+68+40)m 连续梁桥，(40+64+40)m 单(多)线连续梁桥，(70+125+70)m 连续梁桥，(70+136+70)m 连续梁拱桥，(48+80+48)m V 形墩连续刚构桥，高架车站等。

济南黄河大桥主桥长 5143 m，跨黄河主桥采用五跨连续钢桁柔性拱(112+168+168+168+112)m，6 个主墩，其中 3# 主墩基础采用 24 根直径为 2.5 m 的钻孔桩基础，圆端形承台平面尺寸 36 m×23.2 m，桩长 80 m。

南京大胜关长江大桥是两线京沪高速铁路和两线沪汉蓉铁路共用的越江通

道,同时搭载双线地铁,为六线铁路桥。大桥全长 14.789 km,跨水面正桥长 1615 m,采用(109+192+2×336+192+109)m 双孔通航的六跨连续钢桁拱桥,采用三桁承重结构,三个主墩基础采用 46 根直径为 3.2 m/2.8 m 的钻孔桩基础,承台平面尺寸为 34 m×76 m,桩长 107~112 m。主跨分别为 168 m 下承式钢桁梁桥和两孔 336 m 钢桁拱桥。

位于丹阳昆山段的丹昆特大桥全长 164.85 km,为该线最长桥梁,也是目前世界上最长的铁路桥。该桥除少数特殊跨度外,大量采用 32 m 简支箱梁。

(5) 哈大客运专线桥梁。

哈大客运专线自大连至哈尔滨,沿线经过低山、剥蚀丘陵区、滨海平原和冲洪积平原等地貌。线路全长 904 km,其中桥梁 162 座 663 km,占全线总长度的 73.3%。一般地段的桥梁为 32 m、24 m 预应力混凝土简支箱梁,以 32 m 跨度为主,24 m 跨度主要用于桥跨调整,简支箱梁以现场集中预制架设为主。特殊工点桥梁有以下几座。

①普兰店海湾特大桥。该桥跨越普兰店海湾,全桥长 4960.85 m,主跨采用 18×56 m 双线简支箱梁,单孔箱梁重 2200 t,采用造桥机节段拼装施工。其余地段采用 32 m、24 m 简支箱梁跨越。

②富岭 2 号特大桥。该桥长 1171.86 m,跨越疏港高速公路干道及匝道,采用(45+70+70+70+45)m 连续梁,是哈大客运专线全线最长的连续梁。

③新开河特大桥。新开河特大桥跨越长春市宽 80 m 的富民大街,与线路斜交 59°,采用 1 孔 138 m 跨度的钢箱系杆拱桥。

1.3 高速铁路桥梁主要施工方法

1.3.1 施工方法分类

结构形式不同,其上部结构的施工方法也有所差异,归纳起来可分为以下几种。

(1) 简支梁桥。

根据高速铁路桥梁的特点,高速铁路简支梁桥多采用双线整孔箱梁、双线并置单箱梁及多片 T 梁并置三种形式。三种类型的简支梁架设、制造的方法有三种:采用满堂支架、采用架桥机、采用造桥机。

(2) 连续梁桥、连续刚构桥。

膺架法、悬臂浇筑(拼装)法、顶推法、逐孔架设法等均可使用。悬臂浇筑法比较适合大跨连续梁、连续刚构桥的施工,其他的施工方法比较适合修建中等跨度的连续梁、连续刚构桥。

(3) 拱桥。

拱桥的施工方法分为有支架施工和无支架施工两类。拱圈的无支架施工有塔架法、劲性骨架法、悬臂浇筑法、转体施工法等。

(4) 斜拉桥。

斜拉桥常用悬臂浇筑法、悬臂拼装法、转体施工法等。

我国高速铁路桥梁大量采用以 32 m 为主,以其他常用跨度为辅的桥跨;采用以预应力混凝土整孔简支箱梁为主,以预应力混凝土连续箱梁和其他结构为辅的桥型;采用以现场集中预制、运梁车运梁、架桥机架设为主,以现浇或移动模架制梁为辅的施工方法。

高速铁路新线预应力混凝土桥梁在施工质量、外形外观、尺寸精度、预制梁检验等方面比一般铁路桥梁更为严格。高速铁路桥梁墩台和基础施工与普速铁路桥梁墩台和基础施工的不同点主要在于前者沉降控制严格,其余施工方法基本相同。

(5) 悬索桥。

悬索桥的上部结构由构造形式完全不同的桥塔、主缆、加劲桁架(箱梁)组成,大跨度悬索桥的上部结构规模大,大规模悬索桥的架设施工要求采用特殊的技术和设备。大跨度悬索桥多建在大河、海湾和海峡处,应充分考虑架设地点的地形、气象和施工环境等诸多因素,选择精度高、安全、经济、快速的施工架设方法和相应的施工机械。

悬索桥的施工主要包括锚碇、桥塔、主缆、吊索和加劲梁等的制作和安装,其施工顺序如下:施工准备→鞍座安装→猫道架设→牵引系统安装→主缆安装调整→紧缆及索夹吊杆安装→体系转换→防腐缠丝→拆除清理。

由于悬索桥较少用于高速铁路,本书仅对前四种桥梁的施工技术进行研究。

1.3.2 桥位制梁与架设

限于篇幅,以下仅分高速铁路常用跨度桥梁分桥位制梁与架设、箱梁集中预制与架设施工两种情况对高速铁路上部结构施工进行简要介绍。

对于简支梁桥而言,当其受到制梁规模和运输困难的限制,无法进行工厂集中预制、架桥机架设时,可采用桥位制梁方法。其他较大跨度桥梁也可以采用集中预制的方法,但受目前施工技术的限制,多采用桥位制梁方法。

桥位制梁方法包括膺架法、悬臂施工法、顶推法、先简支后连续、移动模架造桥机制梁、移动支架造桥机制、架梁等。这些是普速铁路桥梁、公路及城市桥梁施工中的主要施工方法,用于高速铁路时,施工应该更加严格,以确保满足高速铁路制梁的精度要求。

(1) 膺架法。

膺架法是指混凝土桥在落地式膺架(也称脚手架)上现浇或拼装预制节段。由于混凝土桥的自重较大,需要按沉落量设置膺架预加拱度,并安装落梁装置。膺架法是一种比较简单可靠的施工方法,一般适用于地基条件较好,跨越旱地或浅水河流,且桥墩高度较低、桥址地质条件较好、工期要求不紧的简支梁、连续梁、连续刚构梁桥施工,但工期较长。

当遇到桥梁工程结构为异型结构、桥梁工程远离桥群、架桥机机械设备不足、选用架桥机经济效益较低等情况时,一般应优先考虑采用膺架法。

对于采用架桥机架梁的简支梁桥,若场地受到限制(如桥隧相连)而无法组拼架桥机,可先采用膺架法建成邻近下承式钢桁梁的简支箱梁,从而为架桥机组拼提供必要的施工场所。

(2) 悬臂施工法。

悬臂施工法是利用挂篮设备在已建桥墩顶部沿桥梁跨径方向对称、逐段施工的方法,所以也称为分段施工法。每延伸一段,待混凝土达到强度后施加预应力,使其与已成梁体部分形成整体。悬臂施工法根据施工方法的不同可分为悬臂浇筑法和悬臂拼装法两类。

悬臂浇筑法的做法是在桥墩两侧利用挂篮对称浇筑混凝土,待混凝土达到张拉强度后张拉预应力筋,而后移动挂篮,继续下一段的悬臂浇筑,先形成T构,再逐跨合龙,逐跨释放临时固定支座,完成体系转换,最后成桥。悬臂浇筑法用于大跨度连续梁桥、连续刚构桥。

悬臂拼装法的做法是利用移动式悬拼吊机将预制梁段起吊至桥位,就位后采用环氧树脂胶及钢丝束预施应力,使之连接成整体。一个节段张拉锚固后,再拼装下一节段。悬臂拼装的分段主要取决于悬拼吊机的起重能力,一般节段长2~5 m。节段过长则自重大,需要起重能力强的悬拼吊机完成,节段过短则拼装接缝多,工期也延长。悬臂根部截面较大,节段长度较短,一般从此处向端部节段逐渐增长。

（3）顶推法。

顶推法是在沿桥纵轴方向的台后设置预制场，分阶段预制梁体。纵向预应力张拉后，通过水平千斤顶施力，借助滑道（不锈钢板）、滑块（由橡胶、薄钢板、聚四氟乙烯板组成）等滑动装置，将梁逐段向前顶推就位，然后落梁，更换正式支座的一种施工方法。顶推法主要用于峡谷区或孔数不多的中小跨度混凝土梁施工。较大跨度的钢梁也多采用顶推法施工。

（4）先简支后连续。

先简支后连续的施工方法一般用于等跨连续梁施工。为满足高速铁路对轨道线路的高平顺度要求，先简支后连续的施工方法已经被国外铁路界认同。同时，这种施工方法还能增强桥梁的整体性，提高桥梁的纵、横向刚度，改善桥梁受力状况。其所采用的简支梁可以由工厂预制，也可以在现场预制，加快施工速度。高速铁路桥梁采用连续梁能够极大地提高梁体的结构整体性、刚度和线路的平整性。

在先简支后连续的施工方法中，桥梁的连续是其重点和难点，主要应注意湿接缝的浇筑、施加预应力、体系转换以及架桥机和运梁车安全通过湿接缝等问题。

（5）移动模架造桥机制梁。

移动模架造桥机分为上承式造桥机和下承式造桥机两类。移动模架造桥机在欧洲广泛运用，自动化程度较高，跨度一般在 56 m 以下。该方法具有以下优点：不需要梁场，少占耕地；机动灵活，可迅速转场；设备投入少，研制风险低；作业程序清晰、结构受力明确、模架强度高，不受桥下地质条件的限制等。缺点是移动模架具有野外作业、高空作业和流动作业的特点，施工管理范围大，资源调配难，安全质量控制难度大。

该方法适用于桥梁梁身截面相同的多跨大桥连续梁桥、高架桥和跨越江河深谷且无法采用支架进行现浇或桥下通航的桥梁。同时，一些高速铁路桥隧相间，这种因隧道阻挡而无法运架箱梁的桥梁也需要采用移动模架施工。

（6）移动支架造桥机制、架梁。

移动支架造桥机制、架梁的方法是在桥墩上拼装造桥机，在桥头或桥下建节段预制场，箱梁分成若干段预制，梁段依次运至造桥机上，预留湿接缝，进行穿束张拉，形成整孔梁。该方法要求桥头有预制梁节段场地。

1.3.3 箱梁集中预制与架设

在长桥或高架桥桥梁架设中,工厂集中预制、架桥机架设是较经济的方法。采用在工厂集中预制混凝土箱梁,利用箱梁运输车完成箱梁自预制场到架设地的运输,使用架桥机进行逐跨吊装架设的成套施工方法,具有施工组织周期性较强、现场工作量少、施工费用低、施工工期短、各种事故发生概率低等优点,是一种十分有效的施工组织形式。

(1)制梁场布置。

制梁场布置应有利于梁体预制、存放、运输及架设。制梁场的选择主要根据铺架计划而定,同时要考虑交通状况、原材料来源、地形地貌、地质概况等因素,一般选择桥梁比较集中的地段。

制梁场主要依据桥梁分布情况、桥梁特殊孔跨、运梁车及架桥机技术参数、建设工期的要求等布局。制梁场要有充分的水源和可靠的电源。制梁场必须具有稳定的生产规模和较为固定的生产设备。

对制梁场的规模应做具体的经济技术分析,综合考虑桥梁需要梁体的数量、梁体的生产周期、梁体的种类、场地的恢复等因素,并对砂石料场进行硬化处理。对有盐雾侵蚀影响的梁场,其存梁台位应高出地面 200 mm 以上。生产台座、存梁股道、运梁线路的地基应具备足够的承载能力。生产台座两端顶梁部位的地基须采取特殊处理,以防集中受力而引起地基下沉。

(2)梁体检验、试验。

梁体应进行检验、试验,包括原材料和配件检验、出场检验、形式检验及静载试验。

(3)梁体徐变上拱控制。

高速铁路桥梁桥上无砟轨道对桥梁变形控制提出了更为严格的要求:①桥梁具有足够的竖向、横向、纵向和抗扭刚度;②避免结构出现共振和过大振动。

施工的各个环节均应采取技术措施严格控制预应力混凝土无砟桥面的梁体徐变上拱值,满足轨道铺设后有砟、无砟桥面的梁体徐变上拱值的设计要求。轨道铺设后,有砟桥面的梁体徐变上拱值宜不大于 20 mm;无砟桥面的梁体徐变上拱值应不大于梁跨度的 1/5000,且不大于 20 mm。

(4)梁端转角控制。

梁端转角是箱梁在荷载作用下产生的变形。在高速列车运行条件下,结构的动力响应加剧,梁端转角对列车运行的安全性、旅客乘坐的舒适度、荷载冲击、材料疲劳、列车运行噪声、结构耐久性等都有不可忽视的影响。

为了保证墩台发生沉降后,桥头和桥上线路坡度的改变不致影响列车的正常运行,需要对墩台基础工后沉降及工后沉降差给予一定的限值(按恒载计算),具体见表1.2。

表1.2 墩台基础工后沉降及工后沉降差限值

沉 降 类 型	桥上轨道类型	限值/mm
墩台均匀沉降	有砟轨道	30
	无砟轨道	20
相邻墩台沉降差	有砟轨道	15
	无砟轨道	5

(5)施工监测及信息反馈修正。

施工监测与控制是确保实现设计目标的关键。施工过程监测的主要目的是通过对施工过程中桥梁关键部位的变形和应力的测量,分析评价并适时调整施工过程,使桥梁的变形和应力能严格控制在设计容许的范围内。简支箱梁徐变上拱、梁端转角监测尤为重要。

(6)提梁。

梁体架设前,需要利用提梁机将梁体放置到运梁车上。提梁机分为轮胎式提梁机和轨行式提梁机。

(7)梁体运输。

梁体采用运梁车运输时,利用已架好的桥面运送预制梁显然是最安全、最经济、最简单的方法。但是在已架好的梁上通过时,运梁设备及梁体本身的重量总和已超过已架好的梁体重量,甚至远大于梁体本身的计算动负荷。而无限制地降低运梁设备的重量显然是不可能的,如果想使运梁的总负荷小于梁体计算动负荷,就必须加大梁体尺寸,这显然也不经济。这就使梁体运送过程变得十分复杂而困难。

(8)梁体架设。

导梁式架桥机架梁作业的主要工艺流程:拼架桥机和导梁→运架桥机和导梁就位→运梁车喂梁就位→起吊箱梁→前移下导梁→安装支座,落梁就位→架桥机前移一跨。

步履式架桥机架梁作业的主要工艺流程:拼架桥机→运梁车驮运架桥机就

位→放下前支腿和中支腿，抬起后支腿，退运梁车→放下后支腿，收起中支腿，起重小车运行到主梁后部指定位置→架桥机纵移到位→利用支腿倒换运梁车喂梁就位→支立前后支腿，收起中间支腿，起重小车吊起箱梁前移到位→安装支座，落梁就位。

运架一体式架桥机架梁作业的主要工艺流程：拼架桥机→下导梁就位→安装支座→梁场取梁→运梁→喂梁→落梁→架桥机退回→支腿转移。

第 2 章 桥梁基础施工

2.1 明挖基础施工

明挖基础属浅基础类,埋置深度一般小于 5 m,施工时一般采用敞开式开挖。其显著特点为:①结构形式简单;②施工方法简便;③造价低;④施工措施灵活。

天然地基上的明挖基础根据受力条件及构造可分为刚性基础和柔性基础两大类。对于天然地基上的明挖基础施工,根据开挖深度、边坡土质、渗水情况、施工场地及开挖方式,可以有多种施工方法。

2.1.1 旱地基础的基坑开挖

在基坑开挖前,先进行基础的定位放样工作,以便将设计图上的基础位置准确地设置到桥址上。

1. 土质地基开挖

基坑开挖前先要准确放样定出基础轴线、边线位置及高程,并用骑马桩将中心位置固定。在墩台或其他建筑附近开挖基坑时,应采取适当的防护措施。弃土堆置地点不得妨碍开挖基坑及其他作业,不能影响坑壁稳定,同时应满足水土保持和环境保护的有关要求。

基坑大小应满足基础施工的要求。对于渗水土质的基坑,坑底开挖尺寸需要按基坑排水设计(包括排水沟、集水井、排水管网等)和基础模板设计而定,一般基底应比设计平面尺寸各边增宽 50~100 cm。基坑可采用垂直开挖、放坡开挖、支撑加固或其他加固的开挖方法,具体应根据地质条件、基坑深度、施工期限与经验,以及有无地表水或地下水等现场因素来确定。当基坑深度在 5 m 以内,施工期较短,坑底在地下水位以上,土的湿度正常,土层构造均匀时,坑壁坡率可参考表 2.1 确定。

表 2.1　坑壁坡率

坑壁土类	坑壁坡率		
	坡顶无荷载	坡顶有静载	坡顶有动载
砂类土	1∶1	1∶1.25	1∶1.5
碎石、卵石类土	1∶0.75	1∶1	1∶1.25
粉质土、粉土质砂	1∶0.67	1∶0.75	1∶1
黏质土	1∶0.33	1∶0.5	1∶0.75
极软岩	1∶0.25	1∶0.33	1∶0.67
软质岩	—	1∶0.1	1∶0.25
硬质岩	—	—	—

基坑深度大于 5 m 时,应将坑壁坡度适当放缓或加设平台,如果土的湿度可能引起坑壁坍塌,坑壁坡度应缓于该湿度下土的天然坡度。

坑顶与作用的场地间至少应留有 1 m 宽的护道。若工程地质和水文地质不良或者动载过大,还要增宽护道或采取加固措施。

如果放坡开挖场地受限或工程量太大,可按具体情况采用挡板支撑、钢木结合支撑、混凝土护壁(喷射混凝土护壁、现浇混凝土护壁)、钢板桩围堰、锚杆支护及地下连续墙等防护措施。

基坑开挖可以采用人工开挖,也可以采用挖掘机、推土机、装载机等机械进行开挖。但无论采用哪一种方法施工,均应避免基底超挖,已经超挖或松动部分应予以清除。若施工时间较长,又可能遇到暴雨天气,应在基坑外设临时截水沟或排水沟,防止雨水流入基坑,使坑内土质变化。任何土质基坑挖至设计高程后,都不能长时间暴露、扰动或被水浸泡,否则会削弱其承载能力。在一般土质基坑将要挖至基底高程时,应保留 20~30 cm 厚的土层,在基础砌(浇)筑前人工突击挖除,迅速检验,随即进行基础施工。

基坑可分为坑壁不需要加固和坑壁需要加固两类。下面对这两类基坑进行介绍。

(1)坑壁不需要加固的基坑。

此类基坑适用于以下情况:干涸无水的河滩、河沟;虽有水但经改道后,筑堤能排除地表水的河沟;地下水位低于基底或渗透量少、不影响坑壁稳定;基础埋置不深,施工期较短,不影响邻近建筑安全的施工场所。

(2)坑壁需要加固的基坑。

当坑壁土质不易稳定,并有地下水渗入,或放坡开挖场地受到限制,放坡开挖工程量太大,或基坑较深,放坡开挖工程较大,不符合技术经济要求时,可视具体情况,采取基坑开挖后护壁的加固措施。护壁加固可采用挡板撑木式支撑、混凝土护壁和锚桩式支撑等。

①挡板撑木式支撑。

挡板撑木式支撑的形式有:直衬板式坑壁支撑,适用于深度较小的基坑;横衬板式坑壁支撑,适用于深度较大的基坑。

根据土质的不同,可采用木料或钢木组合形式,各部分尺寸应考虑土压力的作用,通过计算确定。

②混凝土护壁。

这种做法是先开挖基坑,然后做混凝土护壁,再进行基坑开挖及护壁施工,以此类推。根据混凝土施工方法不同,可分为喷射混凝土护壁和现浇混凝土护壁两类。

喷射混凝土护壁的施工特点如下。在基坑开挖限界内,先向下挖一段土,随即用混凝土喷射机喷射一层含速凝剂的混凝土,以保护坑壁。然后向下逐段挖深喷护。每段一般为 0.5~1.0 m,视土质情况而定。根据经验,一般喷护厚度为 5~8 cm,最大厚度宜不超过 20 cm,一次喷护需要 1~2 h。一次喷护如达不到设计厚度,应等第一次喷层终凝后再补喷,直至达到要求厚度为止。喷护的基坑深度应按地质条件决定,一般宜不超过 10 m。

基坑开挖视地质稳定情况,一般挖深 1.0~1.8 m 应立模浇筑混凝土,即现浇混凝土护壁。拆模时间应根据速凝剂含量、气温条件、混凝土是否达到支撑强度等来决定,通常超过 24 h 便可拆模。挖一节浇一节直至基底。每次安装模板时,在上下节之间留高 0.2 m 的浇筑口,最后用混凝土堵塞。浇筑护壁厚度视基坑大小及土质条件而定,一般厚度取 8~15 cm,必要时可采用钢筋混凝土护壁。对于圆形基坑,开挖面应均匀分布,对称施工,及时灌注。

③锚桩式支撑。

对于大面积基坑,采用大型挖掘机施工且不能安装撑木时,可采用锚桩式支撑、斜撑式支撑和锚杆式支撑。

2. 岩石地基开挖

硬质岩可供垂直向下开挖,一般设计开挖深度为风化层厚度。新鲜基岩、微风化岩层或弱风化岩层都可做基础持力层。开挖一般采用人工开挖,必要时可进行松动爆破,但要严格控制爆破深度和用药量,防止过量爆破引起持力层松动破坏。根据岩层的风化程度、倾向、倾角及发育情况,采用适当方法进行坑壁防护。挖出的渣石必须运至指定地点,不能对施工安全、周围群众生产、生活以及环境造成危害。

2.1.2 水中地基的基坑开挖

水中地基的基坑开挖,最常用的施工方法是围堰法。围堰的作用主要是防水和围水,有时还起着支撑施工平台和基坑坑壁的作用。

围堰的结构形式和材料要根据水深、流速、地质情况、基础形式以及通航要求等条件进行选择。任何形式和材料的围堰必须满足下列要求。

(1)围堰顶宜高出施工期间最高水位 70 cm,不低于 50 cm;用于防御地下水的围堰,围堰顶宜高出水位或地面 20~40 cm。

(2)围堰外形应适应水流排泄,不应过多压缩流水断面,以免壅水过高危害围堰安全,以及影响通航、导流等。围堰内的形式应适应基础施工的要求,并留有适当的工作面积。堰身断面尺寸应保证有足够的强度和稳定性,基坑开挖后,围堰不致发生破裂、滑动或倾覆。

(3)围堰要求防水严密,应尽量采取措施防止或减少渗漏,以减轻排水工作。施工时,对于围堰外围边坡的冲刷和筑堰后引起的河床的冲刷均应有防护措施。

(4)围堰施工一般应安排在枯水期进行。

1. 围堰的结构形式

围堰一般有土石围堰、草(麻)袋围堰、钢板桩围堰、钢筋混凝土板桩围堰、套箱围堰。

(1)土石围堰。

土石围堰适用于水深 1.5 m 以内、流速不超过 0.5 m/s、河床渗水性较小的河流。堰顶宽 1~2 m,堰外边坡为 1∶3~1∶2,堰内边坡一般为 1∶1.5~1∶1,内坡脚与基坑边缘距离根据河床土质及基坑深度而定,但不得小于 1 m。筑堰宜采用黏性土或砂类黏土填筑,填土出水面后应进行夯实。筑堰前应将堰底河床上的树根、石块等杂物清除,以减少渗漏。填筑时应自上游开始填筑至下游合龙。流速过大、有冲刷危险时,在外坡面用草皮、柴排、片石或草袋等加以防护。

(2) 草(麻)袋围堰。

草(麻)袋围堰适用于水深3.0 m以内,流速不超过1.5 m/s,河床土质渗水较少的情况。堰顶宽一般为1~2 m,有黏土心墙时为2~2.5 m;堰外边坡1:1~1:0.5,堰内边坡1:0.5~1:0.2。内坡脚至基坑边距离及堰底处理方法、填筑方向与土石围堰相同。草(麻)袋内宜装松散的黏性土,装袋量为袋容量的60%,袋口用麻袋线或细铁丝缝合。堆码土袋时,土袋上、下层和内、外层应相互错缝,尽量堆码密实整齐。

(3) 钢板桩围堰。

钢板桩围堰适用于砂类土、黏质土、碎石土及风化岩石等河床的深水基础。钢板桩的机械性能和尺寸应符合要求。对于经过整修或焊接的钢板桩应采用同类型钢板进行锁口并进行试验检查,钢板桩的接长应以等强度焊缝接长。当设备许可时,宜在打桩前将2~3块钢板拼为一组,用夹具夹牢。插打钢板桩时必须备有可靠的导向设备,以保证钢板桩垂直沉入。一般先将全部钢板桩逐根或逐组插打到稳定深度,然后依次打至设计深度。插打的顺序按施工组织设计进行,一般自上游分两头插向下游合龙。拔除钢板桩前宜向堰内灌水,使堰内外水位相等。拔桩时从下游附近易于拔除的一根或一组钢板桩开始,并尽可能采用振动拔桩法。钢板桩强度大,防水性能好,打入土石层、砾石层、卵石层时穿透性能强,适合于水深10~30 m的桥位围堰。

(4) 钢筋混凝土板桩围堰。

钢筋混凝土板桩围堰适用于黏性土、砂类土、碎石土河床,除用于基坑挡土防水以外,还可作为建筑结构物的一部分。通常板宽50~60 cm,厚10~30 cm。为使其合龙及方便企口接缝,插打板桩时,应从上游开始按顺序进行直至下游合龙。

(5) 套箱围堰。

套箱围堰适用于埋置不深的水中基础,也可用于修建桩基承台。无底套箱用木板、钢板或钢丝水泥制成,内部设钢木支撑。下沉套箱之前应清除河床表面障碍物,若套箱设置在岩层上,应整平岩面;如果基岩面倾斜,应将套箱底部做成与岩面相同的倾斜度以增强套箱的稳定性并减少渗漏。

2. 基坑排水

基坑坑底多位于地下水位以下,地下水会经常渗进坑内,因此必须设法把坑内的水排除,以便于施工。排水方法有集水坑排水法、井点排水法、板桩法、沉井法。集水坑排水法适用较广,除严重流砂外,一般情况均可使用。井点排水法适用于基坑土质不好,地下水位较高,挖基较深,坑壁不易稳定,用集水坑排水产生流砂涌泥现象的基坑。板桩法、沉井法适用于基坑较深,土质渗透性较大的基坑。此处主要对集水坑排水法和井点排水法进行介绍。

(1) 集水坑排水法。

开挖基坑如有渗水,可以沿坑底四周基础范围以外挖集水沟和集水坑,使坑壁渗水沿四周集水沟汇合于集水坑,然后用水泵排出。抽水设备的排水量应为渗水量的1.5~2.0倍。集水坑(沟)的大小应根据渗水量而定,排水沟底宽不小于0.3 m,纵坡为1‰~5‰。集水坑一般设在下游位置,深度应大于进水龙头高度。

(2) 井点排水法。

开挖基坑如有渗水,也可以在基坑周围打入带有过滤管头的井点管,将地面与集水总管连接起来,通过抽水系统将水排出。井点排水法一般适用于渗透系数为0.1~1.0 m/d的土壤。降低水位深度一般为4~6 m,二级井点为6~9 m,超过9 m时应选用喷射井点法或深井井点法。具体可视土层的渗透系数、要求降低地下水位的深度及工程特点等,选择适宜的设备。

3. 水中基坑开挖

在采取围堰、井点降水等抽排水措施后,水中基坑开挖方法及要求与旱地基坑开挖相同,这里不再赘述。对于排水挖基有困难的情况或具有水中基坑开挖的设备时,可采用下列方法。

(1) 采用水力吸泥机。

该方法适用于砂类土及砾卵石类土,不受水深限制,出土效率可随水压、水量的增加而提高。

(2) 采用空气吸泥机。

该方法适用于水深为5 m以上的砂类土或夹有少量碎卵石的基坑。浅水基坑不宜采用该方法。在黏土层使用该方法时,应与射水配合进行,以免破坏黏土结构。吸泥时应向基坑内注水,使基坑内水位高于河水位约1.0 m,以防止流砂或涌泥。

(3) 采用挖掘机。

该方法适用于各种土质。开挖时不要破坏基坑边坡的稳定,可采用反铲挖掘和吊机配抓斗式采泥器挖掘。

2.1.3 基底检验

基础是隐蔽工程,在基础浇筑前应按规定检验基坑施工是否符合设计要求。一般应在基坑将要挖至基前前,首先由施工负责人自检并报请检验,确认合格后填写地基检验表。经检验签证的地基检验表由施工单位保存,作为竣工验收资料;未经签证,不得砌筑基础。基底检验的目的是确定地基的容许承载力、基坑位置与高程是否与设计文件相符,以确保基础的强度和稳定性,不致发生滑移等。

基底检验的主要内容应包括:检查基底的平面位置、尺寸大小、高程;检查基底土质均匀性、地基的稳定性和承载力是否与设计资料相符;检查基底处理及排水情况;检查施工日志及有关试验资料等。一般基底平面轴线位置允许误差不得大于 20 cm。土质基底高程允许误差为 ±5 cm,石质为 −20~5 cm。

应根据桥涵大小、地基土质复杂情况(如溶洞、断层、软弱夹层、岩溶等)及结构对地基有无特殊要求等,采用以下检查方法进行基底检验。

(1) 对于小桥涵的地基,一般采用直观或触探方法,必要时进行土质试验。经过特殊设计的小桥涵对地基沉陷有严格要求,土质不良时,宜进行荷载试验。对经加固处理的特殊地基,一般采用触探方法或进行密实度检验等。

(2) 对于大、中桥和填土 12 m 以上的地基,一般由检验人员采用直观、触探、挖试坑或钻探(钻探至少 4 m)试验等方法,确定土质容许承载力是否符合设计要求。地质特别复杂,设计文件中有特殊要求,或虽已进行加固处理,且已进行触探、密实度检验后仍有疑问时,需要进行荷载试验,确认其符合设计要求后,方可进行基础结构物施工。

2.1.4 基底处理

天然地基的基础是靠基底土壤来承担荷载的,故基底土壤状态的好坏对基础、墩台及上部结构的影响极大,不仅要检查基底地质情况与容许承载力大小,还应为土壤更有效地承担荷载创造条件,即要进行基底处理工作。基底处理工作方法视基底土质而异。

(1) 岩层基底。

对于未风化的岩层基底,应将岩面上的松碎石块、淤泥、苔藓等清除干净;对于倾斜岩层的岩面,应将岩面凿平或凿成台阶,使承重面与重力线垂直,以免滑动;对于风化的岩层基底,则应按基础尺寸凿除已风化的表面岩层,尽量不留或少留坑底富余量,浇筑基础圬工时,同时将坑底填满,封闭岩层。砌筑基础前,岩层表面应用水冲洗干净。

(2) 碎石类或砂类土层基底。

承重面应修整平整。砌筑基础时,应先铺一层 2 cm 厚的浓稠水泥砂浆,以保证砌材与基底面紧密贴合。

(3) 黏性土层基底。

整修基底时,应在天然状态下将其铲平,不能扰动土壤天然结构,不得用回填土夯平,以保证天然地基的原有结构。必要时可向基底夯入 10 cm 以上厚度的碎石,碎石层顶面不得高于基底设计高程。挖完基坑并处理后,应在最短时间内完成砌筑基础,防止基坑暴露过久。

(4) 软土层基底。

基底软土层厚小于 2 m 时,可将软土层全部挖除,换以中粗砂、砾石、碎石等力学性能较好的填土,分层夯实;软土层厚度较大时,可采用砂桩挤密法或其他方法进行处理。

(5) 湿陷性黄土基底。

根据土质特点,采用重锤夯实法、挤密桩法、换填等措施进行加固,改善土层性质。应尽量避免在雨季施工,基底必须有防水设施。应对开挖后的地基立即封闭或进行基础浇筑,以免外露导致水浸泡。基础回填不得使用砂、砾石等透水性材料,应用原土夯实封闭。

(6) 冻土层基底。

冻土基础开挖宜用天然或人工冻结法施工,并应保持基底冻层不融化。若基底处于融沉土层或强融沉土层,砌筑基础前应在基底铺设一层厚 10~30 cm 的粗砂垫层或 10 cm 厚的混凝土垫层,将其作为隔热层。

为防止基础第一层混凝土中的水分被基底吸收或基底水分渗入混凝土,基底处理除应符合天然地基的有关规定外,还应符合以下规定:①基底为非黏性土或干土时,应将其润湿;②基底为过湿土时,应在基底设计高程下夯填一层 10~15 cm 厚的片石或碎(卵)石层;③基底为岩石时,应加以润湿,铺一层厚 2~3 cm 的水泥砂浆,然后于水泥砂浆凝结前浇筑第一层混凝土。

2.1.5　明挖基础施工要点

明挖基础采用钢筋混凝土材料,其施工主要包含模板工程、钢筋工程和混凝土工程三部分。

1. 模板工程

桥梁施工中使用较广泛的一种通用性组合模板主要由钢模板、连接件和支承件三部分组成。模板规格、配件连接件(U形卡、L形插销、钩头螺栓、扣件等)、支承件(钢棱、钢支柱、桁架、柱、箍、梁卡具等)应符合规范规定。钢模板应能纵向、横向连接,在使用中不应随意开孔。如果需要开孔,用后应及时修补。钢模板板面应保持平整不翘曲,边框应保持平直不弯折,使用中有变形应及时整修。有时也会使用胶合板(木)模板,要保证结构所用的木材符合规定要求,材质等级不得低于三等材。

所使用的模板及其支架要保证工程结构和构件各部分形状尺寸和相互位置的正确,确保其具有足够的承载能力、刚度和稳定性,能承受新浇筑混凝土的自重和侧压力,以及施工过程中产生的荷载。模板及其支架应构造简单、装拆方便,并便于钢筋的绑扎、安装和混凝土的浇筑、养护。模板的接缝不应漏浆。应定期维修模板及其支架,防止钢模板及钢支架锈蚀。

(1)模板设计。

①模板及其支架的设计应根据工程结构形状、荷载大小、地基土类别、施工设备和材料供应等进行。

②模板结构设计要贯彻实用性、安全性、经济性的原则。实用性即混凝土质量较好,要求接缝严密、不漏浆;保证构件的形状尺寸和相互位置的正确;构造简单,支拆方便。安全性即模板及其支架应具有足够的承载能力,其刚度和稳定性较好,能承受浇筑混凝土的重量、侧压力以及施工荷载。经济性即针对工程结构的具体情况,因地制宜,就地取材,在确保工期、质量的前提下,尽量减少一次性投入,增加模板周转,减少支拆用工,实现文明施工。

③模板及其支架的设计应考虑下列各项荷载。

a. 模板及其支架的自重。

b. 新浇筑混凝土的自重。

c. 钢筋的自重。

d. 施工人员及施工设备的荷载。

e. 振捣混凝土时产生的荷载。

f. 新浇筑混凝土对模板侧面的压力。

g. 倾倒混凝土时产生的荷载。

④钢模板及其支架的设计应符合现行国家规范《钢结构设计标准》(GB 50017—2017)的规定,其截面塑性发展系数取 1.0;其荷载设计值可乘以系数 0.85 予以折减。木模板及其支架的设计应符合现行国家规范《木结构设计标准》(GB 50005—2017)的规定;木材含水率小于 25% 时,其荷载设计值可乘以系数 0.90 予以折减。

⑤检算模板及其支架的刚度时,其最大变形值不得超过下列允许值。

a. 对结构表面外露的模板,允许值为模板构件计算跨度的 1/400。

b. 对结构表面隐蔽的模板,允许值为模板构件计算跨度的 1/250。

c. 对支架的压缩变形或弹性挠度,允许值为相应结构计算跨度的 1/1000。

⑥支架的立杆或桁架应保持稳定,并用撑拉杆固定。

⑦在风荷载作用下,检算模板及支架的稳定性时,其基本风压值可乘以系数 0.8 予以折减。

(2) 模板安装。

施工前要做好模板的定位基准工作。模板的支设安装应遵守下列规定。

①按配板设计安装,以保证模板系统的整体稳定。

②安装配件必须装插牢固,支撑和斜撑下的支承面应平整垫实。要有足够的受压面积。支承件应着力于外钢楞。

③预埋件与预留孔洞必须位置准确,安设牢固。

④基础模板必须支撑牢固,防止变形,侧模斜撑的底部应加设垫木。

⑤同一条拼缝上的 U 形卡不宜向同一方向卡紧。

⑥墙模板的对拉螺栓孔应平直相对,穿插螺栓不得斜拉硬顶。钻孔应采用机具,严禁采用电、气焊灼孔。

⑦钢楞宜采用整根杆件,接头应错开设置,搭接长度应不小于 200 mm。

模板安装完成后,在浇筑混凝土之前,应对模板进行验收。模板安装和浇筑混凝土时,应对模板及其支架进行观察和维护。发生异常情况时,应按施工方案及时进行处理。模板与混凝土的接触面应涂隔离剂,不宜采用影响结构或妨碍装饰工程施工的隔离剂。

(3) 模板拆除。

①拆除现浇结构的模板及其支架时,混凝土强度应符合设计要求;设计无具体要求时,应符合下列规定:在混凝土强度达到能保证其表面及棱角不因拆除模板而损坏的程度后,方可拆除侧模。拆除底模及其支架时,混凝土应符合设计要求。

②后浇带模板的拆除和支顶应按施工技术方案执行。

③在混凝土强度达到能保证构件和孔洞表面不产生坍陷和裂缝的程度后,方可拆除芯模或预留洞(孔)的内模。

④拆除模板支架时,不应对结构形成冲击荷载。拆除的模板和支架宜分散堆放并及时清运。

⑤对于已拆除模板及其支架的结构,在混凝土强度符合设计混凝土强度等级的要求后,方可承受全部荷载;施工荷载所产生的效应比使用荷载的效应更为不利时,必须进行核算,加设临时支撑。

模板及其支架拆除的顺序及安全措施应按施工技术方案执行。

2. 钢筋工程

钢筋的品种、规格、性能等应符合国家现行标准规定和设计要求,应有出厂合格证及检测报告,进入现场时经复试确认合格后使用。经检验合格的钢筋在加工和安装过程中出现异常现象(如脆断、焊接性能不良或力学性能显著不正常等)时,应进行化学成分分析或其他专项检验。

(1)钢筋进场检查。

钢筋进场时,应附有出厂质量证明书或出厂检验报告单,应按表2.2进行外观检查,并将外观检查不合格的钢筋及时剔除。

表2.2 钢筋外观要求

钢筋种类	外观要求
热轧钢筋	表面无裂缝、结疤和折叠,如有凸块不得超过螺纹的高度,其他缺陷的高度或深度不得超过所在部位的允许偏差,表面不得沾有油污
热处理钢筋	表面无肉眼可见的裂纹、结疤和折叠,如有凸块不得超过横肋的高度,表面不得沾有油污
冷拉钢筋	表面不得有裂纹和局部缩径,不得沾有油污

核对每捆或每盘钢筋上的标志是否与出厂质量证明书的型号、批号(炉号)相同,规格及型号是否符合设计要求。

(2)钢筋储存。

钢筋的外观检验合格后,应按钢筋品种、等级、牌号、规格及生产厂家分类堆放,不得混杂,且应设立识别标志。在储存过程中应避免锈蚀和污染,宜在库内或棚内存放。露天堆置时,应架空存放,离地面宜不小于 300 mm,应加以遮盖。

(3) 钢筋取样试验。

按不同批号和直径,按照表 2.3 规定抽取试样进行力学性能试验。

表 2.3 钢筋力学性能试验

钢筋种类	验收批钢筋组成	每批数量	取样数量
热轧钢筋	同一截面尺寸和同一炉号;同一厂别、同一交货状态	≤60 t	每批任取 2 根钢筋,每根取一个拉力试样和一个冷弯试样
热处理钢筋	同一截面尺寸、同一热处理制度和炉号、同一牌号、同一交货状态;同钢号组成的混合批,不超过 6 个炉号	≤60 t	每批任选 2 根钢筋
冷拉钢筋	同级别、同直径	≤20 t	每批任取 2 根钢筋,每根取一个拉力试样和一个冷弯试样

如有一个试样一项指标试验不合格,则应另取双倍数量的试样进行复验。如仍有一个试样不合格,则该批钢筋判为不合格。

(4) 钢筋加工。

钢筋加工前,依据图纸进行钢筋翻样并编制钢筋配料单。钢筋的下料长度应考虑钢筋弯曲时的弯曲伸长量,在允许误差范围内尺寸宜小不宜大,以保证保护层厚度及施工方便。

①钢筋调直。钢筋应平直、无局部弯折。对于弯曲的钢筋,应调直后使用。

②钢筋除锈去污。清除钢筋表面的油漆、油污、锈蚀、泥土等污物,有损伤和锈蚀严重的钢筋应剔除不用。

③钢筋下料。下料前认真核对钢筋规格、级别及加工数量,无误后按配料单下料。

④钢筋弯制。钢筋的弯制应采用钢筋弯曲机或弯箍机在工作平台上进行。

⑤钢筋接头连接。钢筋接头连接形式有焊接接头、绑扎接头及机械连接接头,具体接头形式、焊接方法、适用范围应符合国家现行标准的规定。

(5) 钢筋绑扎及安装。

钢筋的级别、种类和直径应按设计要求采用。需要替换时,应征得设计师和监理工程师的同意。预制构件的吊环必须采用未经冷拉的Ⅰ级热轧钢筋制作,严禁以其他钢筋代替。

钢筋骨架应具有足够的刚度和稳定性,以便运输和安装。为使骨架不变形、不发生松散,必要时可在钢筋的某些交叉点处加以焊接或添加辅助钢筋(斜杆、横撑等)。

焊接钢筋网片宜采用电阻点焊。所有焊点应符合设计要求。当设计无要求时,所有钢筋交叉点必须焊接;当焊接网片只有一个方向受力时,受力主筋与两端边缘的两根锚固横向钢筋的全部相交点必须焊接;当焊接网为两个方向受力时,四周边缘的两根钢筋的全部交点均应焊接,其余的相交点可间隔焊接。

钢筋骨架的焊接应在坚固的工作支架上进行。拼装前应检查所有焊接接头的焊缝有无开裂,如有开裂应及时补焊。拼装时可在需要焊接的位置设置楔形卡卡住,防止焊接时局部变形。待所有焊点卡好后,先在焊缝两端定位,然后再施焊。施焊次序应由中到边或由边到中,采用分区对称跳焊,不得顺方向一次焊成。

焊接骨架和焊接网片需要绑扎连接时,焊接骨架和网片的搭接接头不宜位于构件的最大弯矩处。焊接网片在非受力方向的搭接长度宜为100 mm。受压焊接骨架和焊接网在受力钢筋方向的搭接长度可取受拉焊接骨架和焊接网在受力钢筋方向搭接长度的70%。

3. 混凝土工程

为了方便施工、保证施工质量,明挖基坑中的基础施工应尽可能地使基底处于无水的情况。排水困难时可采用水下灌注。

(1) 无水情况下混凝土施工。

干地基上可直接进行基础混凝土施工。如基坑有渗漏,则应沿基坑底四周基础范围以外挖集水沟,将水引至集水坑,然后用水泵将水排出坑外,再进行基础混凝土施工。禁止带水作业和使用混凝土将水赶出模板,保证基础边缘部分严密隔水。水下部分圬工必须待水泥砂浆或混凝土终凝后才允许浸水。

浇筑混凝土前应对支架、模板、钢筋和预埋件等分别进行检查验收,符合要求后方能浇筑混凝土。模板内的杂物、积水和钢筋上的污垢应清理干净,模板内面应涂刷脱模剂。混凝土自高处倾落的自由高度宜不超过2 m。倾落高度超过2 m时,混凝土应通过串筒、溜槽等设施下落;倾落高度超过10 m时,应设置减速装置。

应按一定厚度、顺序和方向分层浇筑混凝土。分层浇筑时应在下层混凝土初凝前浇筑上层混凝土；上下层同时浇筑时，上层与下层前后浇筑距离应保持1.5 m以上。在倾斜面上浇筑混凝土时，应从低处开始，逐层升高，保持水平分层。浇筑混凝土时，应采用振动器捣实，边角处可采用人工辅助振捣的方法。用振动器振捣混凝土时，振捣应符合规定要求。在混凝土浇筑过程中，应随时检查模板、支架、钢筋、预埋件和预留孔洞的情况，如发现变形、移位或沉陷等应立即停止浇筑，查明原因，并在混凝土凝结前修整完好。

浇筑过程中或浇筑完成时，如混凝土表面泌水较多，应及时采取措施，在不扰动已浇筑混凝土的条件下，排除泌水；继续浇筑时，应查明原因，采取措施，减少泌水。浇筑完成后，对混凝土顶面及时进行修整、抹平，待定浆后再抹第二遍并压光或拉毛。大体积混凝土的浇筑宜在室外气温较低时进行，混凝土的浇筑温度不宜超过28 ℃，并应采取有效措施降低混凝土水化热。

如出现特殊情况，无法一次性浇筑完成，须做施工缝处理，其方法及要求如下。

①应凿除混凝土表面的水泥浆和软弱层。凿除时，混凝土强度应满足下列要求：水冲洗或钢丝刷处理混凝土表面时，应达到0.5 MPa；人工凿毛时，应达到2.5 MPa；机械凿毛时，应达到10 MPa。

②对于经过凿毛处理的混凝土表面，应用压力水冲洗干净，使表面保持湿润但不积水。在浇筑混凝土前，对水平缝铺一层厚为10～20 mm的同配合比混凝土。

③对于有防震要求的混凝土结构或钢筋稀疏的结构，应在接缝处补插锚固钢筋或做榫槽；有抗渗要求的施工缝宜做成凹、凸形或设置钢板止水带。

④施工缝为斜面时，应浇筑成或凿成台阶状。

⑤处理施工缝后，须待下层混凝土达到一定强度才能继续浇筑上层混凝土，强度不得低于1.2 MPa。当结构物为钢筋混凝土时，强度不得低于2.5 MPa。

对于浇筑完成的混凝土，应在终凝后及时进行覆盖养护。覆盖时不得损伤或污染混凝土表面。养护的时间不得少于7 d，可根据温度、湿度、水泥品种及掺用的外加剂等情况酌情延长。对于掺用缓凝剂或有抗渗要求的混凝土，其养护时间不得少于14 d。预应力混凝土应养护至预应力张拉。应能保持混凝土表面处于湿润状态。当气温低于5 ℃时，应覆盖保温，不得向混凝土表面洒水。除自然养护外，也可采用蒸汽养护。采用蒸汽养护时，混凝土浇筑完毕后，应静放一段时间后再加温，静放时间为2～4 h，静放环境温度宜不低于10 ℃，蒸养温度宜不超过80 ℃。升降温速度符合规定要求。

(2)水下灌注混凝土。

一般在排水困难时采用水下灌注混凝土。基础圬工的水下灌注分为水下封底和水下混凝土直接灌注两种。

①水下封底。

当基坑周围有较好的防水设施(如板桩围堰开挖的基坑),但基坑渗漏严重时,可采用这种方法,即先进行水下混凝土封底,待封底混凝土强度达到要求后进行排水,清除封底混凝土表面浮浆,冲洗干净后再进行基础圬工的施工。

水下封底混凝土应在基础底面以下。封底只是起封闭渗水的作用。封底混凝土只作为地基,而不作为基础本身。因此,不得侵占基础厚度。

水下封底混凝土层的最小厚度由以下条件控制:封底之后,要从基坑内抽干水,板桩与封底混凝土组成一个浮筒,该浮筒的自重应能保证其不浮起;同时,封底混凝土作为周边简支的板,在基底面上受到向上作用的水压力时应有足够强度,不致向上挠曲而折裂。为满足防渗漏要求,封底混凝土的最小厚度一般为 2 m。

②水下混凝土直接灌注。

桥梁基础施工中广泛采用导管法。混凝土经导管输送至坑底,并迅速将导管下端埋没,随后混凝土不断地输送到被埋没的导管下端,从而迫使先前输送到但尚未凝结的混凝土向上和向四周推移。随着基底混凝土的上升,导管缓慢地向上提升,达到要求的封底厚度时停止灌入混凝土,并拔出导管。当封底面积较大时,宜用多根导管同时或逐根灌注,按先低处后高处、先周围后中部的次序并保持高程大致相同,以保证混凝土充满基底。导管的有效作用半径因混凝土的坍落度和导管下口的压力大小而异。当压力为 0.1~0.25 MPa 时,导管作用半径为 3.0~4.0 m。

在正常情况下,水下灌注的混凝土仅表面与水接触,其他部分的灌注状态与空气中灌注的混凝土无异,从而保证了水下混凝土的质量。可在与水接触的表层混凝土排干水而外露时将其凿除。

浇注基础时,应做好与台身、墩身的接缝连接,一般要求如下。

①混凝土基础与混凝土墩台身的接缝周边应预埋直径不小于 16 mm 的钢筋或其他铁件,埋入与露出的长度不应小于钢筋直径的 30 倍,间距不大于钢筋直径的 20 倍。

②对于混凝土或浆砌片石基础与浆砌片石墩台身的接缝,应预埋片石作榫,片石厚度不应小于 15 cm,片石的强度不低于基础、墩台或砌体的强度。

施工后的基础平面尺寸与设计尺寸的容许误差为±50 mm。

2.2 桩基础施工

当地基浅层土质较差,持力土层埋藏较深,需要采用深基础才能满足结构物对地基强度、变形和稳定性的要求时,可用深基础。桩基础是常用的桥梁深基础类型之一。

桩基础按材料分为钢筋混凝土桩、预应力混凝土桩与钢桩;按承受荷载的工作原理分为摩擦桩、柱桩、嵌岩桩;按施工方法分为钻孔灌注桩、挖孔灌注桩、打入桩等。

2.2.1 钻孔灌注桩施工

1. 施工前的准备工作

钻孔灌注桩施工速度快,质量稳定,受气候环境影响小,因而被普遍采用。但其准备工作十分重要,只有准备充分才能保证施工顺利进行。

(1) 施工放样。用全站仪准确放出各桩位中心,用骑马桩固定位置,用水准仪测量地面高程,确定钻孔深度。

(2) 根据地质资料,确定钻孔方法和钻孔设备。若用电力提供动力,则架设好电力线路,配备适合的变压器。若用柴油机提供动力,则应购置与设备动力相匹配的柴油机和充足的燃油。混凝土搅拌机、电焊机、钢筋切割机、水泥以及砂石材料均要在钻孔开始前准备妥当。

(3) 埋设护筒。护筒的作用是固定桩位,引导钻头方向,隔离地面水以免其流入井孔,保护孔口不坍塌,保证孔内水位(泥浆)高出地下水位或施工水位,形成静水压力(水头),以保护孔壁免于坍塌等。护筒可采用钢护筒或现场预制的钢筋混凝土护筒两种。在放样好的桩位处,开挖一个圆形基坑,将护筒埋入。护筒应坚实、不漏水,护筒内径应比桩径大 10~20 cm。护筒顶面宜高出施工水位或地下水位 2 m,并高出施工地面 0.5 m。其高度还应满足孔内泥浆面高度的要求。

(4) 制备泥浆。泥浆由水、黏土(或膨润土)和添加剂组成。泥浆的作用是在孔壁四周形成一层泥浆保护层,隔断孔内外水流。因孔内泥浆浆位高于孔外水位,故在孔内有向外的压力,有利于防止孔壁坍塌,起到固壁的作用。泥浆密度大,与钻渣混合一起可使钻渣悬浮起来,便于出渣。泥浆可冷却钻头,减少钻头磨损。根据钻孔方法和地质情况,除地层本身全为黏性土,能在钻进中形成合格泥浆外,开工前应准备数量充足和性能合格的黏土或膨润土。调制泥浆时,先将土加水浸透,然后用搅拌机或人工拌制,按不同地层情况,结合钻机类型严格控制泥浆浓度。为了回收泥浆原料、减少环境污染,应设置泥浆循环净化系统。

(5) 钻机就位。钻机就位前,应对钻孔的各项准备工作进行检查,包括钻机坐落处的平整和加固、主要机具的检查与安装。检查符合要求后才能开始钻进。

(6) 钢筋笼制作。在钻孔之前或者钻孔的同时制作好钢筋笼,以便清孔后尽快下钢筋笼、灌注混凝土,防止发生塌孔事故。应按设计制作钢筋笼,注意主筋在 50 cm 范围内接头数量不能超过截面主筋根数总数的 50%,加强筋直径要准确。要预先调直箍筋,螺旋形布置在主筋外侧。定位筋应均匀对称地焊接在主筋外侧。下钢筋笼前应进行质量检查,保证钢筋根数、位置、净距、保护层厚度等满足要求。

2. 钻孔施工注意事项

无论采用哪种钻孔方法,都要遵循以下要求。

(1) 施工时必须及时填写施工记录表,交接班时应交代钻进情况及下一班注意事项。

(2) 钻机底座和顶端要平稳,钻进和运行中不应产生位移和沉陷。回转钻机顶部的起吊滑轮缘、转盘中心和桩位中心三者应在同一铅垂线上,偏差不超过 2 cm。

(3) 钻孔作业应分班连续进行。施工中应经常对钻孔泥浆性能指标进行检验,不符合要求时要及时调整。

3. 不同地质情况下钻孔灌注桩钻机设备选型

(1) 钻孔灌注桩钻机设备类型及技术特点。

① 冲击钻机。

冲击钻机是一种比较常见的钻机设备。冲击钻机依靠冲击锤进行冲击,通过掏渣筒排渣。冲击锤上下反复冲击,将坚硬的岩石破碎。将破碎后的残渣直接输送到外部环境,一部分被直接挤入孔壁内部。冲击钻机适用于比较常见的填土层、黏土层以及密实砂层等复合型夹层施工,但是在卵石层、微风化地层的施工进度比较缓慢,且冲击锤很容易损坏。在一些地质条件比较松散、基层施工厚度较大的砂层中进行钻进时,很容易出现孔洞坍塌问题,主要原因是在冲击钻机钻进工作中,孔洞内部的泥浆密度不均,而经过掏渣筒掏渣处理的孔洞内部水位降低,会形成水位差,可能造成塌孔问题。

冲击钻机具有施工地层适应性范围较广、施工速率较快、对施工场地环境要求较少等优势。但是,冲击钻机的工作劳动强度相对较大,泥浆循环需要泥浆回流池,占地面积较大,产生的泥浆不能直接外运,施工过程中会产生较大的振动和声响,对周围的环境影响比较明显。

②回转钻机。

回转钻机在我国各大岩土工程中的应用非常广泛,在钻孔灌注桩施工中具有非常明显的施工优势。回转钻机在国内应用时间较长、使用范围较广,社会市场中的保有量相对较大。回转钻机除了在卵石层、砂石层钻进存在一定难度,在其他比较常见的地层钻进工作中具有良好的适用性。回转钻机根据排渣方式的不同,可分为正循环排渣和反循环排渣两种形式。在一些常见的素土层、黏土层和砾石层钻孔施工中,通常使用正循环排渣;在一些质地比较坚硬的砂卵石夹层和岩石层内部的孔底清渣工作中,通常选用反循环排渣。根据不同的地层结构,可以采用不同规格和型号的钻头,尤其在比较坚硬的岩石层钻进,需要配置滚刀钻头或者牙轮钻头。钻孔施工的钻孔直径为 $2\sim 5$ m,深度可以达到数百米。

回转钻机护壁效果明显,成孔质量更高,在施工过程中不存在明显的振动、噪声等问题,具有操作更加简单、造价更加低廉等特性。但是在复杂的地层钻孔工作中,回转钻机整体的工作效率相对较低。施工现场的用水量较大,需要排放大量泥浆,无法对扩孔率进行有效控制,很难在卵石、漂石和岩石层表面进行施工。尤其是针对一些质地非常坚硬的地层,钻孔进度非常缓慢,消耗的经济成本也相对较高。

③冲击反循环钻机。

冲击反循环钻机是对传统的冲击钻机进行改进和升级,结合反循环排渣工艺形成的一种新型大口径钻机设备。该钻机可以对一些大面积的岩石进行高频率的冲击和破碎,保证冲击面的岩石完全破裂,然后使用反循环排渣的工作方法,将冲击产生的岩石碎片及时排出。该钻机设备不但保留了传统冲击钻施工成本较低、清孔更加干净、沉渣量较小和适用性更强的优势,同时解决了传统钻机不能连续性排渣等多种问题,可以在各种复杂的地质条件下进行钻孔施工。

冲击反循环钻机设备和回转钻机设备在钻孔施工过程中有各自的使用优势。正常情况下,在黏土层、亚黏土层、淤泥质土层和粉砂层施工过程中,回转钻机比冲击反循环钻机的钻孔施工速度更快,成本较低。在卵石层和坚硬岩石层施工过程中,冲击反循环钻机的工作效率可以提升2~3倍,尤其在我国一些比较复杂的丘陵和山区地带,冲击反循环钻机在卵石层和坚硬岩石层的成孔速度有更加明显的优势。

当遇到一些大漂石、大面积坚硬岩石时,回转钻机无法保证钻孔工作的效率和稳定性,只能选用冲击反循环钻机进行施工。但是,冲击反循环钻机的施工过程会产生较大振动,对周围环境形成影响,尤其是冲击下部比较坚硬的岩石层时,冲击过程产生的振动效应会产生较大的噪声。同时,冲击反循环钻机的工作功率较高,耗电量较高,整体结构也比较复杂,设备的运输也需要一定的经济成本。

④潜水钻机。

潜水钻机属于一种比较常见的旋转式钻孔机械设备,将防水电机变速机构和钻头直接衔接在一起,同时做好外部的密封处理,由钻杆定位后使钻机直接潜入水底,在泥浆中进行钻孔。注入泥浆之后,通过正循环和反循环的排渣工作方法,将孔洞内部产生的大量泥土和碎渣直接排放到外部环境。潜水钻机在一些黏土层、淤泥层和软弱地层结构当中的应用非常广泛。潜水钻机由潜水电机提供动力,在钻孔工作中直接将钻机深入空地内部,电机的防水工作性能良好,在工作过程中温度上升幅度较小,具有良好的过载工作能力。其在钻孔工作中消耗的动力较小,钻孔工作效率较高,同时整个钻孔施工的成本投入量较小,但是潜水钻机不能用于碎石土层,超过10 cm的软弱夹层、卵石层或者比较坚硬的岩石地质条件。在具体的成孔工作中,使用泥浆护壁很容易造成现场环境泥泞。同时,使用反循环钻孔施工时,土体当中会存在较大的石块,很容易卡住管道,造成桩体结构层松散,进而使得桩径扩大,灌注混凝土施工量超限。

(2)钻机设备选型与经济性对比。

①不同地质条件钻孔灌注桩钻机设备选择。

根据不同类型钻机的工作特点,在确定工程施工方案过程中,可以结合不同的地质条件特性,对钻机的类型进行针对性选择,有效提高钻孔工作的整体效率和质量。

a. 黏土层和密实砂层可以选用冲击钻机、回转钻机或者旋挖钻机,这几种钻机都可以起到良好的钻孔工作效果。

b. 对于密实土层和松散的砂层地质,可以直接选择回转钻机或者旋挖钻机。

c. 对于卵石含量大于20%或者漂石颗粒直径大于15 cm的土层结构,可以选用冲击钻机进行钻孔施工。

d. 对于卵石含量小于20%或者漂石颗粒直径小于10 cm的土层结构,可以直接选用冲击钻机或者回转钻机进行施工。

e. 对于软弱的岩土层或者强风化岩层结构,可以选择冲击钻机和回转钻机进行钻孔施工。

f. 对于弱风化地质、坚硬岩石地质,可以使用实心锤头、牙轮钻头或者滚刀钻头等设备进行钻孔施工。

g. 对于抗压强度大于120 MPa的坚硬岩石层,可以直接使用滚刀钻头进行钻孔施工。

从上述的钻机技术特性以及地质条件特点分析,除了需要大致了解设备的性能和适用性,还需要全面了解地质勘测报告中的土壤性质指标,对施工区域范围内的地层条件结构、岩性特点等进行全面判断和分析,有针对性地选择钻机设备型号,保证钻孔工作的整体质量和效果。同时,结合环境保护工作要求,针对泥浆的处理工作成本、施工难度和噪声问题等进行综合考虑和分析。

②不同钻机设备使用经济性分析。

考虑经济成本因素,包括钻机设备的功率大小、配套设施造价和各种能源消耗量等,据此选择钻机类型。不同地层条件下的钻孔设备不同,成本造价也会有较大差异。如某钻孔灌注桩施工区域地层为岩石条件,其中单轴抗压强度达到了100 MPa,根据钻机的工作性能可以选择牙轮钻头、滚刀钻头或者实心锤头中的任何一种。但是从经济角度考虑,钻机在工作过程中的成本消耗量存在较大差异,在三种钻机的制浆、排浆和动力基本相同的条件下,钻头的消耗和钻进速率不同,使得钻孔工作中的成本消耗量相差较大。其中,实心锤头钻进工作速率可以达到0.8~1.0 m/台班,牙轮钻头为0.1~0.3 m/台班,滚刀钻头为0.3~0.4 m/台班。实心锤头的质量范围为5~7 t,以铸铁材料为主。滚刀钻头和牙轮钻头的每米成孔成本比实心锤头的施工成本高2倍以上。基于这一施工条件,优先选择实心锤头可降低施工成本。考虑钻机经济性能要考虑周围工作环境要求、场地制约条件和施工工期,这是钻机选型工作的重要影响因素,需要引起相关施工人员的高度重视。

4. 清孔

在钻至设计高程后,检查孔径、桩孔垂直度、桩底地层情况与设计是否相符,达到技术规范要求后,即应进行清孔。其目的是将孔内钻渣清除干净,保证孔底沉淀土层厚度满足要求。清孔方法有掏渣清孔法、换浆清孔法、抽浆清孔法、喷射清孔法几种。

(1) 掏渣清孔法是用掏渣筒或冲抓锥掏孔底粗钻渣,仅适用于冲抓、冲击钻孔的各类土层摩擦桩的初步清孔。

(2) 换浆清孔法适用于正循环钻孔的摩擦桩。在钻孔完成之后,提升钻头至距孔底 10～20 cm,继续循环,压入相对密度较小(1.0～1.1)的泥浆,从而替换钻孔内的悬浮钻渣和相对密度较大的泥浆。

(3) 抽浆清孔法的效果较好,适用于各种方法钻孔的柱桩和摩擦桩,一般用反循环钻机、空气吸泥机、水力吸泥机或真空吸泥泵等进行。

(4) 喷射清孔法只适合配合其他清孔方法使用。在灌注混凝土前对孔底进行高压射水或射风并持续数分钟,剩余少量沉淀物漂浮后,立即灌注水下混凝土。

5. 钢筋骨架及导管吊装

钢筋骨架由主筋、加强筋、螺旋箍筋、定位筋四部分组成,其构造应满足设计要求。检查合格后,用吊车吊起垂直放入孔内,相邻节端应焊接牢靠,定位准确。下到设计位置后,应在顶部采取相应措施反压并固定其位置,防止在混凝土灌注过程中出现上浮现象。

导管是灌注水下混凝土的重要工具,一般选用刚性导管。刚性导管由钢管制成,内径一般为 25～35 cm,每节长 4～5 m,用端头法兰盘螺栓连接,接头间夹有橡胶垫以防漏水。导管上口一般设置储料槽和漏斗。在灌注末期,当钻孔桩桩顶低于井孔中水面时,漏斗底口高出水面的距离至少为 4 m;当桩顶高于井孔中水面时,漏斗底口高出桩顶的距离至少为 4 m。

使用导管前应进行必要的水密、承压和接头抗拉等试验。吊装前应进行试拼,接口连接应严密、牢固。吊装时,导管应位于井孔中央,并在混凝土灌注前进行升降试验。

6. 水下混凝土的灌注

灌注混凝土之前,应先探测孔底泥浆沉淀厚度。如果大于规定,要再次清孔,但应注意孔壁的稳定,防止塌孔。运至桩位的混凝土应检查均匀性和坍落度,如不符合要求,应进行二次拌和,二次拌和仍达不到要求时不能使用。施工时应注意以下方面。

(1) 导管下口至孔底的距离 h_3 一般为 $25\sim 40$ cm。

(2) 导管埋入混凝土的深度 h_2 以不小于 1 m 为宜,如图 2.1 所示。

首批灌注混凝土的数量应能满足以上要求,可按式(2.1)~式(2.3)进行计算。

$$V = \pi d^2 h_1/4 + \pi D^2 H_c/4 \quad (2.1)$$
$$h_1 \geqslant \gamma_w H_w/\gamma_c \quad (2.2)$$
$$H_c = h_2 + h_3 \quad (2.3)$$

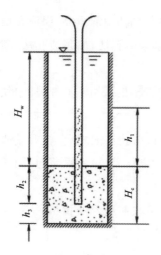

图 2.1 首批混凝土数量计算

式中:V 为首批混凝土所需数量(m^3);d 为导管内径(m);h_1 为井孔混凝土高度达到 H_c 时,导管内混凝土柱高于混凝土的高度(m);D 为井孔直径(m);H_c 为灌注首批混凝土所需井孔内混凝土面至孔底的高度(m);γ_w 为井孔内水或泥浆密度(kN/m^3);H_w 为井孔内混凝土面以上水或泥浆深度(m);γ_c 为混凝土拌合物的密度(kN/m^3);h_2 为导管初次埋置深度(m),$h_2 \geqslant 1.0$ m;h_3 为导管底端至钻孔底间隙(m),约为 0.4 m。

当钢筋笼就位,导管下放至设计深度,首批混凝土已拌和完毕并运送至桩位处时,即可开始灌注混凝土。首批灌注时应在导管漏斗底口处设置可靠的防水设施(一般放置一个直径与管内孔完全吻合的隔水球)。将混凝土倒入漏斗,压住隔水球向下运动,导管中水从管底压出,从井口逐渐排向井外,混凝土靠自重和向下冲力压至孔底。随着混凝土不断灌入,孔内混凝土面逐渐升高,井内积水不断上升,直至混凝土灌满全孔,水全部被排出。注意,首批灌注的混凝土的初凝时间不得早于灌注桩全部混凝土灌注完成时间,必要时要加入缓凝剂,每灌一段时间,就要及时抽拔导管,导管埋入混凝土的深度不能大于 6 m,但也不能小于 2 m,要根据混凝土的灌入量计算灌注高度,从而确定提升导管时间。导管提升太快,若超过已灌混凝土表面,就会形成断桩;若抽拔不及时,埋入过深,则有可能因为混凝土初凝,导管不能拔除,造成工程事故。因此必须严格控制导管提升时间。

灌注开始后,必须连续进行,提升拆除导管的时间要尽可能缩短。在灌注过程中,应将井孔内溢出的泥浆引流至适当位置,防止污染环境及河流。灌注的桩顶高程应比设计高程高出 0.5~1.0 m,待开挖基坑、浇筑承台混凝土时凿除(俗称破桩头),目的是将原孔内下部泥渣全部排除,保证桩体成桩质量。

混凝土灌完后要拔除护筒,处于地面及桩顶以下的井口整体式刚性护筒,应在灌注混凝土后立即拔除;处于地面以上能拆卸的护筒,须待混凝土抗压强度达到 5 MPa 后才能拆除。

2.2.2 挖孔灌注桩施工与管桩施工

1. 挖孔灌注桩施工

挖孔灌注桩施工多用人工开挖和小型爆破的方法,配合小型机具成孔,灌注混凝土形成桩基。挖孔灌注桩施工适用于无水或极少水、较密实的各类土层,桩径不小于 1.2 m,孔深宜不大于 15 m。其特点是设备投入少、成本低,成孔后可直观检查孔内土质状况,基础质量有可靠保证,缺点是施工速度较慢。

对于位于无水地层的桩基,埋好护筒后,可用人工直接开挖。遇岩石采用浅层小药量电雷管爆破,人工清渣掘进,用辘轳将渣石吊运出井孔,用手推车运送弃渣。位于有水地基时要边开挖边用水泵排水。在过深的井孔中作业时,要用鼓风机通过通风管向孔底吹入新鲜空气,保障施工安全。在孔壁可能坍塌或有渗水的情况下,应及时增加护壁。护壁有安装木框架、竹篱、柳条、荆笆,预制混凝土井圈或钢井圈支护,现浇或喷射混凝土护壁等,应根据实际情况慎重选用。

夜间停工时,要在井口设置标志或覆盖物,防止人员不慎坠入。

灌注混凝土的方法与钻孔桩相同。无水、空气中灌注的桩如为摩擦桩,应在灌注过程中逐步由下至上拆除支护。井中有水时,要采用水中钻孔灌注桩法,先向孔中灌水,孔中水位与地下水位相同时,再用导管灌注混凝土。随着灌注混凝土升高,孔内水位上升时逐层拆除支护。柱桩、嵌岩桩的混凝土护壁可以不拆除。

2. 管桩施工

当水文地质条件较复杂,特别是水深、岩面不平、无覆盖层、覆盖层很厚时,采用管桩基础比较合适。土层中含有较多难以清除的孤石(障碍物)或有不适宜做持力层且管桩又难以贯穿的坚硬夹层地区,则不宜应用管桩。管桩基础可采用单根或多根,其穿过覆盖层或溶洞、孤石,支承于较密实的土壤或新鲜岩面。管桩施工在水面上进行,不受季节影响,机械化程度高,从而可改善劳动条件,提高工作效率,加快工程进度。

管桩基础主要由三部分组成,即承台、桩身和嵌岩柱基。管桩基础按承台座板的高低可分为低承台管桩基础和高承台管桩基础两类。需要设置防水围堰的管桩基础,其施工较为复杂,技术难度较高。

2.2.3 桩基础检测

1. 桩基础成孔质量检测

灌注桩施工的质量很大程度上取决于成孔质量,成孔深度过大会导致桩基础的孔径比过大而超过标准,不仅会导致桩基础的承载力过高,还会浪费材料;孔径比过小则会存在桩基础承载力不足的风险。桩基础的承载力还会受到倾斜度的影响,而且倾斜度对长桩的影响要明显大于短桩。当倾斜度超过1%时,这种现象会更加明显,使桩基础极限承载力大幅度下降,直接影响结构的安全性。

通常在清孔之后采用测绳直接测量成孔深度,这样能够得到直观的成孔深度数据。检测倾斜度需要借助各种设备,桩基础检测中常用的设备有伞形孔径仪、测斜仪以及超声波检测仪等,如表2.4所示。

表2.4 倾斜度检测设备类型及测试内容

设备类型	测试内容
伞形孔径仪	测定孔径仪在不同深度处顶角及方位角、孔径、倾斜度及沉渣厚度
测斜仪	对钻杆倾斜度进行逐点测量,采用均角全距法换算钻孔倾斜度
超声波检测仪	测定钻孔内超声波发射与接收的时间差,对倾斜度进行计算

2. 桩基础承载力检测

自由下落的重锤施加的冲击力导致桩身发生位移。重锤的重量不得小于预估单桩极限承载力的1.2%,当桩径大于800 mm或者桩长超过35 m时要适当加大锤重。检测过程中宜重锤低击,锤的最大落距宜不大于2.5 m。高应变检测法适用于对单桩的竖向抗压极限承载力进行检测,通过对实测曲线进行拟合分析,得到桩侧土阻力的分布以及桩端土阻力,亦可对桩身结构的完整性进行检测,判定桩身缺陷的位置与严重程度。高应变检测法对桩身深处的缺陷进行检测,而且可检测出桩身存在的多种缺陷,但是无法对一些细微的桩身裂缝进行准确检测。静载试验通过对桩基础施加静载,采用慢速维持荷载法进行加载,对桩基础结构的整体承载力进行检测,根据实测桩的荷载沉降曲线确定单桩的极限承载力。

3. 桩基础完整性检测

(1) 钻芯法。

钻芯法作为一种直接法,能够直接对桩基础的完整性进行检测,还可对其强度进行检测。钻芯法通过对桩身直接取芯,能够对桩长及沉渣厚度进行直接测量,观察成桩质量,这是其他检测方法无法实现的,对取芯部分进行试验可判定混凝土强度,可对桩身质量进行评价。钻芯法也存在一些缺陷,无法对桩径小的桩基进行检测,只能应用于桩径大于 800 mm 的桩基检测,反映一些大面积的桩身缺陷,而对细微缺陷的检测效果不佳。基于此,钻芯法常需要与其他检测方法配合使用,只作为一种辅助手段,或用于对其他方法的检测结果进行验证。建议对深孔小直径桩基采用声波透射检测(设计有声测管),辅以高应变和低应变检测。

(2) 高应变法。

高应变法是动力测桩法的一种,其原理是在桩身上与桩顶有一段距离的位置打孔,并对称安装力和速度传感器,采集重锤冲击下的力与速度信号,以此为基础对桩身的完整性进行判定。重锤的下落对桩顶产生冲击,导致桩土之间发生塑性位移,引发桩侧与桩端的摩阻力。传感器收集的信号中存在承载力因素,因此可对桩基础的极限承载力进行测定。由于检测准备时间长且费用高,高应变法通常只用于桩基础的承载力检测工作,在结构完成性检测方面应用很少。

(3) 低应变法。

低应变法通过在桩顶进行敲击产生瞬间激振并采集信号,以得到桩顶加速度或者速度响应时域曲线来进行桩基的完整性判断,还可进行桩长检测。其检测原理是通过对桩顶进行敲击而激发向桩底方向传递的应力波,桩身存在的缺陷会导致桩身断面的阻抗发生变化,将向下传递的应力波分为两部分,其中一部分会在缺陷断面处改变方向向上传播,另一部分则会穿透缺陷断面继续向下传播至桩底,再经过反射之后向上传播,通过采集到的波形图即可判断桩身是否完整。桩顶产生的动载很小,不会引发桩土之间的塑性位移,只会产生弹性变形,因而只可用于对桩身的完整性评价,无法对桩身的极限承载力进行测定。基于其检测速度快、费用低的特点,低应变法广泛应用于桩身完整性检测工作。由于弹性波的传导限制,对于长度大于 50 m 的桩,这种方法则不适用。

(4) 声波透射法。

采用声波透射法需要在施工阶段就做好检测的准备工作,根据桩径预埋相应数量的声测管,将其纵向平行布置,作为放置换能器的通道。检测过程中,在声测管内放置信号发射与接收探头,并在声测管中注满清水作为耦合剂。按照自下而上的顺序逐点检测,以一定的速度沿桩身纵轴方向移动换能器,以接收到的信号波形及声学参数对桩身质量进行评价。该方法不受桩长及桩径的限制,可准确地判断缺陷的位置,但是无法准确定性缺陷的类型,需要与钻芯法与低应变法配合使用。

2.3 沉井基础

沉井是桥梁工程中广泛采用的一种无底无盖、形如井筒的基础结构物。沉井在施工时作为基础开挖的围堰,依靠自身重量,克服井壁摩阻力逐渐下沉,直至到达设计位置。同时,沉井经过混凝土封底,填充井孔后成为墩台的基础。对于桥梁深水基础,当上部荷载较大,基础需要埋置较深时,沉井基础也是常用的基础类型之一。

2.3.1 沉井基础概述

1. 适用范围

(1) 承载力较高的持力层位于地面以下较深处,如采用明挖基坑,开挖量大,地形受到限制,支撑困难。

(2) 受冲刷或河中有较大卵石的山区河流(不便于桩基施工)。

(3) 岩层表面较平坦,覆盖层不厚,但河水较深。

2. 特点

埋置深度大、整体性强、稳定性好、刚度大、承载力大;施工设备简单,工艺简单,可以几个沉井同时施工,缩短工期。此外,沉井并不适用于岩层表面倾斜过大的地方。

3. 分类

沉井可分为混凝土沉井、钢筋混凝土沉井、钢沉井和竹筋混凝土沉井等。其中最常用的是钢筋混凝土沉井,可以做成重型的就地制造、下沉的沉井,也可做成薄壁浮运沉井及钢丝网水泥沉井。混凝土沉井一般只适用于下沉深度不大(4~7 m)的松软土层,多做成圆形,使混凝土主要承受压应力。钢沉井适用于制造空心浮运沉井。竹筋混凝土沉井可以就地取材,节约用钢,适用于我国南方盛产竹材的地方。

4. 构造

沉井由井壁(侧壁)、刃脚、内隔墙、井孔、凹槽、射水管、封底混凝土和顶盖板等组成。

(1) 井壁。

井壁作为施工时的围堰,用以挡土、隔水,也可提供足够的重量,使沉井能克服阻力顺利下沉。井壁沉至设计高程并经填芯后,还可作为墩台基础。

(2) 刃脚。

井壁最下端一般都做成刀刃状,即"刃脚"。其作用是在沉井自重作用下便于切土下沉。刃脚应具有足够的强度。

(3) 内隔墙。

内隔墙的主要作用是增加沉井在下沉过程中的刚度,减小井壁受力计算跨度。

(4) 井孔。

井孔尺寸应满足施工要求,宽度(直径)宜不小于 3 m。井孔布置应对称于沉井中心轴,便于对称挖土,使沉井均匀下沉。

(5) 凹槽。

凹槽设在井孔下端近刃脚处,其作用是使封底混凝土与井壁较好结合。凹槽深度为 0.15~0.25 m,高约 1.0 m。

(6) 射水管。

当沉井下沉深度大,穿过的土质较硬,下沉会产生困难时,可在井壁中预埋设水管组。射水管应均匀布置,以利于控制水压和水量,从而调整下沉方向。一般水压不小于 600 kPa。

(7) 封底混凝土和顶盖板。

沉井沉至设计高程并进行清基后,便浇筑封底混凝土。封底混凝土底面受地基土和水的反力,因此要求封底混凝土有一定厚度:封底混凝土对于岩石地基可用 C15;对于一般地基可用 C20。顶盖板厚度一般为 1.5~2.0 m。井孔中填充的混凝土强度等级应不低于C10。

2.3.2 沉井的施工

1. 整平场地

制作沉井前,应先整平场地,并要求地面及岛面承载力符合设计要求。如不能满足承载力要求,应采用换填、打砂桩、填筑反压土等加固措施。

(1) 在无水地区的场地。

在无水地区,天然地面土质较好时,只需要将地面杂物清除干净,整平地面,就可在基础位置上制造和下沉沉井。如为了减小沉井的下沉深度也可在基础位置处挖一浅坑,在坑底制造沉井且使其下沉。在一般情况下,应在整平场地上铺厚度不小于0.5 m的砂或砾石层。

(2) 在岸滩或浅水地区的场地。

在岸滩或浅水地区,需要先筑造无围堰土岛。筑岛常用的材料为细砂、粗砂、中砾石及卵石。筑岛施工时,应考虑筑岛后压缩流水断面、加快流速和提高水位的影响。

一般在水深小于1.5 m、流速不大时采用无围堰土岛。土料的选择根据流速大小而定。筑岛土料与容许流速见表2.5。土岛护道宽度宜不小于2.0 m,临水面坡度可采用1∶2。

表2.5 筑岛土料与容许流速

筑岛土料	容许流速/(m/s)	
	土表面处	平均流速
细砂(粒径0.05~0.25 mm)	0.25	0.3
粗砂(粒径1.0~2.5 mm)	0.65	0.8
中砾石(粒径2.5~40 mm)	1.0	1.2
卵石(粒径40~75 mm)	1.2	1.5

(3) 在深水或流速较快地区的场地。

水深不超过3.5 m、流速为1.5~2.0 m/s的河床可用草(麻)袋装砂砾堆成有迎水面的围堰;当流速为2.0~3.0 m/s时,如河床坚实平坦,不能打桩,可用石笼或木笼堆成有迎水面的围堰,在内层码草袋,然后填砂筑岛。

当水深为3~5 m、流速很快时,如果河床为能打入板桩的地层,可以选择采用木板桩围堰。

钢板桩围堰筑岛多用于水深(一般在15 m以内)流急、地层较硬的河流。围堰筑岛的护道宽度应满足沉井重量等荷载和对围堰所产生的侧压力的要求。

筑岛材料应选用透水性好、易于压实的土(砂类土、砾石、较小的卵石),且不应含有影响岛体受力及抽垫下沉的块体(包括冻块);岛面及地基承载力应满足设计要求;岛面应高出施工水位0.5 m以上,有流冰时应适当加高;在斜坡上筑岛时应制定防止滑移的措施。

2. 底节沉井的制造

底节沉井的制造包括铺设垫木,立沉井模板及支撑、绑扎钢筋、混凝土浇筑与养护,拆模及抽垫木等工序。

(1)铺设垫木。

制造沉井前,应先在刃脚处对称铺满垫木,长、短两种垫木相间布置。铺垫木时,要先铺最后拆除的几根主要垫木,再铺其余垫木。设计未规定时,沉井的定位垫木应对称布置在四个支点上。垫木底面压应力不大于0.1 MPa,垫木一般为枕木或方木。

为抽垫方便,沉井垫木应沿刃脚周边的垂直方向铺设。垫木下须用砂填实,其厚度不小于0.3 m。垫木间也要用砂填平。各垫木的顶面应与刃脚的底面相吻合。

(2)立沉井模板及支撑、绑扎钢筋。

如有钢刃脚,垫木铺好后要先拼装就位,然后按照刃脚斜坡底模、隔墙底模、井孔内模的顺序立内模,再绑扎、安装钢筋,最后安装外模和模板拉杆。外模板接触混凝土的一面要刨光,使制成的沉井外壁光滑,以利于下沉。

模板及支撑应具有足够的强度、刚度和稳定性;模板应光滑平顺;内隔墙与井壁连接处支垫应连成整体,底模支撑应支在垫木上,以防不均匀沉陷。

(3)混凝土浇筑与养护。

沉井混凝土应沿井壁四周对称浇筑,避免偏载产生不均匀沉陷,并逐层振捣,最好一次浇筑完成。

混凝土浇筑完成12 h后,即可遮盖浇水养护。下沉底节沉井时,混凝土必须达到100%设计强度,其余各节允许达到设计强度的70%。

(4)拆模及抽垫木。

在混凝土强度达到2.5 MPa后,方可拆除直立的侧面模板,且应先内后外;

达到设计强度70%后,方可拆除其他部位的支撑与模板。

拆模的顺序:井孔模板、外侧模板、隔墙支撑及模板、刃脚斜面支撑及模板。撤除垫木必须在沉井混凝土达到设计强度后进行。抽垫木应分区、依次、对称、同步地进行。

撤除垫木的顺序:先撤内壁,再撤短边,最后撤长边。长边下垫木是隔一根撤一根,然后以四个定位垫木(应用红漆表明)为中心,由远而近对称地撤。最后同时撤除四个定位垫木。每撤出一根垫木,在刃脚处随即用砂土回填捣实,以免沉井开裂、移动或倾斜。

3. 沉井下沉

(1) 沉井下沉施工方法。

撤完垫木后,可在井内挖土,消除刃脚下土的阻力,使沉井在自重作用下逐渐下沉。井内挖土方法分为排水挖土和不排水挖土两种。只有在稳定的土层中,且渗水量小,抽水不会引起翻砂时,才可边排水边挖土。否则,只能进行水下挖土。

挖土方法和机具应根据工程的具体条件合理选择。在排水下沉时,可用抓土斗或人工挖土。人工挖土时,必须防止基坑涌水翻砂,特别应查明土层中有无承压水层,以免在该土面附近挖土时,承压水突破土层涌进沉井,淹埋机具设备,危及人身安全。不排水下沉时,可使用空气吸泥机、抓土斗、水力吸石筒、水力吸泥机等挖土。

(2) 沉井下沉过程中的注意事项。

①正确掌握土层情况,做好下沉测量记录,随时分析和检验土的阻力与沉井重量关系。

②在正常下沉时应均匀挖土,不使内隔墙底部受到支承。在排水下沉时,应在分层挖土中最后挖除设计支承位置处的土。为防止沉井下沉时偏斜,应控制井孔内挖土深度和井孔间的土面高差。

③随时调整偏斜在下沉初期尤其重要。

④弃土应远离沉井,以免造成偏压。沉井下沉时,应注意冲刷和淤积引起的土面高差,必要时应在井外通过除土调整。

⑤在不稳定的土层或砂土中下沉时,应保持井内水位高出井外 1~2 m,防止翻砂,必要时要向井孔内补水。

⑥下沉至设计高程以上 2 m 前,应控制井孔内挖土量,并调平沉井。

(3) 加速沉井下沉的几项措施。

①注水法：提高井内水位，使井内水压大于井外，水向外渗流以减少摩阻力。

②抽水法：降低井内水位，使井外水压大于井内，水向内渗流以减少摩阻力。同时也减小浮力，但对于易引起翻砂的涌水地层，则不宜采用。

③高压射水：在较坚硬的土层中利用抓土斗或吸泥机在水下除土时，可辅以高压射水，以松动及冲散土层，便于抓(吸)土。

④炮震下沉：当井孔底坑已较深，刃脚下土层已掏空，沉井仍不下沉时，可在井孔中央的底面上放置炸药起爆，使刃脚已悬空的沉井受震下沉。

⑤压重下沉：沉井施工尚未接筑完成时(接筑上一节沉井)，可利用接筑圬工压重，也可在沉井顶上压重物加压迫使沉井下沉。

⑥泥浆套法：用特制的泥浆(由黏土、水、碳酸钠等材料调制而成)在井壁外形成一个泥浆润滑套，使井壁与泥浆接触，起到润滑作用，从而减少井壁的摩阻力。下沉完毕后，再用高压水将泥浆润滑套破坏，以增加摩阻力。

⑦空气幕法：在井壁预埋压气管道，下沉中通过出气孔喷射压缩空气，压缩空气沿井壁上升，在井壁外产生一个空气帷幕，使井壁与土壤脱离接触，周边摩阻力减少，当不通压缩空气时，摩阻力即可恢复。施工中应注意，在喷气时必须自上而下，否则可能造成气流不沿外壁上升而向下经过刃角由井孔内逸出，造成翻砂。

4．沉井的接高

沉井一般在井顶下沉至距地面 1 m 时接高。接高时，下节沉井应尽量调平，使上下两节沉井的中轴线保持在一条直线上，以利下沉到正确位置。为防止沉井在接高时突然下沉或倾斜，必要时在刃脚下回填一部分碎(卵)石。为加强上下两节沉井接头面的连接，底节沉井的顶部应预留接缝钢筋或凹槽，并将接缝处混凝土表面凿毛洗净，接高的混凝土也应均匀浇筑，使沉井均匀沉落。

5．沉井偏移和倾斜

(1) 偏斜原因：挖土不对称；刃脚遇到障碍物顶住而施工人员未及时发现。沉井偏斜大多数发生在沉井下沉不深的时候，下沉较深时，只要控制得好，很少发生倾斜。

(2) 发生倾斜的纠正方法：在沉井高的一侧集中挖土；在沉井高的一侧加重物或用高压射水冲松土层；必要时可在沉井顶面施加水平力扶正。

6. 基底检验和基底处理

(1) 基底检验。

沉井沉到设计高程后,应对地基进行检验和清理,为封底做好准备。基底检验内容包括:基底平面位置、尺寸大小;基底高程;基底的地质情况、承载力是否与设计要求相符;基底处理和排水情况是否符合规范要求。基底的检验方法包括:用测绳量测不排水下沉的井孔范围内岩石的高程,必要时钻取岩芯复查基底岩层成分;水下潜水员测量隔墙下岩面高程,测量刃脚嵌入风化岩层的宽度,摸探残存风化岩块。

(2) 基底处理。

①应清除干净基底上的松碎石块、淤泥、苔藓等。

②风化岩层浇封底混凝土后还应将沉井周围回填以达到封闭目的。

③岩层倾斜度大于15°时,应将基底凿成台阶形。

④基底土质复杂,有软弱层、湿陷性黄土层、永久冻土层、泉眼和溶洞时,均须按相关桥涵施工技术规范进行处理。

⑤遵照设计意见进行处理。清除后基底有效面积不小于设计要求。

7. 沉井封底、充填井孔及浇筑顶盖板

沉井水下混凝土封底与围堰内水下混凝土封底要求相同。水下封底混凝土达到设计要求强度时,把井中水排干,再充填井内圬工。若井孔不填或仅填以砂土,则应在井顶浇筑钢筋混凝土顶盖板。

2.4 组合式基础施工

处于特大河流上的桥梁基础工程,墩位处往往水深流急,地质条件极其复杂,河床土质覆盖层较厚,施工时水流冲刷较多,施工工期较长,常用的单一基础形式已难以适应。为了确保基础工程安全可靠,同时又能维持航道交通,宜采用由两种以上形式组成的组合式基础。组合式基础既是施工围堰,又是施工作业平台,并能承载所有施工机具与用料等;同时还可成为整体基础结构物的一部分,在桥梁的运营阶段发挥作用。

组合式基础施工中,先后要做两种形式的基础,设备繁多,工艺复杂,而且要严格防止两种不同基础体系之间产生沉降差与相对倾斜差。实践证明,采用组

合式基础施工不仅是可行的,也是成功的。我国不仅建成了符合设计要求的大型桥梁深水基础,而且也积累了深水及地质条件复杂情况下采用组合式基础设计、施工的经验。

组合式基础的形式很多,常用的有双壁钢围堰加钻孔灌注桩基础、浮式沉井加管柱基础、沉井加钻孔桩基础等。可根据设计要求、桥址处的地质水文条件、施工机具设备情况、施工安全及通航要求等因素,通过综合技术经济分析、论证比较,因地制宜,合理选用。

(1) 双壁钢围堰加钻孔灌注桩基础。

大型双壁钢围堰加钻孔灌注桩基础是大型深水基础工程的理想结构物,不仅能起到深水基础工程的围水与施工平台作用,而且可以参与部分结构受力,既提升了深水基础工程结构的整体性能,又提高了下部结构的防撞能力,方便施工,降低了工程造价,在水深流急的江河中,具有其他结构难以比拟的优越性。重庆、泸州、九江、武汉、黄石、铜陵等城市的长江大桥都采用了双壁钢围堰加钻孔灌注桩基础。

(2) 浮式沉井加管柱基础。

南京长江大桥 2 号、3 号墩水深 30 m,覆盖层厚约 40 m,基岩强度为 7~9 MPa,河床最大冲刷深度可达 23 m,按当时的技术条件修建单一的管柱基础或沉井基础,在设计和施工上都缺少经验,存在困难。因此,经多方研究和论证,最后采用了钢沉井加管柱的组合基础,如图 2.2 所示。钢沉井采用矩形,平面尺寸为 16.19 m×25.01 m,井内分成 15 个方格,内插 13 根直径为 3 m 的预应力混凝土管柱。管柱下沉到岩面后钻孔,孔径为 2.4 m,孔深为 7~9 m,钻孔内放置钢筋骨架,然后灌注水下混凝土,一直填充至管柱顶面。管柱下端嵌入基岩,上端嵌固在承台混凝土中,沉井的封底、封顶混凝土将管柱群连接成整体。其沉井的设计、施工与前述沉井基础相似,而其管柱的设计、施工也与管柱基础相近。

组合基础上钢沉井能减小管柱所要穿过的覆盖层厚度,兼作下沉管柱的导向架,在灌注上下封底、封顶混凝土及承台混凝土时可作防水围堰,解决了围堰过高、钢板桩太长、抽水太深、管柱长细比不当、桥墩位移超限等问题。同时,钢沉井又是永久结构的组成部分,可增加桥墩基础的刚度。用管柱代替部分沉井,嵌进岩层,减小沉井高度,以解决缺乏深沉井手段、难以纠正偏斜位移、不易保证岩面与井底密贴等问题。这种组合基础的最大优点就是能充分发挥沉井和管柱的各自特点。

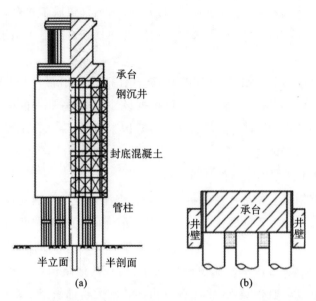

图 2.2 南京长江大桥 2 号、3 号墩浮式沉井加管柱基础结构示意

(a)钢沉井与管柱组合；(b)承台与沉井井壁水平铰链示意

(3)沉井加钻孔桩基础。

以广东省广州市江村南北大桥为例，该桥位于衡广复线南段，在广州北郊跨越流溪河。南桥全长 236.3 m，跨径组成为(32＋128＋32＋40)m；北桥全长 152.65 m，跨径组成为(20＋128)m。其中，跨度 128 m 为钢桁梁，32 m 和 40 m 为预应力钢筋混凝土梁，20 m 为钢筋混凝土梁。除北桥 0 号桥台和 1 号桥墩为桩基础以外，其余墩台基础均采用沉井加钻孔桩基础。

两座大桥位于岩溶特别发育地带，覆盖层不稳定，一定深度的岩溶亦不稳定。经各方面综合考虑，桥址难以避开岩溶地层，最后采用沉井加钻孔桩基础，克服了这种复杂地层给基础施工带来的各种困难。

2.5　桥梁基础施工实践——以新建上海至南京至合肥高速铁路沪宁段站前Ⅸ标为例

2.5.1　工程概况

新建上海至南京至合肥高速铁路沪宁段站前Ⅸ标位于江苏省内南通市如皋

市—泰州市地区,标段起讫里程为 DK211+585.26~DK241+049.74,正线长 29.46 km,桥涵比 100%。本标段主要工程内容为新建桥涵及站场路基。其中新建桥梁 29.46 km(通泰扬特大桥 DK211+585~DK241+050),工区走行线单线特大桥 289.83 m,高架站到发线单线特大桥 1210.96 m,站场路基(黄桥工区) 583 m,涵洞 61.17 m/道;设高明庄村梁场承担标段内 857 孔箱梁制、运、架;无砟轨道施工(不含 CRTS Ⅲ 型板制作及运输);混凝土集中拌和站 2 座;混凝土构配件预制场 1 座。

本项目桩基均为摩擦桩,桩长 37~85 m,桩径 1.0 m、1.25 m、1.5 m、2.0 m,桩基混凝土采用 C30 水下混凝土、C35 水下混凝土、C40 水下混凝土。

2.5.2 施工方法

1. 施工准备

修筑施工场内临时便道,使施工机具能够顺利进出。根据钻机数量配备变压器,提供桩基前期用电,准备一台备用 75 kW 柴油发电机。清除承台位置的杂草、杂物和淤泥,夯实后整平,保证钻机施工平稳。采用十字交叉方式设置引桩,护桩位置应满足钻机布置、正常施工及拉十字绳复核不受影响的要求。

2. 初步放样

测量人员放样确定钻孔灌注桩位置,现场值班人员督促、配合使用钢卷尺对桩位间距进行复核,准确无误后方可设置引桩。引桩使用钢筋(50 cm 以上)或木桩(桩头带钢钉),砸入地面确保稳固、不易受环境扰动,采用十字交叉设置引桩,将原桩位牵引至护筒范围外。护桩与孔口间距需要满足钻机停驻、正常施工且不被破坏的要求,应距孔口 1.5 m。

3. 埋设钻孔护筒

钻孔前应设置坚固不漏水的护筒。

(1) 钢护筒由 6~12 mm 厚钢板卷制成,用汽车运至工地。护筒内径应适当大于桩径,长度不小于 2 m。

(2) 埋设到位的护筒,顶面允许偏差为 50 mm,倾斜度允许偏差为 1%。

(3) 护筒顶面宜高出施工水位或地下水位 2 m,并高出施工地面 0.5 m,其高度尚应满足孔内泥浆面高度的要求。

(4) 在岸滩上护筒埋置深度:黏性土、粉土宜不小于 1 m,砂类土宜不小于 2 m,当表层土松软时,宜将护筒埋置在较坚硬密实的土层中至少 0.5 m;埋设时应在护筒四周回填黏土并分层夯实,可采用锤击、加压或震动等方法下沉护筒。

(5) 在水中筑岛上的护筒宜埋入河(海)床面以下 1 m。在水中平台上设置护筒,可根据施工最高水位、流速及地质条件等因素确定埋置深度。对于受冲刷影响的河(海)床,护筒宜达到一般冲刷线以下不小于 1.0 m。对于局部受冲刷影响严重的河床,护筒底应达到局部冲刷线以下不小于 1.0 m。在水中平台上下沉护筒,应有导向设备控制护筒位置。

(6) 多节护筒连接时,接缝应牢固、不漏水,护筒内连接处应无凸出物。

4. 桩位复核

钻机就位前原桩位由技术人员复核,桩位偏差要求小于 5 cm,采用十字线定位,钻机支垫牢靠后使钻尖对准孔位中心,钻头中心与桩中线重合。

在桩位复核正确,护筒埋设符合要求,护筒、地面标高已测定的基础上,钻机才能就位;桩机定位要准确、水平、垂直、稳固,钻机导杆中心线、回旋盘中心线、护筒中心线应保持在同一直线上。钻机就位后,应做到机座平整,机塔垂直,转盘(钻头)中心与护筒十字线中心对正。校核无误后,方可注入泥浆,开始进行钻孔。

5. 泥浆循环系统布置

泥浆循环系统平面布置示意如图 2.3 所示。

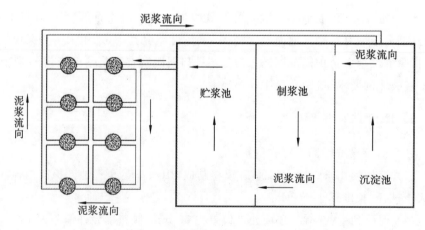

图 2.3 泥浆循环系统平面布置示意

(1) 泥浆池设置。

原则上每 2 个墩台沿主线设置一个泥浆池,泥浆池采用砂浆基础、砂浆护壁。水上施工可以采用泥浆机造浆,泥浆箱储存泥浆。钻孔施工时,根据地层情况及时调整泥浆性能指标,以保证成孔速度和质量,施工中随着孔深的增加向孔内及时连续地补浆,防止孔壁坍塌。

(2) 泥浆制备。

钻孔过程中,泥浆起着极其重要的作用:在静水压力作用下,泥浆作用于孔壁形成一层泥皮,阻隔孔内外渗流,保护孔壁免于坍塌;此外,泥浆还起着悬浮钻渣的作用。钻孔方法不同,泥浆所起的作用也有所区别,其侧重点也不一样。泥浆制备质量的好坏,将直接影响钻孔质量。因此,必须根据钻孔方法及地质条件,制备与其相适应的泥浆。

开钻前泥浆制备根据工艺试验总结出的配合比进行配置,可满足规范开孔要求及现场实际施工要求。施工配合比如下:1 m^3(水):0.055 t(膨润土):0.00075 t(烧碱):0.00075 t(纤维素)。

制浆及每班开始工作时,依次检测泥浆的密度、黏度、含砂率、胶体率四项指标。泥浆性能指标应符合下列规定:正循环回旋钻机入孔泥浆密度可为 1.1～1.3 g/cm^3,反循环回旋钻机、旋挖钻机入孔泥浆密度一般应控制在 1.05～1.15 g/cm^3;一般地层黏度控制在 16～22 mPa·s,松散地层黏度控制在 19～28 mPa·s;砂率控制在 4% 以内;胶体率不小于 95%;pH 值应大于 6.5。

(3) 泥浆循环工艺。

泥浆制备(制浆池)→流入贮浆池(经循环槽)→流入孔内→钻机钻进时通过钻杆吸出泥浆→出浆口设于沉淀池内,使泥浆流入沉淀池→经过沉淀后流入制浆池→流入贮浆池(经循环槽)。上述过程持续进行,形成泥浆循环系统。

(4) 泥浆池做法。

泥浆池(泥浆池包括制浆池、沉淀池、贮浆池),中间预留隔墙。泥浆池开挖过程中边坡按照 1:0.5 进行放坡处理,深度 2.0 m,泥浆池的尺寸根据现场场地情况确定。泥浆池开挖边线四周外侧 50 cm 处设置梯形拦水土坝,土坝高于地面 20 cm,且堆码规整。泥浆池拦水土坝外侧约 20 cm 处设置防护栏杆,防护高度不小于 1.2 m,立杆间距不大于 2 m,要求防护栏杆立柱同地面可靠连接。在明显位置挂设各类警示标志。除放坡开挖外,现场可使用插打钢板桩进行泥浆池开挖,并将泥浆箱与泥浆池配合使用。

6. 围挡的防护措施

(1) 围挡标准。

市区围挡高度不低于 2.2 m,郊区围挡高度不低于 1.8 m。每片围栏之间采用型钢骨架立柱进行连接,骨架立柱高 1.5 m。围栏上布设"五牌一图"(指工程概况牌、管理人员名单及监督电话牌、消防保卫牌、安全生产牌、文明施工牌和施工现场总平面图)和标语。

(2) 围栏的固定。

围栏骨架底部用膨胀螺栓或钢管固定于场地上。在每片的骨架柱位置加焊斜撑,并在网片中间加焊斜撑用以固定,用膨胀螺栓加强固定。围栏间连接牢固,保证正常施工过程中不发生倾斜。

(3) 围挡的维护。

围挡的安全作用得以发挥以及良好外部造型的关键在于日常维护。安排一组人员对彩钢围挡和围墙进行维护。日常维护包括:维修破损;对污染部位进行清洁;检查清洁警示标志;安排 1 名安全员带领 2 名维护工人进行巡查维护。施工期间,夜间及遇特殊天气时增派人员进行巡查维护。交通流量较大时,在路口安排专人指挥交通,确保安全。

7. 桩机就位

安装钻机前,对主要机具及配套设备进行检查、维修,底部应平整,保持稳定,不得产生位移和沉陷,钻头在护筒中心偏差不得大于 20 mm。

8. 钻孔

(1) 回旋式钻机开钻时,接合离合器要慢,注意转盘旋转方向,如果反转立即停机。在转盘开始转动前,必须先将钻具提离孔底,待启动后再慢慢放下,停转前先把钻具提起,换挡应先分离离合器,并在转盘即将停止前换入所挂挡位,严禁转盘高速转动时换挡。

(2) 旋挖钻开始钻进时每次进尺控制在 60 cm,刚开始要放慢旋挖速度,放斗要稳,提斗要慢,特别是在孔口 5～8 m 段旋挖过程中要注意通过控制盘来监控垂直度,如有偏差及时进行纠正。同时,做好整个过程中的钻进记录,随时根据不同地质情况调整旋挖速度。在钻孔过程中,根据地质情况,选用不同钻头。

(3) 开钻前应复核十字护桩、护筒、钻杆及钻头中心位置,其最大偏差不得大于50 mm,倾斜度不大于1%,以保证孔位正确,钻孔顺直。

(4) 开钻前在护筒内存进适量泥浆,开始时低档慢速钻进,钻至护筒以下1 m后再以正常速度钻进。

(5) 钻进过程中应2 m取一次渣样,地层变化处加取一次,查明土质并记录。

(6) 钻孔中发生弯孔或偏斜时,可将钻机钻头提至偏斜处进行反复扫孔,直至钻孔正直。严重时可采用小片石(卵石)与黏土混合物回填至偏斜处,待填料沉实后再重新修孔。

(7) 钻进过程中每隔1~2 h测量一次泥浆的密度,试验室在现场定期测定泥浆的黏度、含砂量和胶体率指标。钻孔要连续操作,不得中途停钻。因故停钻时,要将钻头提出孔外,以防埋钻,并将孔口加盖。

(8) 在钻进过程中,要经常检查土层变化,对不同土层采用不同的钻速、钻压和泥浆密度。在砂土或软土等容易塌孔的土层中钻孔时,宜采用慢速轻压钻进,同时应提高孔内水头,加大泥浆密度。

(9) 钻至设计高程时,应将钻头提高5~10 cm,转盘匀速旋转,使泥浆保持循环,待泥浆分离器基本无钻渣时停机检孔。

(10) 钻孔作业应分班连续进行,不得中途长时间停止,尽可能缩短成孔周期。钻孔过程中还必须详细记录钻进深度、泥浆指标、机械设备损坏情况、障碍物、钻孔异常情况等。记录必须认真、及时、准确、清晰,交接班时要做好交接记录。

9. 成孔检测

成孔达到设计标高后,对孔深、孔位、孔径、垂直度等进行检查。

(1) 孔深检查:在测绳下系测锤测量孔深,测孔需要沿孔周进行测量,测得孔底至护筒口高度并记录,由护筒口高程计算孔底高程,检验是否达到设计深度。

(2) 孔位检查:引桩拉线恢复桩位中心,测定沿线路方向和垂直于线路方向的位置偏差。

(3) 孔径及垂直度检查:钻至设计标高时要立即检查,用笼式检孔器进行检孔,检查内容包括孔位中心、孔深、孔径、倾斜度等。检查合格后,再拆卸钻机进行清孔工作,否则重新进行扫孔。

(4) 根据不同桩径大小制作笼式检孔器。

(5)笼式检孔器制作标准。笼式检孔器应有足够的刚度,外径应与设计桩径相同,长度宜为设计桩径的4~5倍,且不小于6 m。两端制作成锥形,锥形高度宜不小于笼式检孔器的半径。

10. 一次清孔

清孔的目的是使孔底沉渣、泥浆相对密度、泥浆中含钻渣量等指标符合规范要求,钻孔达到要求深度后采用灌注桩孔径监测系统进行检查,各项指标符合要求后立即进行清孔。清孔可采用换浆法、抽渣法或吸泥法,严禁采用加深钻孔深度的方法代替清孔。在抽渣或吸泥时,应及时向孔内注入清水或新鲜泥浆,保持孔内水位。一次清孔的具体要求如下。

①对于孔内排出或抽出的泥浆,手摸无2~3 mm颗粒。

②泥浆密度不大于1.12 g/cm³。

③含砂率小于2%。

④黏度为17~20 mPa·s。

⑤沉渣厚度应符合标准要求:普通墩沉渣厚度不大于10 cm,特殊结构桩基沉渣厚度不大于5 cm。

达到以上要求时,一次清孔即可结束。

11. 钢筋笼制作与安装

(1)钢筋笼制作。

①钢筋笼采用滚焊机制作,将做好的加强箍筋按设计要求间距固定在滚焊机上,将一根主筋点焊在施工线与加强箍筋的交点上,以保证主筋的顺直。

②钢筋笼采用焊接形式连接。均匀布置主筋,在加工钢筋时应考虑预留现场焊接长度。钢筋双面焊接长度不小于$5d$(d为钢筋直径),单面焊接长度不小于$10d$。同时,搭接钢筋的端部应预先折向一侧,搭接钢筋的轴线应位于同一直线上。

③钢筋笼的分节长度应满足设计图纸要求,当设计图纸无要求时可根据加工、运输和起吊的能力进行分节。

④每根桩的钢筋笼应分节编号,同一截面内接头数量不得超过钢筋总数量的50%。

⑤主筋应附着在加强箍筋外侧,主筋与加强箍筋宜采用点焊连接。

⑥一般箍筋与主筋的相交处宜采用梅花形点焊牢固。对于接头范围内的箍

筋,先预留足够长度,待现场主筋连接后再搭接点焊。单面焊接长度应不小于10d。

⑦钢筋笼保护层使用直径为150 mm的圆形卡扣式混凝土垫块,垫块纵向间距不大于2 m,呈梅花形布置,且垫块强度等级应不低于桩身混凝土强度。

⑧加工后的钢筋笼应存放于台架上,其叠放高度不得高于3层。

(2)钢筋笼安装。

①普通长度的钢筋笼采用专用运输车运至施工现场。

②运输时应采取措施加固钢筋笼,防止钢筋笼发生较大的变形。

③将钢筋笼运输至现场后应将其存放于台架上,不得随意摆放。钢筋笼吊装前将钢筋笼上黏附的泥土和油渍清除干净。

④钢筋笼吊装时根据每节钢筋笼的长度、重量及施工现场的起重条件选择适宜的起重设备。

⑤吊装时应采取措施避免钢筋笼变形,安装好的钢筋笼应保持竖直。

⑥钢筋笼采用焊接连接。现场连接钢筋笼时,为保证钢筋轴线在一条直线上,应先采用扎丝上下各绑2道,再进行焊接。单面焊接长度不小于$10d$,双面焊接长度不小于$5d$,焊缝有效厚度应不小于$0.3d$,焊缝宽度应不小于$0.8d$。

12. 安装导管

(1)安装导管前应搭设浇筑混凝土工作平台,平台应坚固稳定,高度满足导管吊放、拆除和装满混凝土后的升降要求。

(2)灌注水下混凝土时,对导管及漏斗的技术要求如下。

①水下混凝土导管在平面上的布设根数和间距应根据每根导管的作用半径和桩底面积确定。

②导管内壁光滑、圆顺,内径一致,接口严密;直径可采用20~30 cm,中间节长度宜为3 m且中间节等长,底节长度可为4 m。配备1 m、0.5 m的调节导管,漏斗下可用1 m长的调节导管。

③导管使用前进行水密承压和接头抗拉试验,严禁采用压气试压。进行水密承压试验的试压力为孔底静水压力的1.5倍,并且不小于导管壁和焊缝可能承受灌注混凝土时最大内压力的1.5倍。

(3)导管长度可根据孔深和钻孔口工作平台高度等因素确定。漏斗底距钻孔口应大于一节中间节的长度。漏斗容量应满足首批混凝土浇筑量的要求。

(4)导管接头设置橡胶密封圈,采用螺旋丝扣型接头,设防松装置。

（5）导管应位于钻孔中央。在浇筑混凝土前应进行升降试验，导管吊装升降设备能力应与全部导管装满混凝土后的总重量和摩阻力相适应，并留有一定的安全储备。

（6）导管安装完成后，其底部距孔底 300～500 mm。

13. 二次清孔及水下混凝土灌注

（1）二次清孔。

检查沉渣厚度，沉渣厚度应满足设计要求。主墩桩底沉渣厚度应不大于 5 cm，一般桥梁墩台摩擦桩桩底沉渣厚度应不大于 10 cm。如沉渣厚度超出设计及规范要求，则利用导管进行二次清孔。

二次清孔在下钢筋笼及导管后进行，目的是清除下钢筋笼时刮下的泥皮和停钻后的沉渣，并调整泥浆性能指标，使其达到水下混凝土灌注的性能指标。二次清孔达到以下要求后，进行水下混凝土灌注。

①对于孔内排出或抽出的泥浆，手摸无 2～3 mm 的颗粒。②泥浆密度不大于 1.1 g/cm³。③含砂率小于 2%。④黏度为 17～20 mPa·s。

（2）水下混凝土灌注。

桩基混凝土采用罐车运输配合导管灌注。灌注开始后应紧凑连续地进行，严禁中途停工。在灌注过程中，应防止混凝土拌和物从漏斗顶溢出或从漏斗外掉入孔底，使泥浆含有水泥而变稠凝结，致使测探不准确。应注意观察管内混凝土面高度和孔内水位升降情况，及时测量孔内混凝土面高度。导管的埋置深度应控制在 2～6 m，同时应经常测探孔内混凝土面的位置，及时调整导管埋深。

导管提升时应保持轴线竖直和位置居中。如导管接头挂钢筋骨架，可转动导管，使其脱离钢筋骨架后，再将其移到钻孔中心。

拆除导管动作要快，时间一般宜不超过 15 min。要防止橡胶密封圈和工具等掉入孔中。已拆下的管节要立即清洗干净，堆放整齐。循环使用导管 4～8 次后应重新进行水密承压试验。

在灌注过程中，当导管内混凝土不满、含有空气时，后续要徐徐灌入混凝土，以免导管内形成高压气囊，挤出管节间的橡皮密封圈，从而导致导管漏水。

当混凝土面升到钢筋骨架下端时，为防止钢筋骨架被混凝土顶托上升，可采取以下措施：①使用缓凝剂等增强其流动性；②当混凝土面接近钢筋骨架时，应使导管底口与钢筋笼底口的距离大于 1 m 且小于 3 m，并慢慢灌注混凝土，以减小混凝土从导管底口出来后向上的冲击力;③当孔内混凝土进入钢筋骨架4~5 m后,适当提升导管,减小导管埋置长度,从而增加混凝土对钢筋骨架的握裹力。

混凝土面高度接近设计标高时,要计算混凝土数量(计算时应将导管内及混凝土输送泵内的混凝土数量估计在内),通知拌和站按需要数量拌制,以免造成浪费。

在灌注即将结束时,导管内混凝土柱高减小,导管外的泥浆及所含渣土稠度增加,相对密度增大。如此时出现混凝土顶升困难,可在孔内加水稀释泥浆,并掏出部分沉淀土,使灌注工作顺利进行。在拔出最后一段长导管时,拔管速度要慢,以防桩顶沉淀的泥浆挤入导管形成泥心。

耐久性混凝土的粉煤灰掺量较大,粉煤灰可能上浮并堆积在桩头。为确保桩顶质量,应在桩顶设计标高以上加灌80~100 cm的混凝土,以便灌注结束后将此段混凝土清除。

在灌注混凝土时,每根桩应制取3~4组试件。如换工作班,每工作班都应制取试件。应对试件施加标准养护,对其进行强度测试后应填试验报告表。强度不符合要求时,应及时提出报告,采取补救措施。

在灌注前应进行坍落度、含气量、入模温度等检测。在灌注时间点、导管拆除时以及发生异常情况时,指定专人进行记录。

(3) 灌注混凝土测深方法。

灌注水下混凝土时,应经常探测孔内混凝土面至护筒顶面的深度,以控制导管埋深。灌注混凝土测深方法主要有重锤法和捞渣法。

①重锤法。重锤的形状是锥形,底面直径不小于10 cm,质量不小于3 kg。用绳系锤吊入孔内,使之通过泥浆沉淀层而停留在混凝土表面(或表面以下10~20 cm)。将测绳所示锤的沉入深度作为混凝土灌注深度。本方法的原理是探测者凭手中所提测锤在接触顶面以前与接触顶面以后不同重量的感觉判别深度。测锤不能太轻,而测绳又不能太重,否则探测者手感会不明显。在测锤快接近桩顶面时,由于沉淀增加和泥浆变稠,容易发生误测。探测时必须仔细,并根据灌注混凝土的数量校对以防误测。

②捞渣法。捞渣勺为半球体,中间均匀分布小孔,尾端安装长握把(握把上可印上长度)。使用时手持握把伸入孔内打捞渣样,捞到渣样的同时观察握把上刻度入孔情况计算桩头高度,保证灌注桩顶标高在规定范围内且桩基质量合格。

为保证桩基质量,水下混凝土灌注桩混凝土顶面应高出设计桩顶0.8~1 m。灌注结束后,及时拔出导管,并在混凝土初凝前拔出护筒。

14. 桩基检测

开挖完成后,按设计要求在桩顶往上 10 cm 伸入承台位置用切割机进行环切,避免桩头凿除过程中将桩顶标高以下的桩基损坏。凿除过程中应保护好声测管。桩头凿除后检查声测管内是否存在堵塞情况,如存在堵塞情况可采用高压水冲洗的方式疏通;如采用一般方式难以疏通,可采取钻孔取芯的方式检查鉴定。

根据设计和规范要求,钻孔桩采用声波透射法或低应变法检测,对检测质量存在疑问的钻孔桩可采用钻芯的方法取桩身混凝土鉴定检测。

15. 施工质量标准

钻孔桩成桩质量检验如表 2.6 所示。

表 2.6 钻孔桩成桩质量检验

项 目		允 许 偏 差
混凝土强度		符合设计要求
群桩孔位中心		100 mm
倾斜度		1%
孔深		符合设计要求
孔径		符合设计要求
钢筋骨架底面高程		±50 mm
沉淀厚度	普通墩	不大于 10 cm
	特殊墩	不大于 5 cm

第 3 章　桥梁墩台施工

3.1　墩台身施工

3.1.1　就地浇筑混凝土墩台施工

就地浇筑混凝土墩台施工有两个主要工序,一是制作与安装墩台模板,二是混凝土浇筑。

1. 制作与安装墩台模板

(1) 模板要求。

模板的设计与施工应符合如下要求。

①墩台模板宜采用统一制作的定型整体式钢模板。模板板面应平整,接缝应严密不漏浆,装拆施工操作方便。施工中应制定模板的安装、使用、拆卸及保养等有关措施和注意事项。

②墩台模板及支架应具有足够的强度、刚度与稳定性,能可靠地承受施工过程中可能产生的各项荷载,保证结构物各部分形状、尺寸准确。

③模板安装前应进行试拼,检查合格后,对其进行编号并存放。墩台模板采用整体分段吊装时,其分段高度应根据吊装能力并结合墩台结构分段情况确定,一般宜为 2~4 m,并应有足够的整体性和刚度。

④墩台模板必须与承台或基础顶面密封,封闭材料不得侵入墩身。

模板一般由木材、钢材或其他符合设计要求的材料制成。木模重量轻,便于加工成结构物所需要的尺寸和形状,但装拆时易损坏,重复使用少。对于大量或定型的混凝土结构物,则多采用钢模板。钢模板造价较高,但可重复多次使用,且拼装拆卸方便。

(2) 常用的模板类型。

①拼装式模板。拼装式模板是将各种尺寸的标准模板利用销钉连接,并与

拉杆、加劲构件等组成墩台所需形状的模板。将墩台表面划分为若干小块，每小块对应一块模板，尽量使每部分模板尺寸相同，以便于互换使用。模板高度通常与墩台分节灌注高度相同，为3～6 m，宽度可为1～2 m，具体视墩台尺寸和起吊条件而定。拼装式模板由于在厂内加工制造，因此板面平整、尺寸准确、体积小、重量轻，装拆容易、快速，运输方便，应用广泛。

②整体式吊装模板。整体式吊装模板是将墩台模板水平分成若干段，每段模板组成一个整体，在地面拼装后吊装就位的模板。分段高度可视起吊能力而定，一般可为2～4 m。整体式吊装模板的优点是：安装时间短，无须设施工接缝，可加快施工进度，提高施工质量；将拼装式模板的高空作业改为平地操作，有利于施工安全；模板刚性较强，可少设拉筋或不设拉筋，节约钢材；可利用模外框架制作简易脚手架，不需要另搭施工脚手架；结构简单，装拆方便，对建造较高的桥墩较为经济。

③组合型钢模板。组合型钢模板是用各种规格的标准构件以及定型的连接件将钢模板拼成的结构用模板，具有体积小、重量轻、运输方便、装拆简单、接缝紧密等优点，适用于地面拼装、整体吊装的结构。

④滑动钢模板。滑动钢模板是指将模板悬挂在工作平台的围圈上，沿着混凝土结构截面的边界组拼装配，并随着混凝土的浇筑使其由千斤顶带动向上滑升，适用于各种类型的桥墩。

此外还有爬升模板、翻升模板等。可根据墩台高度、墩台形式、机具设备、施工期限等条件合理选用各种模板。

安装模板前应对模板尺寸进行检查。安装时，模板要坚实牢固，以免振捣混凝土时引起跑模漏浆。安装位置要符合结构设计要求。模板组装完毕后，应对模板的垂直度、平整度、拉杆和螺栓的连接牢固程度以及支架的稳固性等进行检验，合格后方可浇筑混凝土。

墩台模板安装的允许偏差及检验方法如表3.1所示。

表3.1 墩台模板安装的允许偏差及检验方法

项 目	允许偏差/mm	检验方法
前、后、左、右距中心线尺寸	±1	测量检查，每边不少于2处
表面平整度	3	1 m靠尺检查，不少于5处
相邻模板错台	1	尺量检查，不少于5处
空心墩壁厚	±3	尺量检查，不少于5处

续表

项　　目	允许偏差/mm	检 验 方 法
同一梁端两垫石高差	2	测量检查
墩台支承垫石顶面高程	-5～0	
预埋件和预留孔位置	5	

2. 混凝土浇筑

混凝土浇筑前,将基础顶面冲洗干净,凿除表面浮浆,整修连接钢筋,安装模板。灌注混凝土时,应经常检查模板、钢筋及预埋件的位置和保护层的尺寸,确保位置正确,不发生变形。施工中应切实保证混凝土的配合比、水灰比和坍落度等技术性能指标满足规范要求。

(1) 混凝土运送。

根据实际情况选用混凝土的水平与垂直运输的配合方式及适用条件。如混凝土数量大,浇筑捣固速度快,可采用混凝土皮带运输机或混凝土输送泵。运输带速度应不大于 1.0 m/s。其最大倾斜角视混凝土坍落度而定:当混凝土坍落度小于 40 mm 时,向上传送为 18°,向下传送为 12°;当混凝土坍落度为 40～80 mm时,向上传送为 15°,向下传送为 10°。

(2) 混凝土灌注。

为保证灌注质量,混凝土的配制、输送及灌注的速度应满足式(3.1)。

$$v \geqslant \frac{Sh}{t} \tag{3.1}$$

式中:v 为混凝土配制、输送及灌注的容许最小速度(m^3/h);S 为灌注的面积(m^2);h 为灌注层的厚度(m);t 为所用水泥的初凝时间(h)。

如混凝土的配制、输送及灌注所需时间较长,则应采用式(3.2)计算。

$$v \geqslant \frac{Sh}{(t-t_0)} \tag{3.2}$$

式中:t_0 为混凝土配制、输送及灌注的时间(h);其他符号意义同上。混凝土灌注层的厚度 h 可根据捣固方法确定。

(3) 混凝土振捣。

使用较为普遍的振动设备有插入式振捣器、附着式振捣器、平板式振捣器和振动台等。墩台混凝土施工采用插入式振捣器振捣,振捣混凝土时应符合下列规定。

①振捣器应缓慢、自然、垂直地插入混凝土,避免触碰模板、钢筋、管道、预埋件。振捣器与模板间的距离宜为10~20 cm。

②振捣器插点应均匀排列,插点距离应不大于振动作用半径(R)的1.5倍。振动作用半径与振捣器功率、混凝土坍落度大小有关,应经过试验确定(一般情况下为30~50 cm)。

③振捣过程中应将振捣器上下抽动几次,以使混凝土层上下振捣均匀。

④掌握好混凝土振捣时间,防止欠振或过振。每一插点可按下列表征判断停止振捣时间:混凝土表面水平并出现浮浆;混凝土将模板边角部位填满;混凝土不再显著下沉且不再出现气泡。

⑤振捣器应快插慢拔。混凝土振捣完毕,振捣器应缓慢拔出,以便插孔闭合不留空隙,防止出现砂浆柱(只有水泥砂浆没有粗骨料)从而影响混凝土匀质性。

(4)混凝土浇筑注意事项。

墩台是大体积圬工,为避免水化热过高,导致混凝土因内外温差出现裂缝,可采取如下措施。

①用改善骨料级配、降低水灰比、掺加混合材料与外加剂、掺入片石等方法减少水泥用量。

②采用铝酸三钙(C_3A)、硅酸三钙(C_3S)等含量小、水化热低的水泥,如大坝水泥、矿渣水泥、粉煤灰水泥、低强度水泥等。

③减小浇筑层厚度,加快混凝土散热速度。

④混凝土用料应避免暴晒,以降低初始温度。

⑤在混凝土内埋设冷却管通水冷却。

当浇筑的平面面积过大,不能在前层混凝土初凝或重塑前浇筑完成次层混凝土时,为保证结构的整体性,宜分块浇筑。分块时应注意:各分块面积不得小于50 m^2;每块高度不宜超过2 m;块与块间的竖向接缝面应与墩台身或基础平截面短边平行,与平截面长边垂直;上下邻层间的竖向接缝应错开位置做成企口,并应按施工接缝处理。

为防止墩台基础第一层混凝土中的水分被基底吸收或基底水分渗入混凝土,对墩台基底的处理除应符合天然地基的有关规定外,还应符合以下规定:①基底为非黏性土或干土时,应将其润湿;②基底为过湿土时,应在基底设计高程下夯填一层厚10~15 cm的片石或碎(卵)石层;③基底为岩石时,应加以润湿,铺一层厚2~3 cm的水泥砂浆,然后于水泥砂浆凝结前浇筑第一层混凝土。

墩台身钢筋的绑扎应和混凝土的浇筑配合进行。在配置第一层垂直钢筋时,同一断面的钢筋接头应符合施工规范的规定。水平钢筋的接头也应内外、上下互相错开。钢筋保护层的净厚度应符合设计要求。如无设计要求,可取墩台身受力钢筋保护层的净厚度不小于 30 mm,承台基础受力钢筋保护层的净厚度不小于 35 mm。墩台身混凝土宜一次连续浇筑,否则应处理好连接缝。墩台身混凝土达到终凝前,不得泡水。混凝土墩台施工允许偏差和检验方法见表 3.2。

表 3.2 混凝土墩台施工允许偏差和检验方法

项 目	允 许 偏 差	检 验 方 法
墩台前、后、左、右距设计中心线尺寸	±20 mm	测量检查,不少于 5 处
空心墩壁厚	+5 mm	
桥墩平面扭角	2°	
表面平整度	5 mm	1 m 靠尺检查,不少于 5 处
支承垫石顶面高程	−10～0 mm	测量检查
预埋件和预留孔位置	5 mm	

3.1.2 墩台顶帽施工

墩台顶帽支承桥跨结构,其位置、高程及垫石表面平整度等均应符合设计要求,以免桥跨结构安装困难,或使顶帽、垫石等出现碎裂、裂缝,影响墩台的正常使用与耐久性。墩台顶帽施工主要工序如下。

(1)墩台顶帽放样。

墩台混凝土(或砌石)浇筑至离墩台顶帽底 30～50 cm 时,即需要测出墩台纵横中心轴线,并开始支立墩台顶帽模板,安装锚栓孔或安装预埋支座垫板、绑扎钢筋。墩台顶帽放样时,应注意不要以基础中心线为墩台顶帽背墙线,浇筑前应反复核实,以确保墩台顶帽中心、支座垫石等的位置、方向、水平高程等不出差错。

(2)墩台顶帽模板施工。

墩台顶帽是支承上部结构的重要部分,其尺寸位置和水平高程的准确度要求较严,浇筑混凝土应从墩台顶帽下 30～50 cm 处至顶面一次浇筑,以保证墩台顶帽底有足够厚度的紧密混凝土。墩台顶帽模板下面的一根拉杆可利用墩台顶帽下层的分布钢筋,以节省钢材件。墩台顶帽背墙模板应特别注意纵向支撑或拉条的刚度,防止浇筑混凝土时发生鼓肚,侵占梁端空隙。

(3) 钢筋和支座垫板的安设。

支座垫板的安设一般采用预埋支座垫板和预留锚栓孔的方法。若采用预埋支座垫板的方法,须在绑扎墩台顶帽和支座垫石钢筋时,将焊有锚固钢筋的钢垫板安设在支座的准确位置上,即将锚固钢筋和墩台顶帽骨架钢筋焊接固定,同时将钢垫板固定在墩台顶帽模板上。此法用于施工时,垫板位置不易确定,应经常检查与校正。若采用预留锚栓孔的方法,须在安装墩台顶帽模板时安装好预留孔模板,在绑扎钢筋时注意将锚栓孔位置留出。此法施工方便,且用此法安设的支座垫板位置准确。

3.1.3 高桥墩施工

通过深沟宽谷或大型水库时,采用高桥墩更为经济合理。

高桥墩的施工设备与一般桥墩所用设备大体相同,但其模板却另有特色,一般有滑动模板、爬升模板、翻升模板等。这些模板都依附在浇筑的混凝土墩壁上,随着墩身的逐步加高而向上升高。滑动模板的高度已达百米。滑动模板的主要优点是:施工进度快,在一般气温下,每昼夜平均进度可达 6 m;混凝土质量好,采用干硬性混凝土,机械振捣,连续作业,可提高墩台质量;节约木材和劳动力。滑动模板可用于直坡墩身,也可用于斜坡墩身。滑动模板本身附带有内外吊篮、平台与拉杆等,以墩身为支架,墩身混凝土的浇筑随滑动模板缓慢滑升而连续不断地进行,故而安全可靠。以下重点介绍滑动模板的施工方法。

1. 滑动模板的构造

由于桥墩类型、提升工具的类型不同,滑动模板的构造也稍有差异,但其主要部件与功能则大致相同,主要由工作平台、内外模板、混凝土平台、工作吊篮和提升设备等组成,如图 3.1 所示。

(1) 工作平台由外钢环、辐射梁、内钢环、栏杆、步板、混凝土平台柱组成,除提供施工操作的场地外,还可将滑动模板的其他部分与顶杆相互连接,使整个滑动模板结构支承在顶杆上。工作平台是整个滑动模板结构的骨架,因此应具有足够的强度和刚度。

(2) 内外模板采用薄钢板制作,用于上下壁厚相同的直坡空心桥墩时,均通过内外立柱固定在工作平台的辐射梁上;用于上下壁厚相同的斜坡空心桥墩时,均固定在立柱上,但顶架横梁不是固定在辐射梁上,而是通过滚轴悬挂在辐射梁上,可利用收坡螺杆沿辐射方向移动顶架横梁及内外模板的位置;用于斜坡式不

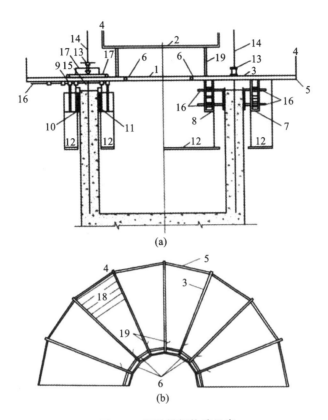

图 3.1 滑动模板构造示意

(a)等壁厚收坡滑动模板半剖面(螺旋千斤顶)和不等壁厚
收坡滑动模板半剖面(液压千斤顶);(b)工作平台半平面

注:1—工作平台;2—混凝土平台;3—辐射梁;4—栏杆;5—外钢环;6—内钢环;
7—外立柱;8—内立柱;9—滚轴;10—外模板;11—内模板;12—工作吊篮;13—千斤顶;
14—顶杆;15—顶杆导管;16—收坡螺杆;17—顶架横梁;18—步板;19—混凝土平台柱。

等壁厚空心桥墩时,内外立柱固定在辐射梁上,在模板与立柱间安装收坡螺杆,以便分别移动内外模板的位置。

(3)混凝土平台由辐射梁、步板、栏杆等组成,利用混凝土平台柱支承在工作平台的辐射梁上,供堆放及浇筑混凝土。

(4)工作吊篮悬挂在工作平台的辐射梁和内外模板的立柱上,随着模板的提升而向上移动,供施工人员对刚脱模的混凝土进行表面修饰和养护等施工操作。

(5)提升设备由千斤顶、顶杆、顶杆导管等组成,通过顶升工作平台的辐射梁提升整个滑动模板。

2. 滑动模板提升工艺

滑动模板提升设备主要有千斤顶、支承顶杆及液压控制装置等几部分。下面主要介绍常用千斤顶的提升过程。

(1) 螺旋千斤顶提升过程。

螺旋千斤顶提升示意如图3.2所示。

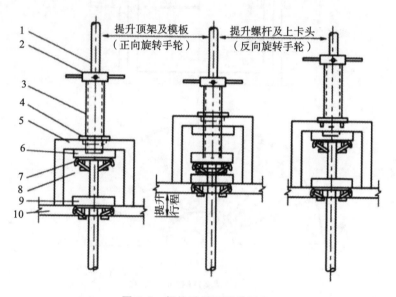

图3.2 螺旋千斤顶提升示意

注：1—顶杆；2—手轮；3—螺杆；4—千斤顶顶座；5—顶架上横梁；
6—上卡头；7—卡瓦；8—卡板；9—下卡头；10—顶架下横梁。

①提升。转动手轮使螺杆旋转，使千斤顶顶座及顶架上横梁带动整个滑动模板徐徐上升。此时，上卡头、卡瓦、卡板卡住顶杆，而下卡头、卡瓦、卡板则沿顶杆向上滑行，当滑至与上、下卡瓦接触或螺杆不能再旋转时，即完成两个行程的提升。

②归位。向相反方向转动手轮，此时下卡头、卡瓦、卡板卡住顶杆，整个滑动模板处于静止状态，仅上卡头、卡瓦、卡板连同螺杆、手轮沿顶杆向上滑行，至上卡头与顶架上横梁接触或螺杆不能再旋转为止，即完成一个循环。

(2) 液压千斤顶提升过程。

液压千斤顶提升示意如图3.3所示。

①进油提升。利用油泵将油压入缸盖与活塞间，在油压作用下，上卡头立即卡紧顶杆，使活塞固定于顶杆上。随着缸盖与活塞间进油量的增加，缸盖连同缸

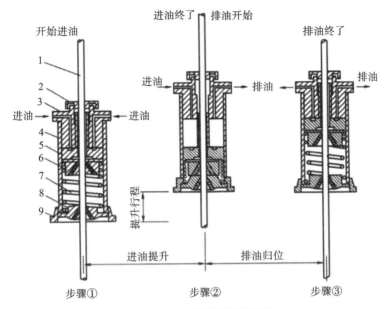

图 3.3 液压千斤顶提升示意

步骤①活塞固定于顶杆上;步骤②滑动模板结构上升,
直至上卡头、下卡头顶紧;步骤③完成一个提升循环
注:1—顶杆;2—行程调整帽;3—缸盖;4—缸筒;5—活塞;
6—上卡头;7—排油弹簧;8—下卡头;9—底座。

筒、底座及整个滑动模板结构一起上升,直至上卡头、下卡头顶紧时,提升暂停。此时,缸筒内排油弹簧完全处于压缩状态。

②排油归位。开通回油管路,解除油压,利用排油弹簧推动下卡头使其与顶杆卡紧,同时推动上卡头将油排出缸筒,在千斤顶及整个滑动模板位置不变的情况下,使活塞回到进油前位置。至此完成一个提升循环。为了使各液压千斤顶能协同工作,应将油泵与各千斤顶用高压油管连通,由操作台统一集中控制。

提升时,滑动模板与平台上的临时荷载全由顶杆承受。顶杆多用直径为 25 mm 的 Q235A 或 Q275A 圆钢,其承载能力分别为 10 kN 和 12.5 kN。顶杆一端埋置于墩台结构的混凝土中,另一端穿过千斤顶,每节长 2~4 m,采用丝扣连接或焊接逐渐接长。为了节约钢材,使顶杆能重复使用,可在顶杆外安装套管,套管随滑动模板一起上升。待施工完毕后,可拔出顶杆。

3. 滑动模板施工要点

(1) 滑动模板组装。

在墩位上就地进行组装时,安装步骤如下。

①在基础顶面搭枕木垛,确定桥墩中心线。

②在枕木垛上先安装内钢环,并准确定位,再依次安装辐射梁、外钢环、立柱、千斤顶、模板等。

③提升整个装置,撤去枕木垛,再将模板落下就位,随后安装余下的设施。待模板滑升至一定高度时再安装内外吊架。在安装模板前,在模板表面涂润滑剂,以减少滑升时的摩擦阻力。组装完毕后,必须按设计要求及组装质量标准进行全面检查,并及时纠正偏差。

(2) 浇筑混凝土。

滑动模板宜浇筑低流动度或半干硬性混凝土,浇筑时应分层、分段对称地进行,分层厚度以 20~30 cm 为宜。浇筑后混凝土表面距模板上缘宜不小于 10 cm。混凝土入模时要均匀分布,应采用插入式振捣器捣固,振捣时应避免触及钢筋及模板,振捣器插入下一层混凝土的深度不得超过 5 cm。脱模时混凝土强度应为 0.2~0.4 MPa,以防在其自重压力下坍塌变形。为此,可根据气温、水泥强度等级,经试验后掺入一定量的早强剂,以加速提升。脱模后 8 h 开始养护,用吊在下吊架上环绕墩身的带小孔的水管来浇水养护。养护水管设在距模板下缘 1.8~2.0 m 处效果较好。

(3) 提升与收坡。

整个桥墩浇筑过程可分为初次滑升、正常滑升和最后滑升三个阶段。从开始浇筑混凝土到模板首次试升为初次滑升阶段。初浇混凝土的高度一般为 60~70 cm,分三次浇筑,在底层混凝土强度达到 0.2~0.4 MPa 时即可试升。将所有千斤顶同时缓慢升起 5 cm,以观察底层混凝土的凝固情况。现场鉴定可用手指按压刚脱模的混凝土表面,若基本按压不动,但留有指痕,砂浆不沾手,用指甲划过有划痕,滑升时能听到沙沙的摩擦声,表明混凝土已具有 0.2~0.4 MPa的脱模强度,可以再缓慢提升 20 cm。初次滑升后,全面检查设备,即可进入正常滑升阶段。每浇筑一层混凝土,滑动模板提升一次,使每次浇筑的厚度与每次提升的高度基本一致。在正常气温条件下,提升时间不宜超过 1 h。最后滑升阶段时混凝土已经浇筑到所需高度,不再继续浇筑,但模板尚处于继续滑升的阶段。浇完最后一层混凝土后,每隔 1~2 h 将模板提升 5~10 cm,滑动 2~3次后即可避免混凝土与模板黏接。

滑动模板提升时应做到垂直、均衡一致,顶升架间高差不大于 20 mm,顶升架横梁水平高差不大于 5 mm。施工时要求三班连续作业,不得随意停工。随着模板的提升,应转动收坡螺杆,调整墩壁曲面的半径,使之符合设计要求的收坡坡度。

（4）接长顶杆，绑扎钢筋。

模板每提升至一定高度后，就需要穿插进行接长顶杆、绑扎钢筋等工作。为了不影响提升时间，应事先配好钢筋接头，并注意将接头错开。对预埋件及预埋的接头钢筋，抽离滑动模板后，要及时清理，使之外露。

在整个施工过程中，若工序改变，或发生意外事故，导致混凝土的浇筑工作停止较长时间，需要进行停工处理。例如，每隔半小时提升一次模板，以免混凝土与模板黏结；停工时在混凝土表面插入短钢筋，以加强新老混凝土的黏结；复工时还需要将混凝土表面凿毛，并用水冲走残渣，湿润混凝土表面，浇筑一层厚度为 2～3 cm 的 1∶1 水泥砂浆，然后再浇筑原配合比的混凝土，继续施工。

爬升模板施工与滑动模板施工相似，不同的是支架通过千斤顶支承于预埋在墩壁中的预埋件上，待浇筑好的墩身混凝土达到一定强度后，将模板松开，千斤顶上顶，把支架连同模板升到新的位置，模板就位后，再继续浇筑墩身混凝土。如此往复循环，逐节爬升，每次升高约 2 m。

翻升模板施工采用一种特殊钢模板，一般将三层模板组成一个基本单元，并配置随模板升高的混凝土接料工作平台。当浇筑完上层模板的混凝土后，将最下层模板拆除并翻上来，拼装成第四层模板，以此类推，循环施工。翻升模板也能用于有坡度的桥墩施工。

3.2 锥体填筑

锥体是指为保护路堤边坡不受冲刷，在桥涵与路基相接处修筑的锥形护坡。

3.2.1 锥体填筑要点

桥台后过渡段及锥体填筑必须待桥台混凝土达到设计强度后方可进行。锥体填筑前应对原地面进行处理、压实。锥体地基处理应与路基过渡段地基处理同步进行。

锥体填筑应符合设计要求，并应在设计边坡之外适当加宽，待整修边坡时再刷去多余土，不得边砌石边填补填料。

锥体填筑与桥台后过渡段填筑应同步施工。施工中应采用机械分层填筑压实。碾压时应先用轻型压路机，再用重型压路机碾压至要求的压实标准。重型压路机碾压不到的部位应用小型振动压实设备进行压实,严格控制分层厚度和压实密度。施工时注意加强对成型桥台的保护。采用重型压路机碾压对桥台造成影响时,应改用小型振动压实设备,避免碰坏、撞坏桥台,并保证桥台、横向结构物稳定、无损伤。

3.2.2 锥体护坡施工

锥体护坡施工关键施工要点如下。

(1) 坡面修整。

按照设计边坡标准线进行刷坡。锥体边坡主要采用挖掘机进行刷坡,刷坡时预留 20 cm 人工刷坡。边坡修整时用坡度尺拉线修整,修整后的边坡坡度不得大于设计值。同时,将坡脚地面整平。刷坡时防止出现较大的超挖部分、欠挖部分,超挖部分要夯填密实,欠挖部分清挖至设计断面。

(2) 基坑开挖。

开挖前基础轴线控制桩应延长至基坑外并用木桩加以固定,以便基坑开挖完后能及时恢复垂裙线。根据测量放样的尺寸开挖基础,采用人工配合小型挖掘机的方式开挖,基底预留 20 cm,按基础设计尺寸拉线人工开挖并修整,将基底浮土全部清理干净,同时保证原土不受扰动。

(3) 基础砌筑。

砌筑时首先按设计尺寸进行挂线。砌块在使用前必须浇水湿润,表面如有泥土、水锈,应清洗干净。砌筑基础的第一层砌块时,如基底为岩层或混凝土基础,应先将基底表面清洗、湿润,再坐浆砌筑。砌体应分层砌筑。应先砌外圈定位行列,再砌筑里层,外圈砌块应与里层砌块交错连成一体。各砌层的砌块应安放稳固,砌块间应砂浆饱满,黏结牢固,不得直接贴靠或脱空。砌筑时,应铺满底浆,先在已砌石块侧面铺放一部分竖缝砂浆,然后于石块放好后填满捣实。用小石子混凝土填塞竖缝时,应以扁铁捣实。砌筑上层砌块时,应避免振动下层砌块。砌筑工作中断后再恢复时,对已砌筑的砌层表面应加以清扫和湿润。

(4) 泄水管预埋。

泄水管预埋与碎石垫层铺筑同时进行,用 PVC 管材预埋,其间距不大于 1.5 m,宜采用梅花形布置。

(5) 碎石垫层铺筑。

待基础砌筑完成后铺筑碎石垫层,碎石垫层厚 10 cm。垫层分两次铺筑,第一次铺至平台(包括平台),施工完毕后方可铺筑平台以上坡段,并铺至锥顶底部。铺筑前先按设计尺寸要求挂线,铺筑碎石垫层时先由人工将碎石抛撒至坡面,抛撒应均匀,然后将碎石与坡面土夯接紧密,避免碎石下滑。

(6)片石砌体砌筑。

锥体护坡采用砌块的品种、规格、质量和护坡表面坡度应符合设计要求。砌筑前先按设计图纸尺寸要求挂线,清洗干净表面的泥土、水锈,然后洒水湿润片石。锥体坡脚应设垂裙,垂裙埋入深度应符合设计要求。设计无要求时,垂裙埋入深度不得高于一般冲刷线。

锥体护坡砌筑自下而上分段进行。砌筑放样时应拉紧拉线,护坡砌筑表面应平顺。采用挤浆法分层、分段砌筑,分段位置宜设在沉降缝或伸缩缝处。先砌外圈定位砌块,定位砌块与里层片石交错连成一体。定位砌块宜选用表面较平整且尺寸较大的石料,定位砌缝应铺满砂浆,不得镶嵌小石块。

砌完定位砌块后,先在圈内底部铺一层砂浆,其厚度以能使石料在挤压安砌时紧密连接为宜,且砌缝砂浆密实、饱满。镶面石砌筑宜用一顺一丁或两顺一丁方式砌筑,采用水平分层砌筑。每层相邻石块间的砌缝应竖直,每层高度宜固定不变,也可向上逐层递减。在丁石的上层或下层均不得有垂直砌缝。当错缝确有困难时,丁石顶面或底面一侧的错缝可稍小。

砌筑腹石时,石料间的砌缝应互相交错、咬搭,砂浆密实,不得干填石料后铺灌砂浆。石料应大小搭配,以较大的面为底,较宽的砌缝用小石块挤塞。挤浆时可用小锤敲打石料,将砌缝挤紧,不得留有空隙。

护坡反滤(垫)层规格、质量应符合设计要求,并应边做反滤(垫)层边砌筑,同时做好沉降缝和泄水孔。应按设计要求对锥体进行完整防护。

砌体允许偏差和检验方法见表 3.3。

表 3.3 砌体允许偏差和检验方法

项 目	允许偏差	检验方法
顶面高程	±50 mm	水准仪检查
表面平整度	30 mm	2 m 靠尺检查
坡度	符合设计要求	测量检查
厚度	符合设计要求	尺量检查
底面高程	±50 mm	测量检查
反滤层厚度	不小于设计要求	尺量检查

(7) 勾缝养护。

在砌体砌筑时留出 2 cm 深的空缝用来进行勾缝,勾缝采用凹缝形式,勾缝所用的砂浆强度不得小于砌体所用的砂浆强度。封面高度比砌体略低,勾缝砂浆面应平整、光滑,勾缝后砌石轮廓不能被掩盖,砌缝的准确位置和宽度应清晰可见。

勾缝完毕后及时覆盖土工布或湿草帘,并将其四周固定在牢固的物体上以免被风刮走,经常洒水保持湿润,常温下养护期不得少于 7 d。养护期间避免外力碰撞、振动或承重。

(8) 锥顶砌筑。

锥顶砌筑前先按设计图纸尺寸要求挂线,采用分层砌筑,可不按同一厚度分层,底层、顶面、边缘宜使用较大石块砌筑,石块应相互交错、咬接、靠紧。用碎石填实空隙,石块外露面要稍加修整。

3.3 吊围栏施工

随着高速铁路建设的不断推进,铁路设施对安全和防护的要求也日益提高。吊围栏作为一种有效的防护措施,被广泛应用于高速铁路沿线、桥梁设施等的安全防护。

本节结合某高速铁路工程进行介绍。该工程主要针对铁路线路两侧及桥梁设施等区域进行施工。此次施工内容如下。

(1) 吊围栏的拆除。

需要拆除原有的吊围栏,包括固定于路基上的支架、固定于上部结构的吊架以及吊围栏组成的网格结构。

(2) 新吊围栏的安装。

在拆除原有吊围栏后,安装新的吊围栏。采用桥梁吊装的方式将吊架安装于上部结构,再将支架安装于路基上。

具体施工流程如下。

(1) 前期准备。

在施工前进行前期的场地勘测和测量工作,确定施工范围、施工工艺,并做好相关准备工作。同时,调查相关地形地貌,了解气候气象资料,并做好相应的施工预案。根据施工计划,进行施工前的准备工作,包括场地勘测、施工方案的制定、材料清单的编制、机械设备的调配等。

(2) 吊围栏的拆除。

在确定拆除范围后,使用起重机对原有的吊围栏进行拆除。根据拆除计划,先拆除吊围栏上的固定螺栓和拉线,并逐步拆卸围栏组件,最后对支架和吊架进行拆除。

(3) 吊架和支架的安装。

按照设计要求,先安装选择好的吊架,将其通过定位螺栓固定在上部结构上,之后将支架安装到路基上,并将其与吊架通过卡板或者其他固定方式进行牢固连接,确保整个吊围栏的稳定性。

(4) 吊围栏的安装。

对预制的围栏组件进行拼装或者焊接,之后通过吊车或起重机对围栏组件进行吊装,并将其通过配件固定在吊架上,确保围栏组件的牢固性和稳定性。

(5) 吊围栏的检查和调整。

吊围栏安装完成后,需要进行检查和调整,确保吊围栏的垂直度和牢固性。如有问题及时进行处理和修复。

(6) 施工的清理和交接。

施工结束后,需要对施工现场进行清理,如有材料、设备等遗留物,需要进行妥善处理。同时,做好施工记录,确保吊围栏的施工质量和施工安全。最后进行交接和验收。

3.4 桥梁墩台施工实践——以新建上海至南京至合肥高速铁路沪宁段站前Ⅸ标为例

3.4.1 工程概况

项目内桥梁下部结构均为实体桥墩、桥台,总计墩台身938个,其中通泰扬特大桥956♯～1832♯实体墩身共计893个,到发3线特大桥1515♯～1532♯实体墩身共计18个,到发4线特大桥1515♯～1532♯实体墩身共计18个,黄桥站工区走行线大桥2♯～10♯实体墩台身共计9个。

3.4.2 墩身施工

高于10 m的实心墩采用分段浇筑,第一次高度浇筑控制在10 m内,剩余部分一次浇筑。桥台分两次浇筑,第一次浇筑至桥台顶帽顶部,剩余部分一次浇筑。墩身施工主要技术要点如下。

1. 放线、凿毛

墩身施工前,在承台顶面由测量人员放出墩台纵、横线轴线及边线,采用墨线标出墩身轮廓线后,对承台顶面进行凿毛。沿墩身轮廓线在承台顶面环切2～3 cm深切缝后,再采用电镐由切缝向内凿毛。需要特别注意墩身保护层范围内混凝土面凿毛。凿毛以将墩台范围内基础表面浮浆全部凿除、露出粗骨料为标准。凿毛后露出的新鲜混凝土面积不小于总面积的75%。凿毛后立即将基础表面清理、冲洗干净,整修墩身预埋钢筋。凿毛应符合下列要求。

(1)凿毛时,处理层混凝土的强度和承台浇筑时间必须满足以下要求:人工凿毛时,处理层混凝土强度须达到2.5 MPa,承台浇筑时间不得低于15 h;机械凿毛时,处理层混凝土强度须达到10 MPa,承台浇筑时间不得低于24 h。

(2)经凿毛处理的混凝土面应用水冲洗干净,但不得有积水。

2. 钢筋安装

(1)钢筋安装采用模板外工作平台。

(2)受力钢筋的连接方式、接头位置必须符合设计要求。采用焊接时,焊接前要对钢筋进行预弯,单面焊时焊缝长度不小于$10d$,双面焊时焊缝长度不小于$5d$(d为钢筋直径)。同一截面内的接头数量不应超过全截面接头数量的25%,焊缝高度以填满两钢筋之间的勾缝为标准并应符合验收标准要求。采用直螺纹连接时,在钢筋接头位置按规范要求进行车丝。连接完成后,套筒外应有外露的有效螺纹,且连接套筒的单边有效螺纹不应超过$2P$(即2扣螺纹),拧紧扭矩值应符合规范要求,同一截面内的接头数量不应超过全截面接头数量的25%。

(3)安装钢筋时要设置保护层垫块,使用不小于主体墩身混凝土标号的梅花形垫块,将其绑扎在钢筋十字交叉处以保证垫块绑扎后不会转动。垫块尺寸应满足设计要求,保证钢筋混凝土保护层厚度的准确。垫块呈梅花形布置且不少于4个/m²。确保布置间距符合验收标准要求。

(4) 施工时注意对接地钢筋的设置。接地钢筋选用墩身结构钢筋(当结构钢筋直径不满足接地要求时,增设接地钢筋),与承台内接地钢筋及桩基内接地钢筋连接形成电气回路。

3. 模板工程

(1) 模板安装。

①依据承台纵横十字线,用墨线弹出模板边线,支模后再用仪器进行复核校正。安装模板前应除锈,并涂刷脱模剂,必须确保混凝土的外观质量。

②墩身部分模板按从中央到两边的顺序进行拼装,成对安装。中央安装结束后再安装两边的圆弧段模板,在对拉及支撑牢靠后,再整体吊装托盘顶帽部分模板。模板安装必须牢固可靠,接缝严密,不得漏浆。

③拼装模板时,采用双面胶带密封所有接缝,防止混凝土浇筑过程中漏浆。在混凝土浇筑前用砂浆封堵侧模与承台混凝土之间的缝隙。

④钢模之间的连接采用拉杆。拉杆采用精轧螺纹钢,安装模板之间的定位销,检查每一个拉杆的连接情况,确保每一个拉杆上紧、牢固。

⑤模板安装结束后要仔细检查钢筋保护层厚度,垫块的位置、数量及其紧固程度。

(2) 抗倾覆缆风绳设置。

应在模板同一水平面上对称设置缆风绳,使其结构处于平衡状态。缆风绳与地面的夹角应不大于60°,其下端应与地锚连接,不得拴在树木、电杆或构件等物体上。

缆风绳与地锚之间应采用与钢丝绳拉力相适应的花篮螺栓拉紧。缆风绳垂度不大于$0.01L$(L为缆风绳长度),调节时应从对角进行,不得在相邻两角同时拉紧。

需要改变缆风绳位置时,必须先做好预定位置的地锚,并加临时缆风绳确保整体的稳定性,方可移动原缆风绳的位置,待原缆风绳与地锚拴牢后,再拆除临时缆风绳。

4. 墩身预埋件施工

预埋件及预留孔施工是墩身施工的重要组成部分,施工时应对墩身预埋件进行正确预埋,以保证后续施工的正常进行。

(1) 接地端子施工。

①桥梁地段综合接地均采用桥隧型接地端子。每个墩顶设置两个接地端子,在墩身下部距地面 20 cm 处设置一个接地端子,接地端子均与接地钢筋相连。

②桥墩中应有两根接地钢筋,一端与承台中的钢筋相连,另一端与墩帽处的接地端子相连。

③接地端子焊接要求:双面焊接长度不小于 55 mm;单面焊接长度不小于 100 mm;焊缝厚度不小于 4 mm。钢筋间十字交叉时采用直径为 16 mm 的 L 形钢筋进行焊接。

④接地装置应通过结构物内预埋的接地端子与贯通地线可靠连接。接地端子应直接在混凝土结构内浇筑,表面与结构面齐平或高于结构面,至多高于结构面 5 mm。

⑤接地钢筋焊接完成后,采用接地电阻仪对接地电阻进行测试。在综合接地系统中,建(构)筑物及设备在贯通地线接入处的接地电阻应不大于 1 Ω。

⑥墩身接地钢筋可选用非预应力结构钢筋,用于接地的钢筋如为直径 14 mm 或 16 mm 的带肋钢筋,需要用直径不小于 16 mm 的光圆钢筋进行替代。

(2) 预埋吊篮螺栓。

墩身施工时在顶帽对应位置预埋吊篮螺栓。螺栓预埋要求位置一定要准确,螺栓一定要水平预埋,上下保证在同一水平面。螺栓与桥墩模板密贴,以保证后续施工的墩身吊篮支架与墩身密贴。预埋螺栓时,若螺栓与顶帽钢筋相抵触,可适当移动顶帽钢筋的位置。

(3) 检查梯预埋角钢。

检查梯设置于固定支座的梁端。为了达到防锈目的,所有钢料均采用锌铬涂层防腐体系。检查梯预埋件规格应满足设计要求。

(4) 垫石预埋钢筋。

垫石钢筋与墩身顶帽钢筋一同绑扎,钢筋需要预埋到墩身混凝土中。垫石钢筋网采用绑扎连接或点焊连接,绑扎或点焊密度为 100%。

钢筋安装时要严格按设计要求控制钢筋的顶标高及钢筋的水平位置,避免混凝土保护层厚度过大或过小。

5. 混凝土施工

墩身外观质量要求较高,适当减小混凝土的水胶比及坍落度,提高混凝土和易性。墩身浇筑过程中加强振捣,尽量避免墩身外表面产生气泡和麻面。

(1) 浇筑墩身混凝土前,技术人员应先自检,对支架、模板、钢筋和预埋件进行检查,清理干净模内杂物、积水和钢筋上的污垢。自检合格后报请监理工程师检测,检测合格后开始浇筑混凝土。应首先检查混凝土基面是否清理合格。对干燥的混凝土基面,应用水湿润和高压水清洗,但其表面不得积水。模板如有缝隙,应按要求填塞严密。

(2) 采用汽车泵浇筑混凝土。浇筑时检查混凝土的均匀性和坍落度。浇筑混凝土时应分层浇筑,混凝土分层浇筑厚度宜不超过 50 cm。在新浇筑完成的下层混凝土上再浇筑新混凝土时,应在下层混凝土初凝前将上层混凝土浇筑完成。上、下层同时浇筑时,上层和下层浇筑距离应保持 1.5 m 以上,并用插入式振动器振捣密实。

(3) 振捣器采用直径为 50 mm 或 70 mm 的插入式振动棒进行振捣,振动棒与模板间的距离宜为 10~20 cm,插入下层混凝土 5~10 cm。每一次振捣时间以 20~30 s 为宜,以混凝土面不显著下沉,不冒大量气泡,表面均匀泛浆为准。拔出时宜慢,以保证插点附近混凝土能填补缝隙。

(4) 浇筑混凝土时,应经常检查模板、钢筋、沉降观测点及预埋部件的位置和保护层的尺寸,确保其位置正确,不发生变形。

(5) 在混凝土浇筑过程中,随时观察所设置的预埋件、预留孔的位置是否移动,若发现移位及时校正。注意模板、支架等的支撑情况,设专人检查,如有变形、移位或沉陷,应立即校正并加固。混凝土浇筑完成后,及时用塑料薄膜包裹并定时洒水养护。

(6) 混凝土浇筑完毕后即开始抹面收浆,控制表面收缩裂纹,减少水分蒸发。混凝土终凝后即采取覆盖养护措施。

(7) 混凝土应水平分层浇筑,并应边浇筑边振捣。不得随意留施工缝。在浇筑过程中,混凝土的自由倾落高度不得超过 2 m,以免产生离析。出料口下面,混凝土堆积高度不得超过 1 m。

6. 拆模

模板的拆除期限应根据抗压强度报告和结构物的特点来决定,非承重侧模即墩身侧模应在混凝土强度达到能保证其表面及棱角不致因拆模而受损坏时拆除,一般应在混凝土抗压强度达到 2.5 MPa 时拆除非承重模板。

模板拆除应遵循"先上后下、先非承重后承重、分节分块、先立后拆"的原则。拆除承重模板时,混凝土强度必须达到设计要求。拆除模板前,现场应设置警戒区域。拆除时,应拴好缆风绳,专人指挥,防止碰撞未拆模板。拆除时先松动对拉螺杆和左右连接,通过汽车吊吊住模板并进行侧模的拆除,因为模板属大面小厚度钢结构,侧面刚度不大,所以在拆除过程中禁止硬撬,否则会导致模板变形。在起吊过程中避免模板与支架、混凝土碰撞导致混凝土表面损坏或发生事故。将拆除后的模板放于指定地点,并安排专人检查模板、清理污渍,便于循环使用。模板拆除后及时用水泥浆将拉杆眼封堵。

7. 墩身养护

(1) 养护基本要求。

夏季施工混凝土终凝后,及时用土工布覆盖顶面并洒水养护,拆模后采用塑料薄膜包裹表面,并按一定时间间隔进行全面洒水养护,防止出现裂纹,养护时间一般不少于 7 d。墩身养护宜采用自动喷淋系统。混凝土养护用水要与拌和用水相同。养护工作应安排专职人员负责。

(2) 墩身表面防开裂措施。

合理选择原材料,优化混凝土配合比。炎热季节浇筑混凝土时,应避免模板和新浇混凝土直接受阳光照射,保证混凝土入模前模板和钢筋的温度以及附近的局部气温均不高于 30 ℃。尽可能在傍晚浇筑混凝土。

8. 墩身大体积混凝土温控措施

(1) 温控要求及范围。

大体积混凝土养护期间必须严格控制内外温差,确保不出现有害裂纹,确保混凝土质量。养护是一项十分关键的工序,应根据气候条件采取温控措施,并按需要测定混凝土的表面温度和内部温度,将温差控制在 20 ℃ 以内。本工程承台、墩身施工均使用大体积混凝土,为确保工程质量,在承台、墩身的施工期间实施温控措施。

(2) 测量、监控混凝土温度。

采用便携式建筑电子测温仪测量、监控混凝土温度。测温仪可以直观、准确、快捷地显示被测温度,具有可靠性好、使用范围广、体积小、重量轻、操作简单、携带方便、适合工地及野外作业的特点。测温仪使用方法如下。

①测温点埋设。在墩身上分别埋设3个测温点:选取墩台高度2.0 m处为测量断面,并在测量断面中心埋设第一个测温点(测量芯部温度);在该点横桥向60 cm处埋设第二个测温点(测量芯部温度);在距混凝土表面5 cm处设第三个测温点(测量混凝土表面温度)。

②对测温线进行编号并登记。预埋时可将钢筋等杆件作为支承物,将测温线按照纵向测温点距离绑在支承物上。

③在浇筑混凝土时,将绑好测温线的支承物植入混凝土。将温度传感器放置于测温点,插头留在混凝土外面并用塑料袋罩好,避免潮湿,保持清洁。为便于操作,留在外面的导线长度应大于20 cm。测温时,按下主机电源开关,将测温线插头插入主机插座,主机显示屏上即显示相应测温点的温度。

(3)测温监控。

自混凝土覆盖测温点开始测温,直至混凝土内部温度与大气环境平均温度之差小于20 ℃时停止测温。

一般在温度上升阶段4~6 h测温一次,温度下降阶段6~8 h测温一次,每昼夜测温不少于4次,入模温度测量每工班不少于2次。同时应测大气温度,并做好记录。温度控制见表3.4。

表3.4 温度控制

项 目	允 许 范 围
混凝土浇筑温度 (振捣后5~10 cm处的温度)	≤30 ℃
内表温差	≤20 ℃
内部最高温度	≤65 ℃
最大降温速率	≤2.0 ℃/d

3.4.3 桥台施工

桥台的放线、凿毛、钢筋安装、模板施工、拆模、养护的技术要点与墩身相似,此处不再赘述。

1. 台身预埋件施工

台身预埋件施工包括接地端子施工、桥台吊篮支架槽道预埋、检查梯预埋角钢。其中，接地端子施工的技术要点与墩身一致，下面主要介绍桥台吊篮支架槽道预埋和检查预埋角钢。

(1) 桥台吊篮支架槽道预埋。

桥台施工时在顶帽对应位置预埋吊篮槽道。预埋槽道要求位置准确，槽道一定要垂直于桥台侧面预埋，上下在同一水平面。槽道与桥台模板密贴，以保证后续施工中桥台吊篮支架与墩身密贴。预埋槽道时，若槽道与桥台钢筋相抵触，可适当移动桥台钢筋的位置。

(2) 检查梯预埋角钢。

桥台顶部设置检查梯。对所有外露的预埋件进行涂装：底层用特制的环氧富锌防锈底漆或水性无机富锌防锈底漆 2 道，每道 40 μm，总干膜最小厚度 80 μm；中间层用环氧云铁中间漆 1 道，每道 40 μm，总干膜最小厚度 40 μm；面层使用灰铝粉石墨醇酸面漆 2 道，每道 40 μm，总干膜最小厚度 80 μm；总涂刷厚度不小于 200 μm。

检查梯预埋件规格应满足设计要求。

2. 混凝土施工

台身外观质量要求较高，适当减小混凝土的水胶比和坍落度，提高混凝土和易性。桥台浇筑中加强振捣，尽量避免桥台外表面产生气泡和麻面。

(1) 开盘前试验人员应严格测定粗细骨料的含水率，准确测定天气变化引起的粗细骨料含水量的变化，以便及时调整施工配合比。一般情况下，每班抽测 2 次含水量，雨天应随时抽测，并按测定结果及时调整混凝土施工配合比。计算每盘混凝土实际需要的各种材料的用量。

(2) 浇筑桥台混凝土前，应对模板、钢筋及预埋件进行检查，并做好记录，符合规范要求后方可浇筑。模板内杂物、积水和钢筋上的污垢应清理干净。模板如有缝隙，应按要求填塞严密。

(3) 为避免混凝土产生色差，同一段桥台的混凝土应使用同一批次的水泥、粉煤灰、矿粉和外加剂，且由同一拌和站供应。

(4) 浇筑首盘混凝土前，应在拌和站和现场分别测试混凝土坍落度，现场还须测试入模含气量和入模温度，并详细记录，满足验收标准要求后才允许正式浇筑。

(5) 桥台分段浇筑时，应对水平施工缝进行凿毛处理，凿毛后露出的新鲜混凝土面积不小于总面积的 75%。凿毛后将基础表面清理、冲洗干净，再进行下一段桥台的施工。

3.4.4 垫石施工

垫石施工主要技术要点如下。

1. 放线、凿毛

垫石施工前,在墩顶顶面由测量人员放出垫石纵、横线轴线及边线,采用墨线标出垫石轮廓线后,对墩顶面进行凿毛。凿毛以将垫石范围内基础表面浮浆全部凿除、露出粗骨料为标准。凿毛后露出的新鲜混凝土面积不小于总面积的75%。凿毛后立即将基础表面清理、冲洗干净,并整修垫石,预埋钢筋。

2. 钢筋加工安装

将钢筋在钢筋加工厂加工成型后,运至现场进行绑扎、焊接。弯制前其表面应洁净,钢筋要平直,无局部弯折。钢筋的弯制和末段的弯钩应符合设计要求。弯起钢筋末段采用直角形弯钩,钩端的直线段长度应不小于 $5d$(d 为钢筋直径),直钩的弯曲直径不得小于 $3.5d$。

绑扎钢筋前,对预埋在墩身内的钢筋进行除锈,除去附着混凝土等杂物,并用强力吹风机将浮渣、松散碎石、灰尘等吹净,对底层、顶层及四周钢筋进行点焊连接或绑扎连接。钢筋间距、保护层厚度要符合设计及规范要求。

3. 模板安装

垫石模板采用定型模板。在安装模板前,对模板表面进行打磨、校正,涂刷脱模剂,安装时用双面胶带堵塞板缝及模板底部,保证混凝土浇筑时无漏浆。模板及支撑加固牢靠后,对平面进行检查,符合要求后方可进行浇筑。

4. 预留孔设置

预留孔采用大于支座锚栓直径 $6\sim8$ cm 的 PVC 管或铁皮管,严格按照交底预留。预埋管道长度为 50 cm,埋入垫石深度大于支座锚栓 5 cm(自垫石顶面开始计算),两头必须包扎封堵,避免浇筑时灰浆流入预留孔。

垫石钢筋与预埋管道相抵触时可适当调整钢筋间距或进行撬弯处理,不得随意割断垫石钢筋。

5. 混凝土施工

(1) 混凝土浇筑。

浇筑混凝土前应对模板、钢筋和预埋件仔细检查。施工过程中应对模板的平面位置、垂直度进行观测,发现问题及时解决。

混凝土采用一次浇筑成型。用罐车将混凝土运至现场,直接将混凝土放至料斗中。吊车吊至支承垫石上方,将其缓慢放至支承垫石模板内。

(2) 混凝土振捣。

浇筑混凝土时采用插入式振捣棒振捣密实。由于钢筋较密,现场施工时采用20型振捣棒,必要时使用钢筋配合插捣。振捣棒的移动间距不大于振捣棒作用半径的1.5倍,振捣棒的作用半径为振捣棒直径的8~10倍。要将振捣棒垂直插入新浇筑的混凝土,并插入下层混凝土5~10 cm。在振捣过程中,要使振捣棒与侧模保持5~10 cm的距离。每一处振动完毕后边振动边竖向缓慢移出振捣棒,避免振捣棒碰撞模板及预埋件。

振捣时每一振点的振捣时间为20~30 s,以混凝土不再下沉、不再出现气泡、表面呈现浮浆为度,防止过振、漏振。

(3) 收面、养护。

混凝土振捣完成后,应及时修整、抹平混凝土裸露面,待定浆后再抹第二遍并压光。

混凝土初凝后,及时覆盖土工布并洒水带模养护。此时土工布不能直接接触混凝土表面。混凝土拆模后,应立即使用土工布覆盖、包裹,在支撑垫石顶放置存水设备,设置淋水装置不间断养护,避免形成干湿循环。养护时间不少于14 d。

6. 拆模

满足以下两个条件时方可拆模:①混凝土强度达到2.50 MPa以上(2~3 d);②混凝土温度已处于降温期,且混凝土芯部与表面、混凝土表面与环境的温度差均不大于15 ℃。

第 4 章 桥梁支座安装

4.1 高速铁路桥梁支座

支座设置在桥梁的上部结构与下部结构之间,是桥跨结构的支承部分。桥梁支座的作用是将上部结构的自重及其承受的各种荷载传递给墩台,并保证桥跨结构在荷载和温度变化作用下,具有适应结构必要变形的功能。高速铁路行车速度高、舒适度要求高,对桥梁刚度、变形、变位等都提出了非常高的要求。这些要求不仅与桥梁上部、下部结构的技术性能有关,而且与支座的技术性能、制造质量、安装质量及养护维修等有密切的关系。

桥梁支座按其容许变位方式分为固定支座和活动支座。固定支座既要固定主梁在墩台上的位置并传递竖向力和水平力,又要保证主梁在发生挠曲变形时在支座处能自由转动。活动支座只传递竖向力,允许上部结构在支座处既能自由转动又能水平移动。活动支座又可分为多向活动支座(纵向、横向均可自由移动)和单向活动支座(仅可在一个方向自由移动)。

高速铁路桥梁的长钢轨纵向力、制动力、列车动力作用和机车车辆横向摇摆力等动力影响较普速铁路桥梁加剧,因而对支座的减振和消振性能提出了新的要求。通过合理的支座设计减少列车荷载作用引起的桥梁振动,是近年来国内外研究的重要课题。桥梁支座的布置主要和桥梁的结构形式有关。在布置支座时通常需要考虑以下基本原则。

(1) 上部结构是空间结构时,支座应能同时适应桥梁顺桥向和横桥向的变形。

(2) 支座必须能可靠地传递垂直和水平反力。

(3) 支座应使梁体变形产生的纵向位移、横向位移和纵、横向转角尽可能不受约束。

(4) 铁路桥梁必须在每联梁体上设置一个固定支座。

(5) 桥梁位于坡道上时,固定支座一般应设在下坡方向的桥墩台上。

(6) 桥梁位于平坡上时,固定支座宜设在主要行车方向的前端桥墩台上。

(7) 固定支座宜设置在具有较大支座反力的地方。

(8) 在同一桥墩上的几个支座应具有相近的转动刚度。

(9) 连续梁可能发生支座沉陷时,应考虑制作高度调整的可能性。

我国高速铁路桥梁中使用的支座有盆式橡胶支座和球形钢支座两种类型。盆式橡胶支座被广泛地应用于高速铁路桥梁,其主要构件有橡胶垫、底盆等。橡胶垫能承受 30 MPa 的压力,且可以传递很大的水平荷载。球形钢支座相对于盆式橡胶支座的一个很大的优点是允许较大的转角,同时球形钢支座耐久性能比盆式橡胶支座更强。

盆式橡胶支座更多地用于中小跨度钢筋混凝土和预应力混凝土简支梁桥,而球形钢支座则更多地用于预应力混凝土连续梁桥和大跨度桥梁结构。从我国铁路桥梁支座的发展看,推动 7000 kN 及以下的球形钢支座用于高速铁路桥梁支座,取代盆式橡胶支座,获得更好的适用性及耐久性,将成为必然趋势。

4.2 盆式橡胶支座

高速铁路桥梁设计年限(100 年)与盆式橡胶支座使用年限(30 年)不匹配成为一个主要的遗留问题。若均采用盆式橡胶支座,在 100 年设计年限内要对支座进行几次大面积的更换,这对于全封闭、全立交条件下,桥梁数量庞大的高速铁路而言显然是非常困难的。由此可见,高速铁路桥梁需要使用年限长、少维护及便于维护的球形钢支座。球形钢支座一般用于钢梁桥和大跨度桥梁,如 KTQZ 球形钢支座,其设计竖向承载力从 3000 kN 至 60000 kN 共分 27 级,已用于高速铁路连续梁桥和其他大跨度梁桥。

京津城际铁路采用铁路桥梁调高盆式橡胶支座(TGPZ)。这种支座是针对高速铁路桥梁对轨道平顺性要求高、需要方便快捷地实现调高而研发的一种支座。

4.2.1 高速铁路盆式橡胶支座主要技术条件

成品支座的竖向承载力、水平承载力、位移、转角和摩擦系数应满足支座设计要求。支座用材(如钢材、铜等金属材料,橡胶、聚四氟乙烯板、硅脂等非金属材料)的物理机械性能应满足相关规定。下面主要说明高速铁路盆式橡胶支座的加工及装配技术条件。

(1) 支座底盆与盆塞配合面粗糙度 $R_a \leqslant 1.6~\mu m$,底盆、盆塞与橡胶块配合面粗糙度 $R_a \leqslant 3.2~\mu m$。

(2) 支座零部件加工尺寸偏差应符合设计图纸要求,以下几项要求必须满足:组装后支座底盆与盆塞之间的配合净空间隙≤0.5 mm;单向活动型支座导轨与滑动板导槽之间的净空间隙要求控制在 0.3~0.7 mm;剪力销与滑动板(固定支座为盆塞)之间的配合等级为 H7/p6(即 H 级公差 7 级精度,p 级公差 6 级精度);剪力销与上锚碇板(上板)之间的配合净空间隙≤0.75 mm。

(3) 调高支座需要满足以下要求。

①下座板中心的竖向油路偏离圆心不大于 0.5 mm。

②承压橡胶板内油嘴底面与下座板顶面配合间隙不大于 0.2 mm。

③油路接口部位与油嘴的连接螺纹应符合相关标准中精密级 N 级要求。

④承压橡胶板与油嘴硫化黏结前应进行橡胶与钢板的剥离强度检验,必须在相同硫化工艺条件下,采用检验合格的、同材质的胶料、胶黏剂及钢板进行硫化黏结,保证橡胶与油嘴钢板的剥离强度大于 10 kN/m。油腔成型应严格按设计要求制造。油腔密封性好、无堵塞、无渗漏。油腔内油嘴偏离圆心不得大于 0.3 mm。

⑤承压橡胶板内油腔上下壁厚度偏差不大于 2 mm,油腔直径偏差为 ±1 mm,油腔圆心位置偏差不大于 1 mm。

⑥调高钢垫板的高度偏差为 ±0.2 mm,垫板锚栓孔距与上下支座板的螺栓孔距纵横向偏差为 ±0.5 mm,对角线尺寸偏差为 ±1 mm。

(4) 焊接连接块时应满足以下要求:焊接块双边倒坡口后与底盆焊接,焊接时不应有未焊透、裂纹、夹渣、气孔等缺陷;对焊接部位逐件进行超声波探伤,质量须满足相关标准中规定的Ⅰ级焊缝要求,内部不允许有裂纹。

(5) 支座组装需要满足以下要求。

①在承压橡胶板安装并连接好各油路接口后,应对油路进行压力检验。经检验油路无泄漏后,拧入油路接口,防止在运输过程中油路接口堵塞。

②调高盆式橡胶支座应在专用的平台上进行组装。组装后支座上平面和底平面不平行度不大于长边尺寸的 2‰。上、下支座板对称线垂直投影不重合偏差不大于 0.5 mm。确认支座各部位位置正确后,预压 50 kN 荷载,然后用临时连接板将支座连接为整体。

③支座组装后整体高度偏差:竖向承载力<20000 kN 时,偏差不大于 2 mm;竖向承载力≥20000 kN 时,偏差不大于 3 mm。

④支座组装后聚四氟乙烯板 4 个角点的外露高度容许偏差为 0~0.2 mm。

(6) 支座防腐涂装及防尘体系需要满足以下要求。

①必须对涂装表面进行处理。首先应清除附着于钢材表面的杂质,用稀释剂或清洁剂除去油污及脏污,并对边角和焊缝进行打磨,如有腐蚀性盐类,应用清水冲洗干净并吹干其表面。

②用喷射和抛射除锈法将待涂装表面的氧化层、铁锈及其他杂质清除干净后,用真空吸尘器将钢材表面再清除一次,处理后表面应达到《涂覆涂料前钢材表面处理 表面清洁度的目视评定 第 1 部分:未涂覆过的钢材表面和全面清除原有涂层后的钢材表面的锈蚀等级和处理等级》(GB/T 8923.1—2011)中规定的 Sa 2.5 级。

③在表面处理后的 4 h 之内进行涂装,以防处理表面生锈。各道漆层均采用无气喷涂法。环氧富锌底漆平均干膜厚度为 80 μm,环氧云铁中间漆平均干膜厚度为 100 μm,面漆为灰色可涂丙烯酸聚氨酯面漆 3 道,干膜平均厚度为 70~80 μm。如有漆膜厚度未达到要求的部位,必须补涂。

④支座用螺栓采用多元合金共渗或锌铬涂层(即达克罗)等进行防护。

⑤支座的防尘装置应严格按照设计图纸的要求制造和安装。

4.2.2 安装工艺要求

以 TGPZ 型调高盆式橡胶支座为例,阐述安装工艺要求。

1. 一般要求

(1) 在工厂组装该支座时应仔细调平,对中上、下支座板,预压 50 kN 荷载后用连接板及连接螺栓将支座连接成整体。在安装支座前,工地应检查支座连接状况是否正常,但不得松动连接螺栓。

(2) 采用该支座时,垫石顶面四角高差不得大于 2 mm。为方便安装、养护维修、调高和更换支座,梁底与墩顶净高一般不宜小于 50 cm。同时,为方便顶升梁体时支座油嘴与油泵油管之间的连接,安装时应将支座油嘴置于横桥向外侧。

(3) 该支座与梁体连接采用在梁底预埋套筒后用锚固螺栓连接的方式,需要在墩台顶面支承垫石预留锚栓孔。

(4) 为方便运营调高时填塞钢垫板,安装前应采取在支座底板刷油漆涂层等可靠措施,保证提升下支座板后支承垫石顶面平整,使调高垫板填塞顺利。

2. 安装工艺具体要求

(1) 预制架设简支箱梁支座安装。

梁体吊装前,先将支座安装在预制箱梁的底部,上支座板与梁底预埋钢板之间不得留有空隙,拧紧支座与梁体的连接螺栓。凿毛支座安装部位的支承垫石表面,清除预留锚栓孔中的杂物,并用水将支承垫石表面浸湿。两种安装方案如下。

① 安装方案一。

a. 安装灌浆用模板。灌浆用模板可采用预制钢模,底面设一层4 mm厚橡胶防漏条,通过膨胀螺栓固定在支承垫石顶面。

b. 吊装预制箱梁(带支座),将箱梁落在临时支撑千斤顶上,通过千斤顶调整梁体位置及高程。各千斤顶的反力不超过平均值的5%。

c. 支座就位后,在支座板与桥墩或桥台支承垫石顶面之间留20~30 mm的空隙,以便灌注无收缩高强度灌注材料。

d. 灌浆采用重力灌浆方式,灌注支座下部及锚栓孔处空隙,估算浆体体积,备料充足,一次灌满。灌浆口不低于梁顶面。实际灌注体积数量不应与计算值产生过大误差,应防止中间缺浆。

e. 应从支座中心部位向四周注浆,直至从钢模与支座底板周边间隙观察到灌浆材料全部灌满。

f. 强度达到20 MPa后,拆除钢模板,检查是否有漏浆处,必要时对漏浆处进行补浆。拧紧下支座板锚栓,并拆除各支座上、下连接钢板及螺栓,拆除临时千斤顶,安装支座围板。

② 安装方案二。

a. 安装灌浆用模板。灌浆用模板可采用预制钢模,底面设一层4 mm厚的橡胶防漏条,通过膨胀螺栓固定在支承垫石顶面。

b. 架梁前,在4个支承垫石旁摆放临时支撑。临时支撑具体形式有砂箱临时支撑、工字钢组合临时支撑等。

c. 吊装预制箱梁(带支座),利用架桥机调整梁体位置和高程,用薄型液压缸调整支点反力,使每个支点反力不超过4个支点平均反力的5%。拧紧薄型液压缸的锁定螺母。

d. 在支座与支承垫石之间进行重力式灌浆。支座底板底与支承垫石顶面之间留有20~30 mm间隙。灌注支座下部及锚栓孔处空隙。应从支座中心部位向四周注浆,直至从钢模与支座底板周边间隙观察到灌浆材料全部灌满。灌浆前,应初步计算所需的浆体体积。灌注实用浆体数量不应与计算值产生过大误差,不允许中间缺浆。

e. 强度达到 20 MPa 后,拆除灌浆钢模板,检查是否有漏浆处,必要时对漏浆处进行补浆。

f. 薄型液压缸回油,拆除临时支撑。拆除各支座的连接螺栓,安装支座围板,完成支座安装。

对于上述两种方案,架设单位可根据机具情况、工期要求等择优选用。

(2) 现浇简支箱梁支座安装工艺。

① 重力式灌浆法。

a. 凿毛支座安装部位的支承垫石表面,清除预留锚栓孔中的杂物,并用水将支承垫石表面浸湿,安装灌浆用模板、灌浆用模板可采用预制钢模,底面设一层 4 mm 厚橡胶防漏条,通过膨胀螺栓固定在支承垫石顶面。

b. 支座四角采用垫块调整高程。支座就位后,在支座板与桥墩或桥台支承垫石顶面之间留 20～30 mm 的空隙,以便灌注无收缩高强度灌注材料。

c. 灌浆采用重力灌浆方式,灌注支座下部及锚栓孔处空隙,估算浆体体积,备料充足,一次灌满。灌浆口不低于梁顶面。灌注实用浆体数量不应与计算值产生过大误差,应防止中间缺浆。

d. 从支座中心部位向四周注浆,直至从钢模与支座底板周边间隙观察到灌浆材料全部灌满。

e. 强度达到 20 MPa 后,拆除钢模板,检查是否有漏浆处,必要时对漏浆处进行补浆,拧紧下支座板锚栓。

f. 灌注梁体混凝土后、张拉预应力筋前拆除各支座上、下连接钢板及螺栓。待梁体施工完成后,安装支座围板。

② 坐浆法。

a. 凿毛支座就位部位的支承垫石表面,清除预留锚栓孔中的杂物,并用水将支承垫石表面浸湿。

b. 在支承垫石顶用厚 20～30 mm 的 M50 干硬性无收缩砂浆,将相应锚栓孔也灌满 M50 流动性无收缩砂浆。砂浆顶面铺成中间略高于四周的形状。调整高程和水平,支座就位。

c. 灌注梁体混凝土后、张拉预应力筋前,拆除各支座上、下连接钢板及螺栓,待梁体施工完成后,安装支座围板。

(3) 简支 T 梁支座安装工艺。

①吊装梁体前,先将支座安装在预制 T 梁的底部,拧紧支座上锚栓和地脚锚栓,上支座板与梁底预埋钢板之间不得留有空隙。

②凿毛支座安装部位的支承垫石表面,清除预留锚栓孔中的杂物,并用水将支承垫石表面浸湿。

③T 梁落梁前,先在支承垫石顶面铺一层 20～30 mm 厚的 M50 干硬性无收缩砂浆,砂浆层顶面铺成中间略高于四周的形状。调整高程和水平,T 梁落梁就位,再用 M50 流动性无收缩砂浆将螺栓孔灌注密实。待梁体两端均就位落实后,用临时支架(或垫木)支撑梁体两侧,防止梁体侧倾。

④T 梁安装顺序、多片梁之间的连接、湿接缝的浇筑及横向预应力筋均按梁的说明书进行。

⑤在 T 梁之间的横隔板混凝土达到强度后,及时拆除各支座的连接钢板及螺栓,安装支座围板,使各支座处于正常受力状态。

4.3　球形钢支座

4.3.1　球形钢支座的工作原理和构造

(1)球形钢支座主要由下座板、球面四氟滑板、下滑板、密封装置、中座板、平面四氟滑板、上滑板组成。

(2)球形钢支座的水平位移通过上(支座)滑板与中座板上的平面四氟滑板之间的滑动来实现。通过设置导向板(槽)或导向环来约束支座的单向位移或多向位移,可以构成单向活动球形支座和固定球形支座。

(3)球形钢支座的转角是由中座板的凸球面与下座板上的球面四氟滑板之间的滑动来实现的。

(4)由于支座的转动中心与上部结构的转动中心不重合,在中座板和下座板之间形成第二滑动面。根据上部结构与支座转动中心的相对位置,球面转动方向可以与平面滑动方向一致或相反。如果两个转动中心重合,则无平面滑动。

4.3.2　球形钢支座的一般特点

球形钢支座传力可靠,转动灵活,不但具备盆式橡胶支座承载能力大、位移大等特点,而且能更好地适应支座大转角的需要,与盆式橡胶支座相比具有以下特点。

(1) 球形钢支座通过球面传力,不出现力的缩径现象,作用在混凝土上的反力比较均匀。

(2) 球形钢支座通过球面四氟滑板的滑动来实现支座的转动,转动力矩小,而且转动力矩只与支座球面半径及摩擦系数有关,与支座转角大小无关,因此能够适应大转角的需要,设计转角可达 0.05 rad 以上。

(3) 球形钢支座适用于宽桥、曲线桥、坡道桥、斜桥及大跨径桥梁。

(4) 球形钢支座不用橡胶承压,不需要考虑橡胶老化对转动性能的影响,适用于低温地区。

4.3.3　高速铁路球形钢支座主要技术条件

(1) 技术要求。

①成品支座的竖向承载力、水平承载力、位移和转角应满足支座设计要求。

②支座适用温度范围:−50~60 ℃。

③在竖向设计荷载作用下,支座竖向压缩变形不得大于支座总高度的 1%。

④活动支座有硅脂润滑在竖向设计荷载作用下的设计摩擦系数 μ 取值分为两种情况:常温(−25~60 ℃),$\mu \leqslant 0.03$;低温(−50~−25 ℃),$\mu \leqslant 0.05$。

⑤支座设计转动力矩 M 的计算公式见式(4.1)。

$$M = N \cdot \mu \cdot R \tag{4.1}$$

式中:N 为支座竖向设计荷载;μ 为球冠衬板球面镀铬层与球面滑板有硅脂润滑在竖向设计荷载作用下的设计摩擦系数,取值如上;R 为支座球冠衬板的球面半径。

(2) 材料要求。

支座用平面和球面滑板材料采用改性超高分子量聚乙烯板或聚四氟乙烯板,单向活动支座侧向导槽处的滑板采用 SF-1 三层复合板、硅脂、橡胶、钢材等材料。材料的物理机械性能应符合有关规定。

(3) 焊接要求。

不锈钢板与基层钢板采用连续氩弧焊焊接。焊接后不锈钢板应与基层钢板密贴,表面不允许有划伤和碰伤。不锈钢板表面平面度公差不超过 0.2 mm 或平面滑板直径的 0.03%。支座其他焊接件应符合《工程机械　焊接件通用技术条件》(JB/T 5943—2018)中的相关要求。

(4) 球冠衬板球面镀铬。

球形钢支座球冠衬板凸球面上应镀上厚度不小于 100 μm 的硬铬层。镀硬铬层的显微硬度值 HV 不小于 750,结合强度按《金属基体上的金属覆盖层电沉积和化学沉积层附着强度试验方法评述》(GB/T 5270—2005)标准试验,硬铬层不应与基体分离。镀铬用基层钢材不得有表面孔隙、收缩裂纹和疤痕。镀铬凸球面的轮廓度公差不超过 0.2 mm 或球面滑板直径的 0.03%,表面粗糙度 R_a 不超过 1.6 μm。

4.3.4 安装工艺要求

以 KGPZ 型球形钢支座为例,阐述安装工艺要求。

采用本系列支座时,支座垫石的混凝土强度等级不低于 C40,垫石高度应考虑安装、养护和必要时更换支座的需要。垫石顶面四角高差不得大于 2 mm。

本系列支座与梁、墩台之间采用套筒、螺杆和锚固螺栓的连接方式,在墩台顶面支承垫石部位预留锚栓孔,锚栓孔预留直径为套筒直径加 60~80 mm,深度为锚栓长度加 60~80 mm。预留锚栓孔中心及对角线位置偏差不得超过 10 mm。

球形钢支座安装工艺细则如下。

(1) 在工厂组装球形钢支座时,应仔细调平,对中上、下支座板,预压后用连接板将支座连接成整体。各支座处的纵向偏移量可按式(4.2)预留预偏量 Δ 计算。

$$\Delta = -(\Delta_1 + \Delta_2) \qquad (4.2)$$

式中:负号表示按计算所得的反方向设置偏移量;Δ_1 为梁的弹性变形及收缩徐变引起的各支点处的偏移量;Δ_2 为各支点实际合龙温度与设计合龙温度之间的温差引起的偏移量。

支座纵向预留预偏量指支座上板纵向偏离理论中心线的位置。根据各跨合龙段施工时的气温与设计合龙的温度差进行计算。

(2) 在安装支座前,工地应检查支座连接状况是否正常,但不得任意松动上、下支座联结螺栓。

(3) 重力式灌浆法安装支座工艺要求如下。

①凿毛支座就位部位的支承垫石表面,清除预留锚栓孔中的杂物和积水,安装灌浆用模板,并将支承垫石表面浸湿。

②用楔块楔入支座四角,安放并找平支座,将支座底面调整到设计高程,在

支座底面与支承垫石之间留 20～30 mm 空隙,安装灌浆用模板。

③仔细检查支座中心位置及高程后,用无收缩高强度灌注材料灌浆。

④采用重力灌浆方式,灌注支座下部及锚栓孔间隙处。应从支座中心部位向四周注浆,直至从钢模与支座底板周边间隙观察到灌浆材料全部灌满。

⑤灌浆前,应初步计算所需浆体体积,灌注实用浆体数量不应与计算值产生过大误差,应防止中间缺浆。

⑥灌浆材料终凝后,拆除模板及四角楔块,检查是否有漏浆处,必要时对漏浆处进行补浆,并用砂浆填堵楔块抽出后的空隙。拧紧下支座板锚栓,待灌注梁体混凝土后,及时拆除各支座的上、下支座连接螺栓,安装支座围板,完成支座安装。

(4)坐浆法安装支座工艺要求如下。

①凿毛支座安装部位的支承垫石表面,清除预留锚栓孔中的杂物和积水,并用水将支承垫石表面浸湿。

②先在支承垫石顶面铺一层厚 20～30 mm 的 M50 干硬性无收缩砂浆,将砂浆顶面铺成中间略高于四周的形状,支座就位。将相应锚栓孔灌满 M50 流动性无收缩砂浆,调整支座高程和水平。

③灌注梁体混凝土后、张拉预应力筋前拆除各支座上、下连接钢板及螺栓,安装支座围板,完成支座安装。

④安装完毕后应对支座情况进行检查,并及时涂装预埋板及锚栓外露表面,以免生锈。

第5章 预应力混凝土简支梁桥施工

5.1 后张法预应力混凝土简支梁桥预制

5.1.1 后张法预应力混凝土简支梁施工工艺流程

预应力混凝土的施工原理是在构件的受拉区域张拉钢筋,利用钢筋张拉后的弹性回缩,对构件受拉区域的混凝土预先施加压力,产生预压应力。构件在荷载作用下产生的拉应力首先抵消预应力。随着荷载不断增加,受拉区混凝土受拉开裂,从而延缓了构件裂缝的出现,限制了裂缝扩大,提高了构件的承载能力。这种利用钢筋对受拉区混凝土施加预压应力的钢筋混凝土叫作预应力混凝土。预应力混凝土能充分发挥高强度钢材的作用。

后张法指的是先浇筑混凝土,待混凝土达到规定强度后再张拉预应力钢材以形成预应力混凝土构件的施工方法。

后张法预应力混凝土简支梁施工工艺流程:底模、侧模安装→钢筋和预留管道安装→内模、端模安装→浇筑混凝土→养护→拆端模、内模→预应力筋安装→(预)初张拉→移梁出台座→终张拉→压浆→封锚。

5.1.2 后张法预应力混凝土简支梁施工工艺要点

1. 制梁场的建设

高速铁路使用的预应力混凝土简支梁横截面积大,重量大,验收标准严,质量要求高,预制难度大,不能采用工厂预制、铁路运输、工地架设这一传统方法施工,只能在施工现场选址设置制梁场预制梁体,然后通过专用运架设备完成梁体架设。

国内外高速铁路制梁场建设经验表明,制梁场投入设备多,建设周期长,建设费用高。因此,为保证预制梁体的质量和预制效率,合理使用建场费用,施工单位有必要对制梁场进行科学系统的规划设计与优化。

（1）制梁场建设规划设计的总原则。

制梁场规划设计应本着安全适用、技术先进、经济合理、环保的原则，统筹规划，以达到制梁速度快、质量高和建场费用低的目的。制梁场内生产区和生活区应相互分开。生产区按工艺流程分区，结构紧凑，尽量减少中间环节作业量，充分保证安全生产，注意人流、货流的分离。

（2）制梁场的选址。

选址时应按照制梁场覆盖的范围，全面考虑桥跨与梁形布置，工期，运、架梁速度，地质状况及桥跨两端路基工程等因素，同时做到运梁距离相对较短，为轨道施工打开工作面，形成流水作业，提高施工设备利用率，降低设备投入费用。因此制梁场选址应遵循以下原则。

①制梁场应尽量布置在桥群集中地段，同时尽量选择在桥梁的直线地段。

②尽量选择交通便利的地区，利于大型制、运、架梁设备和大宗材料运输进场，减少运输费用。

③尽量选在地形、地质条件较好的地方，以减少土石方工程、基础加固工程及拆迁工程的工作量。有条件时应尽量利用正式工程场地，减少临时工程费用投入。如京石高速铁路就考虑将设计的车站广场作为制梁场场地。在路基地段布置制梁场时应尽量使制梁场场地高程与路肩高程相同。

④确保运梁距离较短。较短的运输距离可确保梁体运输安全，加快运、架梁的施工进度，减少运、架梁费用。

⑤尽量减少征地拆迁。在满足制梁工期和存梁的前提下，应尽量利用红线以内的区域布置制梁场，少占用耕地，减少拆迁量和以后的复耕费用。在条件允许的情况下，借用车站位置布置制梁场是一个不错的选择。

⑥考虑防洪排涝，确保雨季施工安全。

总之，制梁场的选择应综合考虑各方面的因素，本着因地制宜、节约资金、降低成本、确保安全与质量的原则，统筹规划。施工前要认真进行施工调查和技术经济指标比较，选择最佳位置。

（3）制梁场的布置。

①制梁场布置原则。

结合制梁场生产和供应的梁体数量，首先要确定制梁台座和存梁台座的数量，再确定搅拌站及存料场的大小。制梁场布置应紧凑合理，不仅要考虑制、架梁施工流程，还要兼顾运架设备的安装和拆除。

根据制梁施工工艺、移梁和运梁工序的要求,合理布置生活办公区、生产区、存梁区(兼运梁区)和混凝土搅拌区(含材料存放区)。场内交通、供水、供电、供气、防火等设施布置应尽量合理。

②制梁场布置形式。

制梁场的布置形式一般有纵列式和横列式两种。

纵列式布置是指制、存梁台位纵向并列,台座的长度方向顺线路走向,利用龙门吊平移梁体。纵列式比较适合于制梁场靠近线路的情况。对于长大桥梁而言,制梁场一般设于桥梁中部,必须配备提梁的大型门吊,宜采用纵列式布置。纵列式布置可以充分利用永久征地,减少临时用地的数量。如秦沈铁路月牙河制梁场、合武铁路客运专线湖北省麻城市中馆驿镇制梁场均采用纵列式布置。

横列式布置是指制、存梁台位平行,台座的长度方向垂直于线路走向,利用千斤顶顶移梁体。横列式布置的梁体在上桥前需要水平旋转90°,运梁车需要调头,因此这种布置方式比较适合于制梁场远离线路的情况。在桥群地段,为减少投入,应按运梁便道考虑,采用横列式布置较为合适。目前大多数制梁场均采用这种布置方式。

③纵列式与横列式制梁场比较。

纵列式制梁场各作业区域紧密相连,从原材料进场、半成品加工转运到梁体混凝土浇筑、梁体成品形成,核心生产区全部在起重机作业区范围内,从梁体脱模到移至存梁台座,整个过程一次到位,无须移动其他梁。制梁顺序可随架梁顺序随意调整。因此设备的投入相对较少,占地面积小,但产量不如横列式大。

横列式制梁场起重设备无法覆盖全部作业区域,移、存梁需要专门的运载设备。制梁顺序不能轻易打乱,移梁工作量大。制梁场占地面积大,征拆成本高,建设费用高,设备投入大。因此,在选择制梁场时,应综合考虑铁路桥梁施工周期、制梁场地形条件、拟投入的设备、要求的产量和施工的安全性,选择合理的制梁场,避免造成规模不合理,浪费建设资金。从多年的工程实践经验看,中小型规模的制梁场选择纵列式布局时优势突出;生产规模较大的制梁场则选择横列式布局,较经济。

(4)制梁场规模的确定。

制梁场主要由4个功能区组成:生活办公区、生产区(包括钢筋加工、制梁台座、模板存放等)、存梁区(兼运梁区)和混凝土搅拌区(含材料存放区)。

制梁场的规模主要根据其所需要的生产能力确定,生产能力与制梁场供应梁体的范围,制、架梁工期,架梁进度及制梁台座数量等有密切关系。

①制梁场供应梁体的范围。在现有技术条件下,1台架桥机配1台运梁平车,运、架梁经济供应范围一般为单向15~20 km。因此,设计或业主招标中一般按此确定标段内的制梁场数量和位置。

②制、架梁工期。制、架梁工期是结合总工期、桥梁下部工程及铺轨工程工期综合考虑的,直接影响制梁场规模。

③架梁进度。在确定制、架梁工期后,架梁所需要的综合进度计算见式(5.1)。

$$t = \frac{n}{T} \tag{5.1}$$

式中:t 为综合进度;n 为制、架梁孔数;T 为制、架梁工期。

④制梁台座数量。制梁台座的数量取决于制梁设备配置、制梁工序、制梁周期及制梁效率等。

一个制梁场的主要机械设备为横跨制梁区的龙门吊、钢筋装卸龙门吊、提梁机、混凝土搅拌机、混凝土罐车、混凝土输送泵、布料机、蒸汽养护系统以及模板系统等。

2. 模板

预制梁体的模板主要由底模、外模、端模、内模系统及液压系统等组成。模板的质量直接关系到梁体外形尺寸的准确性、梁体的线形、梁体外观质量及制梁的工作效率。因此模板的各部位尺寸要求准确;表面要平直,转角要光滑,焊缝要平顺;每扇连接螺栓孔的配合要准确;端模要平整,预应力筋预留孔眼的位置要准确;各类配件完好、数量齐全。

由于预制梁体的体积大,混凝土浇筑需要一次完成,混凝土对模板的侧压力较大,而且预制梁体的数量多,施工时需要反复多次使用内外模及端模,因此保证梁体模板的强度、刚度、稳定性是保证其质量的关键。

预制梁体的模板都是钢模板,根据不同要求采用不同厚度的钢板,外侧根据需要设置横向或纵向加劲肋。在工厂分块制造各部位的模板,将其运送到现场后再进行组拼。模板之间采用螺栓连接,便于拆卸和安装。

模板制成后,应分节编号,进行单扇和组装检验。在新制模板交付使用前应以每套钢模板为一个验收批,建立该模板的管理档案。在主管部门对钢模板检查验收并出具验收合格证后,新制模板方能投入使用。

根据设计要求及制梁的实际情况,梁体底模要设置反拱,两端要预留压缩量。32 m 梁体的反拱数值为 19.5 mm,每端预留压缩量为 10 mm;24 m 梁体的反拱数值为 12.5 mm,每端预留压缩量为 5 mm。

(1) 模板的安装。

分片制作底模,然后将其拼装成整体,采用螺栓连接,用水准仪按二次函数抛物线调整反拱,检查符合要求后将其与台座焊接加固,放出底模中心线,保证侧模安装的准确性,在两端上下预留压缩量。

安装侧模前必须检查模板面是否平整光滑,有无凹凸变形、残存灰渣,特别是接口处及端模凹穴内必须清除干净。检查模板连接端面、底部有无碰撞而造成缺陷和变形,振动器支架及其模板焊缝是否有开裂破损。如有问题要及时整修合格。模板面要仔细均匀地刷脱模剂,不得漏刷。特别注意梁体的四个支座板安放处的相对高差不能大于 2 mm。侧模与制梁台座的基础内侧一端铰接,外侧一端为可调千斤顶或螺杆连接。调整千斤顶(或可调螺杆)使侧模绕台座上的铰轴转动,当模板的高度与梁体的设计高度相符,模板的倾斜角度也与梁体侧面的设计倾角吻合,两侧的模板与底模密贴后,再用对拉螺栓将侧模与底模连接成一个整体,在模板的外侧根据需要增设相应的支撑杆件,保证模板的整体刚度。

端模板进场后对其进行全面检查,保证其预留孔偏离设计位置不超过 3 mm。端模安装前,先检查板面是否平整光洁,有无凹凸变形及残余黏浆,端模管道孔眼是否清除干净。用起重设备将端模板吊装就位,将橡胶抽拔管依次穿过相对的端模孔慢慢就位。因管道较多,安装模型时应特别注意不要将橡胶抽拔管挤弯,否则会造成端部有死弯。端模中线要与底模中线重合,以端模上两根竖向槽钢为基准吊线进行检查,上好撑杆,调节撑杆螺栓,将端模调整到垂直位置,上紧所有紧固件。端模安装完成后,再次逐根检查橡胶管是否处于设计位置。另一方面要注意避免锚垫板在对位时顶撞钢筋骨架,以免引起支座板移位。

内模为全液压外力牵引整体式。在内模托架上,依靠油缸的驱动使模板张开到设计梁体的内腔尺寸后,安装好机械螺杆,利用龙门吊整体吊入已放好底腹板钢筋的台位。然后,安装通风孔成孔器、泄水管及固定装置、预留孔成孔器、固定管卡的预埋螺母等预埋件。为保证腹板厚度,防止灌注混凝土时内模左右移动,将内模与外模(在通风孔处)及端模用螺栓连接,内模的支撑通过在底模泄水孔里放置支墩来实现,同时该支墩兼做底模与内模的拉杆。

在模板、钢筋骨架安装过程中同时安装预埋装置,主要包括:支座板、防落梁支架预埋钢板、泄水管固定预埋螺母、接触网支柱(下锚支柱、下锚拉线)的预埋铁座、梁端预埋伸缩缝以及各种成孔装置(腹板的通风孔,底板、顶板的泄水孔,顶板的吊装孔以及梁端电缆槽预留孔等)。

模板全部安装完毕后,必须按标准进行最终调整,各部位尺寸都达到要求后,按桥梁模板检查表,填入相关数据。灌注混凝土时,必须设专人值班,负责检查模板、连接螺栓及扣件,如有松动随时紧固。

(2) 模板的拆卸和存储。

模板的拆卸按照模板安装的逆向方向进行,首先拆除端模,然后是内模。

当梁体混凝土强度达到规定要求时,梁体混凝土芯部与表面、箱内与箱外、表层与环境温差均不大于 15 ℃,且能保证梁体棱角完整时即可拆模。

当混凝土的强度达到拆模强度时,首先拆除端模,把端模上的所有紧固螺丝全部拆除,用龙门吊吊住端模,然后用千斤顶顶端模上的反力架使端模与梁体脱离。施工时不能硬拉硬撬,造成端模变形,下部端模的拆除也要注意上述问题。如果条件允许,可将端模的两部分作为一个整体拆除。端模拆除完成后要将其放置在开阔的地方进行检查,同时要进行清灰、涂油处理,以便下次使用。

随后,松开内模与侧模、内模与底模在对应通风孔、泄水孔的紧固连接件,再将内模内腔中的支撑螺杆全部松开、拆除,并将其集中在一起,利用内模的自动收缩系统把内模收缩到原始状态。利用卷扬机把内模拉出来一部分,再用龙门吊将其拉出。内模被拉出整个梁体的内腔后,要把内模吊放到存放支架上,进行模板清理、检查以及涂油,然后张开到设计尺寸,用机械撑杆撑好以备下次使用。

制梁场采用提梁机提梁时,不需要松动侧模,当内模及端模拆除完成后,即可提梁。提梁后,及时清除模板表面和接缝处的灰渣、杂物,并均匀涂刷脱模剂或脱模漆。清点和维修保管好模板零星部件,有缺损及时补充,以备下次使用。

(3) 模板整修。

梁体吊离底模后,应立即将钢底模上的混凝土残渣清除,清除胶条与底模间的混凝土残渣,更换破损、脱落的胶条。清渣完毕后,将隔离剂均匀涂刷在模板上,不得出现积液、漏刷现象。技术人员须逐片对底模全长、平整度及反拱值进行检查,如有超标及时整改。对检查中发现的问题,应及时处理并做好相关记录,存入模板管理档案。大修模板的检查验收按新制模板办理,经验收合格后方可使用。凡已鉴定报废和不合格的模板严禁使用。

3. 钢筋加工与绑扎

(1) 钢筋加工的一般要求。

使用前应根据使用通知单核对材质报告单,检查材质报告单是否与实物相符。钢筋在加工弯制前应调直。钢筋表面的油渍、漆污和用锤敲击能剥落的浮皮、铁锈等均应清除干净,不得使用带有颗粒状或片状老锈的钢筋。钢筋加工的形状、尺寸必须符合设计要求。加工后的钢筋表面不应有伤痕。

(2) 钢筋下料。

根据梁体的外形尺寸计算不同规格钢筋的数量、长度及使用部位,根据长度及延伸率计算实际需要的钢筋长度。同直径同钢号不同长度的钢筋根据调直后的钢筋长度统一配料,按顺序填写配料表,以减少钢筋的损耗。钢筋下料时,要严格按配料表尺寸下料。下料时利用槽钢切口定位,根据钢筋下料长度调节定位挡板,并将其固定于台架上,控制下料尺寸。钢筋下料尺寸要求准确,并不得有马蹄形切口、重皮、油污或弯起现象。下料后的钢筋分类堆放整齐,挂醒目、统一的标示牌标示生产状态,待自检合格后报监理工程师检验,检验合格后挂合格标示牌。

(3) 钢筋加工。

①钢筋调直采用钢筋调直截断机作业,其工艺流程为:备料→调直机调直→截断→码放。

②钢筋截断应采用钢筋截断机作业,其工艺流程为:备料→划线(固定挡板)→试断→成批切断→钢筋堆放。在下长料时,注意钢筋同一截面内焊接接头的截面积不得超过总截面积的25%,同一截面(50 cm范围内视为同一截面)内同一根钢筋上不得超过一个接头。钢筋的断口不得有马蹄形切口或弯起等现象。为确保钢筋长度的准确,钢筋截断要在调直后进行,定尺挡板的位置固定后应复核,其允许偏差为±5 mm。

③钢筋弯曲成型的工艺流程为:准备→划线→试弯→成批弯曲→堆放。

④钢筋对焊。钢筋直径较小,可采用连续闪光焊。钢筋直径较大,端面比较平整,宜采用预热闪光焊;端面不平整,宜采用闪光-预热-闪光焊。

钢筋焊接前,应先选定焊接参数,按实际条件进行试焊,并检验接头外观质量及规定的力学性能,仅在试焊质量合格和焊接工艺参数确定后,方可成批焊接。每个焊工均应在每班工作开始时,先按实际条件试焊2个对焊接头试件,并按规定进行冷弯试验,待其结果合格后,方可正式进行焊接。

闪光对焊接头四周应有适当的墩粗部分,并呈均匀的毛刺外形。钢筋表面应没有明显的烧伤或裂纹。当有一个接头不符合要求时,应对全部接头进行检查,挑出不合格品。不合格接头经切除重焊后,可提交二次验收。

在相同条件下(指钢筋的生产厂、批号、级别、直径、焊工、焊接工艺、焊机等均相同)完成并经外观检查合格的焊接接头,以200个为一批(一周内连续焊接时,可以累计计算,一周内累计不足200个接头时,亦可按一批计算),从中切取6个试件,3个进行拉伸试验,3个进行冷弯试验,进行质量检查。

钢筋焊接接头如出现力学试验不合格,则应立即停止作业,待查明原因并重新试验合格后方可继续作业。

(4) 钢筋骨架绑扎。

钢筋骨架采用分体绑扎,分体吊装。施工时制作底腹板钢筋绑扎胎具、顶板钢筋绑扎胎具、吊具。

绑扎胎具主要控制钢筋的位置和间距,腹板箍筋的倾斜度、垂直度,并按设计间距设U形口控制钢筋间距。在设计、加工制作时不但要考虑胎具的强度、刚度,使其能够承担钢筋自重、操作人员等外加荷载,还应考虑方便钢筋绑扎作业、定位准确,确保钢筋绑扎、安装的允许偏差及钢筋骨架、网片的质量符合设计、规范要求。在绑扎胎具上用油漆标出定位网片、腹板分布筋、顶板马凳筋、锚穴、竖墙及吊孔的位置,并在泄水孔与通风孔的位置预设通风孔与泄水孔模板,方便相应部位钢筋的绑扎及孔洞的预留。

钢筋绑扎工艺流程:绑扎底(腹)板、顶板及竖墙钢筋→吊底、腹板钢筋→内模就位→调整内模位置以保证腹板保护层厚度→吊顶板钢筋→绑扎底、腹板与顶板的连接筋。

底、腹板钢筋绑扎时,在胎具四个支座板相应中心位置上安装1∶1支座板模板,预留支座套筒的位置,方便底腹板钢筋在模板内的吊装就位。

(5) 钢筋的绑扎要求。

钢筋的交叉点用铁丝绑扎牢固,必要时可用点焊。箍筋、桥面筋两端交点均绑扎;钢筋弯折角与纵向分布筋交点均绑扎;下缘箍筋弯起部分与马凳筋相交点绑扎;其余各交点采用梅花形跳绑;绑扎点拧紧,如有扭断的扎丝必须重绑。

梁中的箍筋与主筋垂直绑扎;箍筋的末端向内弯曲;箍筋转角与钢筋的交接点均绑扎牢固。箍筋的接头(弯钩结合处)在梁中沿纵向交叉布置。

(6) 钢筋的安装。

安装钢筋时,必须采取有效措施,确保钢筋的混凝土保护层厚度满足设计要求。垫块的强度不低于梁体混凝土的设计强度。垫块互相错开,呈梅花形布置,并且不得横贯保护层的全部截面。按照设计要求,底板和腹板钢筋保护层的控制垫块数量为4个/m^2,端头钢筋密集部分垫块可加密。

钢筋骨架吊装时用专用吊装扁担,防止钢筋变形,安装就位要准确,纵横向不得有错位。桥面钢筋与梁体钢筋要绑扎结实,绑扎点不得少于规定数,相邻两绑扎点间呈八字形,以保证骨架更加牢固不变形。

定位网片安装是关键工序,在施工中由质检部门重点测量定位网片的安装质量并做详细记录。安装钢筋骨(网)架时,要保证其位置正确,不得倾斜、扭曲,也不得变更保护层的规定厚度。

骨架就位后,要检查预留管道有无错位,定位网片是否正确。只有在保证骨架牢固绑扎、管道位置正确的前提下,方可进行下道工序。

(7) 预留管道的形成。

后张法预留管道有两种方法:一种是抽拔式制孔法,另一种是埋置式制孔法。抽拔式制孔法是在需要留设管道的部位埋设制孔器(如橡胶抽拔管),浇筑混凝土并养护一定时间后,拔出胶管,形成预留管道。埋置式制孔法是将与孔道直径相同的管材埋于构件中,永久埋设,无须抽出。为防止漏浆,高速铁路后张法预制混凝土梁体多采用抽拔式制孔法。

4. 浇筑混凝土

混凝土采用强制搅拌机进行拌制,电子计量系统自动计量原材料。搅拌时,先向搅拌机投入粗骨料和细骨料,搅拌均匀后,再投入水泥、矿物掺合料、水和外加剂。总搅拌时间为 150 s。冬季搅拌混凝土前,采用加热拌和用水的方法调整拌和物的温度;夏季搅拌混凝土时,采用冷却拌和水、洒水冷却粗骨料和在傍晚或晚上搅拌混凝土的方法,从而将混凝土的入模温度控制在 5~30 ℃。

梁体混凝土连续浇筑,一次成型。混凝土浇筑采用纵向分段、水平分层连续浇筑,由一端向另一端循环浇筑的施工方法,从腹板顶下料,浇筑腹板下倒角(部分底板)和腹板混凝土;从内模顶开孔中下料,补足底板混凝土量;顶板从一端向另一端浇筑;浇筑时间控制在 6 h 以内;混凝土从加水搅拌起,45 min 内泵送完毕。其入模温度控制在 5~30 ℃,分层厚度为 30~40 cm。

混凝土的振捣采用插入式振捣器。操作时振动棒宜快插慢拔,垂直点振,不得平拉,不得漏振,谨防过振。振动棒移动距离应不超过振动棒作用半径的 1.5 倍,每点振动时间为 20~30 s。振动时振动棒上下略微抽动,插入深度以进入上次灌注的混凝土面层下 50 mm 为宜。灌注过程中注意加强跨中处预应力孔道、倒角、交界面以及钢筋密集部位的振捣。

开盘前,试验人员必须测定砂、石含水率,将混凝土理论配合比换算成施工配合比;开盘后,试验人员要对前三盘逐盘检查混凝土坍落度,以后每 10 盘检查一次,如发现混凝土坍落度与配合比要求相差较大,要查明原因并加以调整。

5. 拔管

在混凝土灌注完毕 5~8 h 时抽拔橡胶管,抽拔后混凝土孔道不得发生变形或出现塌落现象。

拔管时,用直径为 10~12 mm 的钢丝绳将梁端外露胶管顶端固定住,然后开动卷扬机进行拔管。拔管从梁体腹板最上部橡胶管开始,自上而下进行。

拔管时如遇胶管被拔断,则采用单根钢丝探入孔道找出断管或死弯位置(也可用别的办法探查),然后将其混凝土凿开一个小洞,再从此处把胶管拔出。最后将开洞部位用同强度的混凝土修补好,注意此处管道孔的顺直。

拔出胶管时,立即将其表面的污物清理干净,并理顺放好,以备下次再用。如发现胶管表面破损剥皮,则将其抽出来,禁止再次使用。

存放胶管时,禁止在上面施压重物,以免胶管变形。

6. 钢绞线制束和穿束

(1) 制束。

将钢绞线盘立放在钢绞线施放支架内,抽出内圈的钢绞线的端头,从前端的施放孔中牵引出来,然后人工或机械牵引至规定的长度,用切断机或砂轮切割机等切断,严禁采用电弧切断,也不得使预应力筋受到高温、焊接火花或接地电流的影响。下料长度允许误差为±10 mm。注意检查外观,发现劈裂、死弯、锈蚀、油污等缺陷不得使用,钢绞线下料后不得散头。

将钢绞线按规定的要求制成钢束并捆绑好,编束时应先梳理顺直,每隔 1~1.5 m 捆绑一道。钢绞线成束时保证顺直、不扭转,钢束的两端注意齐平(长度误差允许范围为±50 mm)。

预应力筋下料长度要符合设计要求。无设计要求时,可通过式(5.2)进行计算,试用后进行修正。

$$L = l + 2l_1 + n(l_2 + l_3) + 2l_4 \tag{5.2}$$

式中:L 为钢绞线下料长度;l 为锚具支承板间管道长度;l_1 为工作锚具厚度;n 为 1 或 2(单端张拉为 1,两端张拉为 2);l_2 为张拉千斤顶长度;l_3 为工具锚具厚度;l_4 为长度富余量(可取 100 mm)。

(2) 穿束。

钢束在移运过程中,采用多支点支承,支点间距不得大于 3 m,端部悬出长度不得大于 1.5 m,严禁在地面上长距离拖拉,以免损伤钢绞线。

钢束穿入梁体孔道时,可采用卷扬机进行引拉,也可采用人工穿入。采用卷扬机引拉时,先穿入一根钢丝作为引线,将钢丝绳拉进孔道,再将钢丝绳与钢束连接起来,然后开动卷扬机,人工扶正钢束,即可将钢束拉入管道。

在穿束过程中,如遇到钢束穿不进去的情况,要查明原因,若是孔道死弯,则必须开口修理,取直管道,然后再穿入钢束,再在开口部位的钢束周围包裹隔绝铁皮或套入塑料管等物,捆好固定并堵塞两端全部缝隙,再补灌与梁体同等级混凝土修复。在此特别注意堵缝一定要认真仔细,不能再次流入水泥浆使管道堵塞。

7. 钢绞线张拉

(1) 预应力筋张拉前的检验校核。

①锚具、夹具和联结器进场时,除应按出厂合格证和质量证明书核查其锚固性能类别、型号、规格及数量外,还应按照《预应力筋用锚具、夹具和连接器》(GB/T 14370—2015)要求检验。

②千斤顶必须经过校正后才允许使用,千斤顶校正系数通过式(5.3)计算。

$$千斤顶的校正系数 K = \frac{油表读数 \times 千斤顶有效活塞面积}{压力机度数 \times 1000} \tag{5.3}$$

在正常情况下,千斤顶的校正系数 K 不得大于 1.05。千斤顶校正后的有效使用期限为一个月,且张拉作业次数不得超过 200 次。对千斤顶常压下漏油或串缸应及时检修。每次检修后,千斤顶必须经过校正才允许使用。

千斤顶与已校正过的油压表配套编号。千斤顶、油压表、油泵安装好后试压三次,每次加压至最大使用压力的 110%,加压后维持 5 min,其压力下降不超过 3%,即可进行正式校正工作。

由于顶推式液压千斤顶吨位、体积较大,校顶时可采用压力环校正法或顶压机校正法,测读千斤顶或油泵上油表读数(精度 0.40 级标准油表)及相应压力环或压力机的标示读数,重复三次,取其平均值。校正千斤顶用的压力环或压力机必须在检定有效期限内。

千斤顶校正系数 K 小于 1.05 时,则按实际数采用;如校正系数大于 1.05,则该千斤顶不得使用,应重新检修并校正。

③高压油表必须经过校正后才允许使用。高压油表采用防震型压力油表,其精度等级不低于 1.0 级,最小分度值应不大于 0.5 MPa,油压表表盘量程应在

工作最大油压的1.25～2.0倍;油压表检定有效期不得超过7 d,当采用0.4级精度的精密油压表并由计量管理部门按0.4级精度进行检定时,其有效期不应超过一个月。压力表发生故障后必须重新校正。

(2)张拉前的准备工作。

钢筋张拉为特殊工序,操作人员应持证上岗。锚具要按规定检验合格,预应力钢绞线经复验确认合格才能投入使用。千斤顶和油压表均已校正并在有效期内,张拉技术资料已到位。确认钢绞线根数与设计相符,每根顺直不绞缠,安全防护措施已到位。

(3)预应力筋张拉的注意事项。

根据设计图纸的规定进行预张拉和初张拉施工,梁体吊到存梁台座后进行终张拉。

按照设计要求,混凝土强度达到设计强度的80%后可进行初张拉。初张拉在预制台座上进行,初张拉结束后,将梁体移出台座。注意梁体拆模后,如发现有较严重的蜂窝、空洞或其他缺陷,未经修补或修补后其混凝土强度未达到张拉时规定值的梁体,均不允许进行张拉作业。

张拉时每个千斤顶必须具备两块标准油表,油表精度采用0.4级。两端钢筋同时张拉时,应保持两端同步并且两端的伸长量基本一致。按设计图纸要求的顺序对称张拉,并以油表读数控制为主,钢束的伸长值作为校核,实际伸长值与理论伸长值误差不超过6%。

(4)主要张拉工艺。

张拉时,预应力钢绞线与孔道壁接触面间产生摩擦力而引起预应力损失,称为摩阻损失。摩阻损失主要由孔道弯曲和孔道偏差产生,从理论上说直线孔道无摩阻损失,但由于施工中孔道位置的偏差及孔道不光滑等原因,钢绞线张拉时实际上仍会与孔道壁接触而引起摩阻损失,即孔道偏差影响(长度影响)摩阻损失;预应力钢绞线由弯道内壁的径向压力产生的摩阻损失一般称为弯道影响摩阻损失,弯道影响摩阻损失随钢筋弯曲角度的增加而增加。因此在试生产期间,应对预应力管道、扩孔段和锚口摩阻进行测试,以确定预应力的实际损失。必要时将数据上报设计院,由设计院对设计张拉控制应力进行调整,之后方可进行预应力张拉施工。

张拉钢束前,先安装好锚头,并要求预应力筋、锚具和千斤顶位于同一轴线上。安装锚头前,先检查修整不合格的管道口(如管口不圆、不顺直、口径小等),并铲除支承板上的灰渣污物。

按照设计的张拉顺序进行张拉。具体要求如下。

①预张拉。预制箱梁预张拉在制梁台座上进行。当混凝土强度、弹性模量达到设计要求时,拆除端模和内模,松开外模紧固件,进行预张拉。张拉顺序为:0→初应力(做伸长值标记)→早期张拉控制应力(测伸长值,校核伸长值,持荷3 min)→回油锚固(测回缩量及夹片外露量)。

②初张拉。预制箱梁初张拉在制梁台座上进行。当梁体混凝土强度达到设计强度的80%后进行初张拉,初张拉完成后梁体方可移出制梁台座。初张拉的顺序为:0→初应力(做伸长值标记)→早期张拉控制应力(测伸长值,校核伸长值,持荷3 min)→回油锚固(测回缩量及夹片外露量)。

③终张拉。当梁体混凝土强度及弹性模量达到设计值且混凝土龄期大于10天时,进行终张拉。经初张拉的预应力筋张拉程序为:0→拉松夹片到早期张拉控制应力(做伸长值标记)→控制应力(测伸长值,校核伸长值,持荷5 min)→回油锚固(测回缩量及夹片外露量)。终张拉结束且存梁期达到30 d时,应由质检人员对梁体进行上拱度测量。实测上拱值宜不大于设计计算值的1.05倍。

④未经初张拉的预应力筋张拉程序为:0→初始应力(终张拉控制应力的10%,测钢绞线伸长值并做标记,测工具锚夹片外露量)→张拉控制应力(各期规定值,测钢绞线伸长值,测工具锚夹片外露量)→持荷5 min→主油缸回油锚固(油压回零,测总回缩量,测工具锚夹片外露量)→副油缸供油卸千斤顶。

预应力筋张拉时,以张拉应力控制为主,对伸长值进行校核,即张拉过程中的"双控"。两端同时张拉,其伸长值为两端张拉伸长值之和。如果实测伸长值与理论伸长值之差超出6%,停止张拉,查明原因后重新进行张拉。

在持荷状态下,如发现油压下降,立即补至规定油压,认真检查有无滑丝现象。

预加应力和张拉24 h后,每片后张梁出现断丝的总根数不得多于钢丝总根数的0.5%,并且断丝不在同一束,也不在同一侧,否则必须进行处理。处理断、滑丝时,要先退出夹片,放松钢束应力后,抽换所断或刮、滑伤的钢绞线,并重新更换锚具,然后才可继续对该钢束进行张拉。

8. 管道压浆

后张预制梁终张拉完成后,在48 h内进行管道真空辅助压浆。压浆时及压浆后3 d内,梁体及环境温度不得低于5 ℃。在冬季压浆时,应采用保温措施,保证压浆施工质量。

预应力管道压浆采用真空辅助压浆工艺、连续压浆泵。同一管道压浆必须连续进行,一次完成。管道出浆口装有三通管,当出浆浓度与进浆浓度一致时,方可封闭保压。压浆前管道真空度稳定在 −0.10～−0.06 MPa;浆体注满管道后,在 0.50～0.60 MPa 下持压 3 min;压浆最大压力不超过 0.60 MPa。水泥浆搅拌结束至压入管道的时间间隔不超过 40 min。所用水泥不受潮,不结块,不降低出厂时的强度等级,否则不能使用。水泥浆中不得掺入氯化物或其他对预应力筋有腐蚀作用的外加剂。

压浆 24 h 之前,必须将锚头部位全部缝隙堵塞严密。堵塞部位是锚具与支承垫板接触面的缝隙和锚环与夹片间的钢绞线之间的间隙。堵缝应认真细致,可用灰刀、泥抹子或刮铲等工具。压浆前清除管道内杂物及积水,方法为用高压风吹。

浆体应具有流动性好、不泌水、无收缩、可灌时间满足施工工艺要求的性能。如果早期有少许泌水,在密封状态下 24 h 内应能被浆体重新吸收。水泥浆初凝时间不小于 4 h,终凝时间不大于 24 h。

浆体试件制作 3 组,分别进行抗折和抗压试验。拆卸压浆短管的时间宁晚勿早。按不同季节酌情掌握,水泥浆不流出即可拆管。

在梁体真空压浆前,必须对压浆计量器具定期校正。如计量器具不准,必须到有资质的计量单位标定后方可使用。

管道压浆是梁体质量控制的特殊工序,必须安排专人进行现场监控,严格监控整个注浆过程,并做好相应的监控记录。

9. 梁体封端

为保证封锚混凝土接合良好,将原混凝土表面凿毛,并焊上钢筋网片,然后用无收缩混凝土进行封堵。浇筑梁体封端混凝土之前,先将承压板表面的黏浆和锚环外面上部的灰浆铲除干净,对锚圈、锚垫板及外露钢绞线用聚氨酯防水涂料进行防水处理,同时检查确认无漏压的管道后,才允许浇筑封端混凝土。

封端混凝土种类、强度等级及钢筋保护层厚度应符合设计要求。封锚混凝土填充时应首先用较干硬的混凝土填充并捣固密实,然后用正常稠度混凝土填平。每次封端,试件至少制作 2 组。

封端混凝土采用自然养护时,在其上覆盖塑料薄膜,梁体洒水次数以保持混凝土表面充分湿润为度。当环境相对湿度小于 60% 时,自然养护不应少于 28 d;当环境相对湿度在 60% 以上时,自然养护不少于 14 d。当环境温度低于 5 ℃

时,预制梁表面喷涂养护剂,并采取保温措施,禁止对混凝土洒水。封端混凝土养护结束后,采用聚氨酯防水涂料对封端混凝土与梁体混凝土之间的交接缝进行防水处理。封锚后,须对梁体的底板和腹板部位涂刷聚氨酯防水涂料,进行防水处理。

10. 桥梁存放与吊运

吊梁机必须及时保养与检修,随时可吊运预制梁体。起吊司机必须经过安全培训,确保吊运过程中人、机、梁的安全,严禁违规操作。吊运前进行安全排查,确保无安全隐患。

桥梁吊、送、运、存、装作业,必须注意安全,认真、稳妥、可靠,统一操作指挥。吊梁机由专职司机操作,重量不准超过吊梁机的规定限额,严格按设备说明操作。在吊梁前,检修好吊机及吊具等起吊设备,凡起重制动失灵、吊机及吊具的机件损伤和钢丝绳损坏(断股或扭麻花)等,均须修复后再进行吊运。在任何情况下,严禁乘坐吊钩升降横飞。吊运作业时,梁下不得站人。

梁体是在制梁场的制梁区域内采用固定台座法进行生产的,桥梁早期张拉完毕后,应立即将梁吊走,以便空出台位,准备下次生产梁体。吊梁机在制梁区内把梁体吊起后,在规定的轨道上向存梁区移动。吊梁时的八个吊点分别设置在梁体的两端。后张梁在起梁、移梁、吊装、运输时,梁端允许悬出长度必须严格按图纸执行。

预制梁在场内运输、存梁以及出场装运的容许悬出长度均按照设计要求办理。梁体从制梁区通过吊梁机运输到存梁区内,放置在存梁台座上,梁体的四个支点应在同一平面上。存梁台座及地基应有足够的承载力。存梁场地应保证排水通畅,无积水。

11. 预制后张法预应力梁体常见外观缺陷及防治措施

水纹、鱼鳞纹、冷缝、气孔、蜂窝麻面等是混凝土表面经常出现的外观缺陷,这些外观缺陷必须从原材料、混凝土配合比及混凝土施工工艺方面找原因,加以排除处理。就混凝土施工工艺而言又必须从混合料的拌和、浇筑、振捣这三个环节上加以控制。

(1)水纹。

在混凝土拌和过程中,水灰比未控制好,水量过大,引起坍落度过大,浇筑时混凝土经振捣离析,水泥稀浆浮到混凝土的表面,终凝后在混凝土表面形成水纹状缺陷。此外,混凝土分层浇筑时,振捣上层混凝土时振动棒没有深入到下层足够的深度,也会出现水纹状缺陷。

为防止水纹出现,施工中应做到以下两点:第一,施工前必须确定好施工配合比,水灰比及砂、石含水率,混凝土拌和过程中必须严格控制坍落度,坍落度不符合要求的混凝土必须倒掉并重新拌和,严禁不合格的混凝土入模;第二,混凝土振捣时必须将振动棒深入到下层一定的深度,且振捣时必须将每一棒的振捣时间控制在 3～5 s,振捣时间不能过长,否则会引起混凝土离析。

(2) 鱼鳞纹。

新拌和的混凝土离析或放置时间过长造成泌水,所形成的水膜及水泥稀浆挤占骨料间空隙,并分散、包裹于骨料表面,水分迁移形成的水膜痕迹称为鱼鳞纹。浅表层多孔低强度的硬化水泥石在拆模时易与模板黏连、脱落,也容易形成表面粗糙、有色差的鱼鳞纹。当混凝土过振形成离析时,石料挤压出现一部分骨料少、一部分骨料多的情况,其因外观颜色不一而形成色差,骨料多的地方外观便形成鱼鳞纹。另外,在使用芯模时,芯模反压固定及芯模底部未封闭,浇筑时芯模上浮,混凝土出现塑性变形并向下滑移,表面也会出现鱼鳞纹。

为防止鱼鳞纹出现,施工中应做到以下几点:首先,混凝土放置时间不宜过长;控制骨料的最大粒径及骨料级配,碎石应为 5～25 mm 的连续级配,确定理论配合比时应适当增加砂率;运输过程中应尽量减少翻运次数,这样便可控制混凝土的泌水;其次,使用芯模时要将其一次性固定好,防止上浮,分段浇筑后,封闭芯模底模,限制混凝土从芯模底板处上翻;最后,采用二次振捣,先用 50 型振捣棒,间隔一定距离后,再用 30 型振捣棒进行二次补振,振动棒振捣间距要均匀,振捣时间要大致相等,这样便可控制混凝土不离析、不漏振、不过振。

(3) 冷缝。

梁体浇筑时分层、分段时间间隔过长,浇筑上层时,下层已过初凝时间,上层振动棒无法深入到下层混凝土,此时在两层交界面上易出现冷缝;浇筑时下层表层形成水泥稀浆,水泥含量大,而上层浇筑时振动棒插入深度不够,也易在两层交界面上出现冷缝;气温较高,上层还没有来得及浇筑下层就初凝,从而在两层间交界面处形成冷缝。

为防止冷缝出现,应做到以下几点:首先,控制拌和能力及浇筑时间,应尽量减少混凝土的翻运次数,适当控制混凝土的浇筑长度和浇筑时间,在下层初凝前浇筑上层;其次,浇筑时应控制振动棒的插入深度,尽可能深入到下层,使上下层界面混凝土混合均匀,消除冷缝;再次,高温时在混凝土中掺入缓凝剂,延长混凝土的初凝时间;最后,在外侧模上使用附着式振动器,也可减小混凝土外观上的色差。

(4) 气孔。

水灰比较大、拌和用水计量不准确、未调整施工配合比或调整不准确,将会造成坍落度过大,形成水珠,混凝土终凝后表面会形成气孔。模板表面不光滑,脱模剂太多、太黏,滞留混凝土与模板接触面的水珠及气泡,拆模后混凝土表面会出现气孔。振动棒振捣的间距过大,振捣时间短,使混凝土中的气泡没能全部逸至表面,也会在混凝土表面形成气孔。

为防止气孔产生,施工中应注意以下几点:首先,掺入减水剂,减小用水量,充分把握好理论配合比,混凝土拌和前调整好施工配合比,拌和时控制好用水量,限制坍落度、水灰比;其次,模板必须除锈打磨,同时用清洁的脱模剂,不能使用废机油等会引起色差的脱模剂,也不能使用易黏附于混凝土表面或引起混凝土变色的脱模剂,同一座桥上应使用同一种脱模剂;再次,控制好振动棒振捣间距及振捣时间;最后,在外侧模上使用附着式振动器,或用扁铲在混凝土与侧模之间插捣,或在振捣时轻敲模板,可帮助附着在侧模上的气泡逸出,从而达到消除气泡的效果。

(5) 蜂窝麻面。

振动棒振捣间距过大、漏振或振捣不好,砂浆体没有填满粗骨料之间的孔隙时就会产生蜂窝。混凝土配合比选择不当、砂率不足、集料级配不良、坍落度偏小、钢筋间距太小、模板拼缝不好形成漏浆等,均会造成水泥砂浆的不足或缺失,难以填满集料间隙而形成蜂窝麻面。模板拆模过早,混凝土还没有达到规定强度,表面的混凝土附着于模板面上,此时拆模就会形成麻面。

模板脱模剂涂得不足或不均匀,也可使混凝土的表面黏在侧模上,拆模时一起被剥落形成麻面。

为避免出现麻面,施工时要做到以下几点:首先,加强振捣,采用二次振捣法,且分段振捣,专人负责。这样便可避免漏振或振捣不到位的情况出现;其次,控制好混凝土的配合比,适当增大砂率,加强集料级配的检测,不合格的集料不进场,混凝土拌和时控制好坍落度,模板拼缝可加工成企口形,便于咬合,并在缝间采用高密海绵条或玻璃胶处理,确保接缝平整,严密不漏浆;最后,脱模剂一定要涂均匀且适宜,必须等混凝土达到规定强度之后才能拆模,拆模时要小心,不能碰坏棱角。

5.2　先张法预应力混凝土简支梁桥预制

5.2.1　先张法预制梁体施工工艺流程

先张法是指在浇筑混凝土前张拉预应力筋,并将其临时锚固在台座或钢模上,然后浇筑混凝土,待混凝土养护达到一定强度,保证预应力筋与混凝土有足够的黏结力时,放松预应力筋,借助混凝土与预应力钢筋的黏结力,对混凝土施加预压应力。先张法预应力混凝土简支梁体可以减少后张梁所需的管道设置,预应力筋能够有效地与梁体混凝土结合在一起,避免了管道对结构断面的削弱以及管道压浆不充分或管道积水对结构的影响,同时节省了大量的预应力筋的张拉、管道压浆等工序,减少了施工环节,缩短了施工周期,增强了梁体的耐久性,在高速铁路的修建中应用前景广阔。

先张法预制梁体施工工艺流程:底模校正→钢筋绑扎→安装端模→预应力筋和隔离套管安装→预应力筋张拉→侧模安装→浇筑混凝土→养护→拆模→预应力筋放松和切割→移梁出台座→封锚。

5.2.2　先张法制梁台座与张拉体系

1. 制梁台座

制梁台座是先张法预应力简支梁体生产工艺的主要设备。制梁台座由台座基础、导向装置、传力柱以及模板系统构成。制梁台座的刚度、变形、应力损失控制必须满足施工需要。制梁台座及模板配置的数量、品种、能力应与生产数量、规模、工期相适应。

(1) 台座基础。

台座基础采用钢筋混凝土结构,主要承受混凝土梁在预制过程中的自重,为模板系统提供工作面,固定预应力束转向装置并承受传力柱、张拉横梁的自重。

(2) 导向装置。

导向装置应采用专业生产厂家的产品,其产品质量及安装应符合设计图纸要求。

(3)传力柱。

传力柱可采用钢筋混凝土结构,应具有足够的刚度、强度、稳定性,其端部工作面应有足够的空间安放千斤顶。

(4)模板系统。

钢模板应具有足够的强度、刚度、稳定性,保证各部尺寸适宜,紧固件、预埋件定位准确,连接密贴,其预留压缩量和预设反拱应合理,底模板面平整度满足技术条件要求。钢模板制造质量满足产品质量要求。为解除底模斜截面在放张时对梁体挤压变形的约束,须在底模两端斜截面附近分别设置 10 cm 的活动缝。

2. 张拉体系

张拉体系由张拉横梁、张拉设备、工具锚、预应力钢绞线、连接器及安全防护设施构成。

(1)张拉横梁。

张拉横梁应设计合理,其工作性能及加工精度应满足施工要求。在最大控制应力的受力状态下,钢横梁最大变形量宜不大于 5 mm。张拉横梁可采用移动式的钢箱结构,并将折线和直线预应力筋张拉横梁分开设置。

(2)张拉设备。

张拉设备主要包括以下设备。

①张拉千斤顶。张拉千斤顶是先张梁预制施工中的重要施工设备,分为整体张拉使用的顶推式液压千斤顶和初调使用的前卡式千斤顶两种类型。千斤顶张拉吨位应为张拉力的 1.5 倍,且不得小于 1.2 倍,千斤顶最大张拉行程应为实际张拉行程的 1.2 倍。

②张拉油泵。张拉油泵应采用超高压液压系统泵站,泵站设置数量可按两端上、下钢横梁分别进行并联、锁定设计。每个泵站可将两台油泵并联供油,以确保供油安全和供油效率。油泵的油箱容量应为张拉千斤顶总输油量的 1.5 倍,额定油压数为使用油压数的 1.4 倍。油泵、压力表必须处于良好工作状态,并与张拉千斤顶配套校止使用。

③张拉油表。张拉油表检定有效期不得超过 7 d,当采用 0.4 级精度的精密油压表并由计量管理部门按 0.4 级精度进行检定时,其有效期应不超过一个月。张拉油表发生故障后必须重新校正。

④超高压电磁阀及液压单向阀。由液控单向阀组成的连锁回路能够实现任意位置的锁紧,确保张拉安全。采用超高压电磁阀,保证在高油压下油不外泄,

控制反应更灵敏,使用更安全。

⑤支撑螺杆保护。为保证千斤顶作业安全及张拉质量,必须在上、下横梁与反力墙间设置支撑螺杆保护。当千斤顶整体张拉至 σ_k(控制应力)时,锁定千斤顶,及时安装支撑螺杆,辅助千斤顶以支撑钢横梁和反力墙,避免千斤顶失效或因长时间支撑而发生泄压等意外。支撑螺杆应采用 T 形螺纹设计构造,其设计承载能力为张拉力的 1.5 倍。

(3) 工具锚。

采用单孔夹片工具锚,其技术要求应符合国家现行规定,在使用工具锚前应对其逐个进行外观和探伤检验,工具夹片的使用次数不得超过 50 次。

(4) 预应力钢绞线。

预应力钢绞线应符合《高速铁路桥涵工程施工技术指南》(铁建设〔2010〕241号)规定,其技术要求应符合《预应力混凝土用钢绞线》(GB/T 5224—2014)的规定。

(5) 连接器。

如采用连接器,其技术要求应符合《预应力筋用锚具、夹具和连接器》(GB/T 14370—2015)规定。

(6) 安全防护设施。

为确保施工人员在张拉过程中的安全,以防锚具及预应力筋断裂飞出伤人,在制梁张拉台座两端分别设置两个安全防护墙。防护墙应牢固可靠,并在张拉台座周边设置安全标志,严禁闲杂人员靠近。

5.2.3 先张法预制梁体施工工艺要点

1. 模板工程

(1) 模板构造。

①先张梁体模板的支架系统根据空间要求设计。

②模板应具有足够的强度、刚度和稳定性。制梁模板应采用钢模,由底模、侧模、内模、端模、撑杆、连接件及防漏胶条组成,侧模、底模及端模上应分别安装附着式振动器。

③侧模与制梁台座宜采用固定式结构。

④内模采用液压台车式结构,分节组装。

⑤端模宜采用两块整体模板,其预留眼孔较预应力筋直径大 5 mm 为宜。

(2) 安装导向装置。

折线筋导向装置主要由埋入梁体的一次性使用部分和梁体外重复使用部分组成。埋入梁体的一次性使用部分包括导向辊、支承侧板、连接螺栓等,梁体外重复使用部分包括连接环、连接销、底座机架、固定轴、滑套、轴夹板、地脚螺栓等。

每孔梁设置8个导向装置,导向装置下部通过预埋螺栓锚固于底模下的制梁台座基础上;在底模上开口,安装导向装置上半部分,为防止漏浆和脱模后便于修补,采用穴模封堵缝隙。

导向装置安装应定位准确,其安装误差应符合设计规定。

(3) 模板安装。

先张法预应力混凝土梁体预制模板安装与后张法相同。

①安装底模。底模安装时应合理设置,预留压缩量和反拱,预留反拱值按二次函数抛物线设置。检查底模两边的燕尾橡胶密封条,对损坏的应更换或修补。底模的平整度要符合规范要求。支座板应保持平整,安装后的四个支座板相对高差不得超过2 mm。

②安装侧模。侧模安装工艺流程:侧模清渣→涂刷脱模剂→撑杆调整侧模角度→拧紧螺杆使侧模与底模靠紧→调节支腿支撑使侧模板固定→打紧子母楔→检查侧模安装尺寸。

③安装内模。液压内模安装工艺流程:内模整体拼装→清除内模表面灰渣→清理缝隙灰渣→检查并校正内模尺寸→涂刷脱模剂→内模整体吊入底、腹板钢筋骨架内→内模稳定安装于底模上→检查验收。

④安装端模。端模安装工艺流程:模板清理整备→涂刷脱模剂→内模就位后吊装端模→端模与侧模、底模、内模进行连接→检查验收。

(4) 模板拆除。

满足以下条件时方可拆除模板:拆模时梁体混凝土强度要求达到设计强度的60%以上(≥30 MPa,根据与梁体混凝土同等养护条件的试件强度确定),且能保证构件棱角完整时方可拆模。拆模时,梁体混凝土芯部与表层、箱内与箱外、表层与环境温差均不大于15 ℃;气温急剧变化时不宜拆模。

拆模工艺流程为:松开紧固件→拆除端模→松动外侧模板→收缩内模→逐节退出内模→模板整修。

(5) 模板整修。

模板整修工作与后张法预应力混凝土梁体预制相同。

2. 钢筋工程

(1) 钢筋加工。

要求同后张法预应力混凝土梁体预制。

(2) 钢筋绑扎。

每片梁体钢筋分为底腹板钢筋骨架和桥面钢筋骨架两大部分。钢筋绑扎宜采用由底腹板钢筋与桥面钢筋分别在钢筋预扎胎模架上进行预扎的绑扎工艺。

保护层垫块的尺寸应保证钢筋混凝土保护层厚度的准确性,其要求与后张法相同。

支座板使用专用胎具焊接制作,其尺寸精度应满足设计要求。安装前须进行如下检查:①满焊且焊缝高度符合设计要求,外观无夹杂、砂眼等缺陷;②套筒应垂直于梁底钢板,套筒对角线距离应符合设计要求;③支座板及螺栓加工后表面须按设计进行防锈处理;④支座板保持平整,任意方向的不平整度不得超过2 mm。

支座板安装后,四个支座板相对高差不得超过2 mm,两端支座螺栓中心距误差应控制在±2 mm。支座板应安装牢固,位置正确,板底面与底模应密贴。

钢筋绑扎工艺及其应符合的规定与后张法相同。

(3) 安装主筋。

底腹板钢筋在预扎架上预扎,底模修整及导向装置安装完成后即可吊装底腹板钢筋。为方便安装折线筋,两端端部钢筋待折线预应力筋安装完毕后再绑扎。

安装主筋采用的吊架应有足够的刚度,吊点设置合理并均衡,以防钢筋变形。主筋安装到位后,即可安装端模和张拉横梁,以便安装钢绞线。

(4) 安装钢(张拉)横梁。

端模安装完成后即可安装钢横梁。为保证直线筋和折线筋张拉时的不同方向位移顺畅,张拉上、下横梁宜分开设置,并分别设置走行滑道。

先吊装上横梁,后吊装下横梁。上横梁底部安装有滑道上摆,张拉时可沿传力柱上的预埋滑道移动,并保证上横梁两端位移同步;在下横梁上设置滑道上摆,保证张拉横梁沿制梁台座上的预埋滑道做活塞运动而不翻转。

3. 预应力工程

在预应力钢绞线进场后应对所有批号取样,其弹性模量和力学性能试验合格后方可使用。实测弹性模量须在施工记录上标明。

(1) 钢绞线下料长度。

钢绞线的下料计算同式(5.2)。

(2) 钢绞线安装。

①钢绞线布筋穿孔前,应在钢绞线、钢横梁上相应孔位按设计顺序进行编号标识,避免出现眼孔错位、钢绞线交叉等现象,影响张拉。

②钢绞线安装时,要求直线筋顺直,无交叉、缠绕;钢绞线安装应自下而上,分列、分层进行,先穿直线预应力筋,再穿折线预应力筋;折线预应力筋应通过导向装置相应的槽口。

③预应力筋伸出端横梁的长度以满足初调前卡式千斤顶工作长度为宜,穿好的钢绞线应采用张拉应力10%左右的拉力进行拉直锚固,防止钢绞线相互缠绕、交叉。

④预应力筋连同隔离套管应在钢筋骨架完成后一并穿入就位,钢绞线应根据图纸要求套上相应长度的隔离套管,即按要求设置预应力筋的失效长度。隔离套管内端应堵塞严密,隔离套管应紧贴端模防止进浆,其长度及位置允许偏差为±20 mm。

⑤预应力筋穿入就位后,可通过桥面观察折线筋是否相互缠绕、交叉,否则应及时进行纠正;同时通过侧模上预留的观察窗口对导向装置处钢绞线的安装情况进行检查。

⑥预应力筋穿入就位后,严禁使用电弧焊在梁体钢筋骨架及模板的任何部位进行焊接或切割。

⑦折线筋通过导向装置的相应槽口。隔离套管位置、长度正确,两端堵塞严密。预应力筋保护层厚度满足设计要求。

钢绞线安装完毕后,即可进行桥面钢筋安装。桥面钢筋在专门的预制胎膜上绑扎,经检验合格后采用专用起重机具和吊具进行吊运安装。吊具应具有足够的刚度并设置合理吊点,起吊时吊具及钢筋不得发生过大变形。桥面钢筋安装到位后及时补扎剩余的钢筋和配件。

(3) 预应力张拉。

①钢绞线摩阻测试。

预制梁试生产期间,应至少对两件梁体进行各种预应力瞬时损失测试,确定预应力的实际损失,必要时应由设计方对张拉控制应力进行调整。正常生产后每100件进行一次损失测试。

试验采用的张拉设备应与实际施工相同,采用两台穿心式压力传感器(精度为0.5%)测力。由于直线筋长度较长,主动端可将两台千斤顶串联使用,从而使钢绞线的伸长量能够达到设计值。

测试中采用一端张拉,荷载分级张拉至设计吨位,每根钢绞线张拉两次。测读内容包括:张拉端与被动端测力传感器读数、张拉端油缸伸长量、张拉端与被动端夹片回缩量。

根据张拉过程中分级测得的预应力束主动端和被动端的荷载,通过线性回归确定直线筋和折线筋钢绞线被动端和主动端荷载的比值,并根据回归曲线的斜率,确定直线筋和折线筋的摩阻损失率。

②千斤顶校正。

千斤顶校正同后张法梁体预制。

③张拉前的准备工作。

张拉前的准备工作与后张法预应力混凝土预制梁相同。

④张拉程序。

直线预应力筋及折线预应力筋均采用两端同步分级张拉方式,按照"单根初调、整体终拉"的张拉工艺施工。张拉顺序为先初调直线预应力筋,再初调和张拉折线预应力筋,最后张拉直线预应力筋,其程序如下:初始状态观测→初调直线筋(0.2σ,σ为张拉控制应力)→初调折线筋(0.2σ)→张拉折线筋(0.6σ)→张拉折线筋(1.0σ)→张拉直线筋(0.3σ)→张拉直线筋(0.8σ)→张拉直线筋(1.0σ)→补足折线筋(1.0σ)→结束。

⑤单根初调。

每根钢绞线均采用0.2σ进行初调,以保证其受力均匀,单根初调的顺序如下。

a. 折线筋采用两端对称初调,顺序为从内侧向外侧,从上至下,两侧对称依次进行初调;直线筋采用单端初调,顺序为从中间向两边,按照左、右对称的方式进行初调。

b. 初调前须在折线筋及直线筋的中部和两侧的钢绞线上安装测力传感器,以观测应力损失情况。

c. 钢绞线初调完成后,钢横梁产生变形,可能会导致部分钢绞线预应力损失,如果应力损失超过3%,应及时补张。

d. 实测钢绞线伸长值初始点。

⑥整体终张拉。

单根钢绞线应力初调完成后,进行钢绞线整体终张拉。整体终张拉采用两端同步分级整体张拉工艺。

a. 整体张拉顺序为:先张拉折线筋,后张拉直线筋。

b. 在梁体两端分别采用顶推式液压千斤顶同步分级张拉至 σ,持荷 3 min,测钢绞线伸长值,检查钢横梁、锚具受力情况,最后锚固,锁定千斤顶,安装支撑螺杆。

c. 在张拉的过程中,螺栓支撑须不断跟进。

d. 控制张拉应力以油表读数为主,以预应力筋的伸长值为校核。如实测伸长值与理论计算伸长值相差大于6%,应查明原因并处理后再重新张拉。

e. 钢绞线理论计算伸长值应按预应力筋实测弹性模量计算,实测伸长值应以30%张拉力值为测量的初始点。

f. 张拉的过程中,如每端上、下张拉横梁两侧的钢绞线伸长值之差大于10 mm,应立即进行调整,从而达到同步张拉。

⑦张拉观测。

观测内容为钢绞线实测应力值、钢绞线伸长值、夹片回缩量、钢横梁变形、传力柱压缩量等。

a. 钢绞线实际应力值观测。张拉时在折线筋及直线筋钢横梁与锚板间安装测力传感器,监控钢绞线受力时的实际应力值。

b. 上横梁位移(折线筋伸长值)观测。在传力柱上横梁钢板处做基准点标记,同时在上横梁上做相应标记,沿上横梁移动方向测量每级荷载下上横梁的位移,即钢绞线伸长值。

c. 下横梁位移(直线筋伸长值)观测。在钢横梁前方 20 cm 处做基准标记,测量每级荷载前后钢横梁的位移量,即钢绞线伸长值。

d. 下横梁挠度变形观测。在下横梁受力区拉线测量每级荷载下横梁的挠度变形情况。

e. 传力柱变形观测。在传力柱端部安置百分表,测量每级荷载下传力柱压缩及位移变化情况。

(4) 预应力放张。

①放张条件。放张需要满足以下3个条件:梁体混凝土强度应达到设计值的90%以上;弹性模量达到规定值;混凝土龄期不少于72 h。

②准备工作。放张前应认真检查核对下列准备工作是否已完成。

a. 梁体内模液压已收起,内模离开梁体,端模和侧模固定牢固;两端预埋支座板、防落梁板的安装螺栓已拆除。

b. 解除所有导向装置支撑侧板,使梁体预埋部分和基础固定部位分开。

c. 底模两端变截面活动底模已拆除。

d. 如梁体预应力部分的混凝土有缺陷,必须及时进行修补,养护达到设计强度后方可放松预应力。

e. 放张施工人员已到位,所有设备已检查、处于完好状态,备用电源已到位。

f. 在梁体上布置上拱度及弹性压缩的观测点,观测人员及测量设备、标尺已安装完毕,测量初始读数已记录。

g. 放张安全措施已检查,符合安全规定。

③放张程序。

采用两端整体同步分级缓慢放张工艺,放张时应先放张折线筋,后放张直线筋。

折线筋放张程序:试松螺栓支撑($1.0\sigma-1.0$ MPa)→千斤顶顶松支撑螺杆($1.0\sigma+0.5$ MPa)→控制应力(1.0σ)→千斤顶回油(0)→切割导向装置。

直线筋放张程序:试松螺栓支撑($1.0\sigma-1.0$ MPa)→千斤顶顶松支撑螺杆($1.0\sigma+0.5$ MPa)→控制应力(1.0σ)→千斤顶回油(0)→结束。

④割丝、拆除张拉横梁。

先张梁体放张完毕后,先将两端端模外的钢绞线用砂轮片切除,退出工具锚和钢绞线,以利端模、内模及张拉横梁的拆除。

张拉横梁采用门吊整体吊移,然后拆除端模,退出内模。

4. 混凝土工程

先张法的混凝土工程与后张法的混凝土工程相同。

5.3 预应力混凝土简支梁桥整孔架设

架桥机是将预制梁体吊装在桥梁支座(桥墩)上的专用施工机械。采用架桥机架设桥梁,可实现流水式施工作业,易于控制工期,因而架桥机在铁路桥梁的施工中得以迅速发展和广泛应用。预应力混凝土箱梁架设与预应力混凝土 T 梁架设方法相似,T 梁安装时可能会存在横向连接。

高速铁路桥梁施工中大量使用了预应力混凝土箱梁。同时,预应力混凝土 T 梁在部分桥梁中也得到了应用。

5.3.1 高速铁路施工常用提梁机、运梁车及架桥机

1. 高速铁路施工常用提梁机

提梁机是与架桥机、运梁车相配套的特大型专用设备,主要用于在制梁场将预制的混凝土箱梁从制梁台位吊至存梁台位,等箱梁养护完成后,再将箱梁吊装至运梁车上。同时,提梁机能完成架桥机、运梁车在制梁场的组装及拆卸工作。提梁机有轮轨式和轮胎式两种形式。

提梁机的选择应根据制梁场的位置、规模、地质状况以及与待架桥梁的位置关系综合确定。如客运专线以桥梁形式通过制梁场且存在一定高差,宜采用2台450 t轮轨式提梁机构成提升站。

制梁场规模较小、制梁台座与存梁台座匹配合适、地质条件较好时,宜采用轮轨式提梁机。相反,制梁场规模大、生产周期长、场地基础无法达到要求时,应首先考虑采用轮胎式提梁机。900 t提梁机采用何种形式,应根据地基处理的费用、复耕费用、增加的制梁台座及模板费用、提梁机购置费用及使用费用综合确定。

(1) 轮轨式提梁机。

轮轨式提梁机主要由主梁、刚性支腿、柔性支腿、大车走行机构、起重小车、电气控制系统、司机室、栏杆、梯子、走台等组成。轮轨式提梁机在预制场固定轨道上运行,在空载时能够将大车走行机构转向90°,从而实现在纵、横向轨道之间转换走行模式,满足制梁场不同跨度所有箱梁的起吊、转移以及为运梁车装梁等工作需求。轮轨式提梁机造价低,使用较多,一般两台组成一套,每台起重量为所吊箱梁的一半,共同抬吊箱梁。除前面所讲的工作外,跨桥的轮轨式提梁机还可完成低位制梁场前几孔双线箱梁的架设,再将架桥机和运梁车吊到上面就位。

(2) 轮胎式提梁机。

轮胎式提梁机主要由主梁、刚性支腿、吊梁小车、车架、主动轮组、从动轮组、转向机构、动力系统、电气系统、液压系统、司机室等组成。轮胎式提梁机分为单台独立工作和两台共同作业,用于铁路客运专线预制场32 m、24 m及20 m双线预制混凝土箱梁的起吊、运输、转移和装车等工作,还可用于预制场箱梁钢筋骨架和整体内模的吊装、移位。它具有机动灵活、适应性强等优点,特别适合横向布置的制梁场。

2. 高速铁路施工常用运梁车

运梁车是与架桥机相配套的特大型专用设备，主要用于将大型箱梁从存梁场运至架桥工地。运梁车有轮胎式和轮轨式两种形式。

（1）轮胎式运梁车。

轮胎式运梁车有门架式和台车式两种，铁路大吨位箱梁多用台车式运梁车运输，而且使用大规格轮胎的居多，这样可减少车轴的数量，缩短车长，有利于运梁车曲线喂梁和行驶。该类运梁车主要由车体、走行轮组、驮梁台车、转向机构、支腿、动力系统、液压系统、电气系统及制动系统等组成。

运梁车的走行轮组通过液压悬挂均衡系统与主梁连成一体，保证每个走行轮组均匀受载，使运梁车在凹凸不平的路面上走行时，能够自动调节各轮组对地面的接地压力，避免某一单元件超载，同时使其接地比压不超过路基的容许承载能力。对同组别悬挂油缸高压油管的相互连接，使车体三点受力，当车辆行驶在凹凸不平、有纵横坡的路面上时，悬挂油缸会随时提供补偿，保持车架水平。运梁车到位后将支腿撑起，使其承受箱梁部分荷载。走行轮组的驱动采用变量泵-变量马达构成的闭式液压驱动回路，每个驱动轮都具有制动功能。在运输箱梁时，支座表面装有防滑的硬橡胶垫。驮梁台车在驱动机构的作用下，沿运梁车主梁上的轨道向前移动，配合架桥机起重小车进行同步移梁作业。

（2）轮轨式运梁车。

轮轨式运梁车受轨道限制时使用得不多。中铁大桥局集团有限公司研制的YL600型轮轨式运梁车由两部台车及发电车组成，每部台车32个车轮，台车组共64个车轮，依靠万向支架实现台车车轮均衡受力，采用悬挂式结构，降低台车高度，增加运梁稳定性。液压平衡系统保证箱梁四支点受力均匀。该运梁车采用液压马达驱动，无级变速，各车轮轮速在弯道上自动调节，启动与运行平稳。

运梁车宜选择具有直行、斜行和八字转向等转向模式的全轮独立转向的运梁车。此种车适应环境的能力相对较强，便于制梁场规划和向架桥机喂梁。受地域限制且存在驮运架桥机调头等特殊工况作业时，宜选择具有中心回转功能的运梁车。选择运梁车还应特别注意运梁车的轴距、轴线数量、悬挂的中心距、前后端液压支腿的中心距和支撑面积等。这些条件直接影响到已架梁的安全。还应注意枕梁与车端的距离、后驮梁小车走行到最前端时与车端的距离、车体高度，以及后驮梁小车与架桥机的同步配合方式等。这些直接关系到运梁车与架桥机的配合。最后应注意运梁车转向和车体升降所采用的计算理论和控制方法，这些对轮胎、悬挂系统的使用寿命有一定影响。

3. 高速铁路施工常用架桥机

架桥机为重型起重设备,应把安全性放到首位进行考虑。选择架桥机时,首先要考虑架桥机的结构形式、各支腿在墩台和已架箱梁等结构物上的作用、位置和荷载的大小等,其次应从施工的便利性方面考虑,如首、末跨的架设等问题。常用架桥机有无导梁式架桥机、下导梁式架桥机、双导梁式架桥机和运架一体式架桥机等。

(1) 无导梁式架桥机。

无导梁式架桥机一般需要跨两跨架梁,起重小车吊梁后沿主梁走行至待架孔位后定点落梁,有 JQ900E 型和 SPJ900/32 型两种典型结构。

JQ900E 型架桥机为龙门式双主梁三支腿式结构,主要由机臂、1 号起重小车、2 号起重小车、1 号柱、2 号柱、3 号柱、液压系统、电气系统、柴油发电机组以及安全保护监控系统等部分组成。架桥机架梁作业为跨一孔简支式架梁,由运梁车将梁体运至架桥机尾部喂梁,起重小车吊梁拖拉取梁,空中微调梁体位置就位。

SPJ900/32 型架桥机主要结构由主梁、后车结构、中车结构、前支腿结构、起升系统、走行系统、液压系统及电器控制系统组成,其显著特点是以铁路既有器材八七型铁路应急抢修钢梁为主梁,拼组方便,结构变化灵活。工作原理为:架桥机就位,支好前支腿与中车后,1 号和 2 号小车开至作业位置,2 号小车起吊预制梁一端并与运梁车驮梁小车同步前行,到达预定位置后,1 号小车起吊预制梁另一端,此后 1 号和 2 号小车吊梁同步前行到位,落梁。

无导梁式架桥机优点如下:运、架梁为平行作业;过跨作业简便,方便架设首孔梁和末孔梁,对墩台无特殊要求;自行走行进入或脱离架梁工位,在不做任何改动的情况下,可架设小于前支腿、中支腿净跨的任意跨度箱梁。

无导梁式架桥机缺点如下:过孔作业时呈大悬臂状态,纵向倾覆力矩较大;自重过大,曲线架梁操作困难。

(2) 下导梁式架桥机。

下导梁式架桥机为非辅助导梁式,利用下导梁架梁,架梁时前后支腿同时承重,梁体悬停时必须移出下导梁进行过孔,有 JQ900 型和 JQX900/32 型两种典型结构。

JQ900 型架桥机由提升机、下导梁、纵移起重机及控制系统等组成。工作原理为:将下导梁作为运输通道,提升机的喂梁支腿与前支腿承载后,中支腿展翼,运梁台车将预制梁运送至提升机腹腔内,中支腿收翼承载,喂梁支腿卸载,提升机将预制梁提高并使其高于运梁台车,运梁台车退出,利用纵移起重机、托辊将导梁纵移一跨，让出被架预制梁梁体空间，提升机将预制梁放至墩顶上就位安装。

JQX900/32型架桥机由主梁、前后支腿、曲腿、过孔支腿、导梁、吊梁小车、绞车、滚轮架及稳定器等组成。该机在进隧道前末孔梁架设、降低高度过隧道、出隧道后首孔梁架设等方面的结构设计优点突出。

下导梁式架桥机优点如下：运、架梁为平行作业；架桥机的自重轻、结构简单、稳定性好；吊梁天车采用定点起吊的方式，既避免了吊重走行，又回避了运梁车向架桥机喂梁时吊梁天车和驮梁小车的同步问题。

下导梁式架桥机缺点如下：下导梁承受荷载大，架设第一孔和最后一孔梁时，需要大吨位吊车和运输车辆配合施工，并且每孔梁需要纵移导梁；在架桥过程中，遇到大跨度的连续梁或架设钢混梁时，无法整孔跨越架设，需要整机拆卸跨孔，费工费时。

(3) 双导梁式架桥机。

双导梁式架桥机也称辅助导梁式架桥机，其主承重梁支撑于桥墩墩顶及已架设的梁面上，利用双导梁完成过孔作业，有DF900D型和TLJ900型两种典型结构。

DF900D型架桥机为定点起吊，主要由提梁机主梁、提梁机前后支腿、辅助支腿、前后吊梁天车、导梁天车、导梁机主梁、导梁机前后支腿、导梁吊机、过渡轨桥、驮运支架、液压系统、电气系统等组成。工作原理为：运梁车的驮梁小车驮运预制梁进入提梁机腹，前后吊梁天车同时将预制梁起吊，驮梁小车退回运梁车上。导梁吊机和辅助支腿将导梁机吊起，使导梁机的支腿离开桥墩，同时启动导梁吊机和辅助支腿，使导梁机前行。然后导梁天车起吊导梁机，将导梁机前移到预定位置，落下导梁机，前后吊梁天车同时落梁就位，完成一跨梁的架设。

TLJ900型架桥机采用双导梁简支架设、一跨式下导梁移位过孔的结构形式，主要由前后两台吊梁天车、两根箱梁、前后横联、柔性前支腿、刚性后支腿、后支腿台车、顶升装置、辅助支腿、悬臂梁、下导梁、下导梁天车、轨道、电气控制系统、液压系统和动力系统等组成。其工作原理是运梁平车载梁行至架桥机尾部，前吊梁天车吊装梁体前端后，与运梁平车上的后台车配合前移梁体。梁体后端移至架桥机尾部，后吊梁天车起吊梁体后端，运梁车返回，前后吊梁天车共同配合前移梁体，行至架桥机架梁段，降低梁体高度并调整梁体就位。

双导梁式架桥机优点如下：运、架梁为平行作业；受力简单，自身结构轻巧，易适应曲线和坡道工况下的架桥施工；通过支撑在桥墩上的辅助导梁自行向前过孔，整机稳定，安全稳定系数高；可通过运梁车驮运实现短途运输，简单拆解即可驮运通过双线隧道。

双导梁式架桥机缺点如下：首、末孔梁体架设及变跨时比较费时；不能在隧道口架梁；转换桥梁施工工地时需要拆除导梁，辅助作业时间较长，施工不便利；抗风能力差。

(4) 运架一体式架桥机。

运架一体式架桥机由运、架梁机和下导梁机两部分组成，其典型结构为900 t穿隧道运架一体式架桥机。其工作原理是运、架梁机从制梁场取梁，并吊运混凝土箱梁至架桥工地，与下导梁机配合，将混凝土箱梁放在桥墩上。下导梁机为承载梁，与运、架梁机配合进行架桥。架桥作业完成后，下导梁机自行将其支腿变换位置，以便进行下一个架桥循环作业。运架一体式架桥机能够吊运900 t混凝土双线整孔箱梁穿越隧道，并可在隧道口进行架设。

运架一体式架桥机优点如下：可自行进入或脱离架梁工位；将以往由吊梁、运梁和架梁三台设备完成的工作集中在一套设备上完成；不需要拆解即可转移架桥工地及穿过隧道，可在隧道口架桥；不需要拆解，可原地180°调头转向；自重轻，可降低燃油消耗；可减少现浇梁工段和许多附加设施，节省施工成本。

运架一体式架桥机缺点如下：每孔梁架设均需要纵移导梁，并且导梁纵移是在吊梁工况下进行的，不仅需要较大的驱动力，而且增加了作业的危险性；在架设首、末孔梁时，需要大吨位吊车和运输车辆配合施工；运、架梁为顺序作业，既要架梁，又要回制梁场运梁，架梁效率较低。

5.3.2　预应力混凝土简支梁桥整孔架设要点

1. 架桥机架设

(1) 架桥机架梁一般规定。

梁体运输、架设应符合国家现行《特种设备安全监察条例》（中华人民共和国国务院令第549号）等的规定。提运架设备的安装、调试和架梁作业均应严格按照操作规程和使用说明书，并建立完善的检修、保养制度，定期对重要部件进行探伤检查。架梁前应编制相应的架梁施工组织设计、施工工艺的安全操作细则，并认真组织实施。应对运架范围内的运架通道进行验收，满足运梁荷载和运行净空要求。运梁车重载在已架好的梁上通行时，应进行检算。

(2) 架梁工艺。

架梁工艺包括提梁机提梁、运梁车运梁和架桥机架梁三部分。

①利用制梁场的 900 t 提梁机将待架的箱梁起吊至运梁车上,完成装梁作业。

②运梁前,应检查确认运架设备通过的路线和结构物能安全承受运梁车的荷载。在新建的路基上运行时,轮胎式运梁车的接地比压不能超过路基允许承载能力。运梁线路的纵横向坡度、最小曲线半径和路面宽度等应符合运架设备走行的要求。走行界限内障碍物应清楚,在平交道口处设专人防护。运梁车运梁起步及运行时应缓慢平稳,严禁突然加速或急刹车。当运梁车接近架桥机时应一度停车,在得到指令后才能喂梁。架桥机拖架梁时,前后支点高度差应不大于 100 mm。确认无误后运梁车将箱梁运至架桥机尾端。

③架梁时,梁体到达设计平面位置后,将梁体先落在临时支点千斤顶上,然后调整支点高程及反力。图 5.1 为 DF900D 型架设箱梁工艺流程。

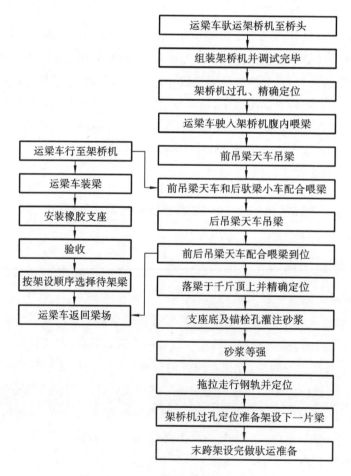

图 5.1　DF900D 型架设箱梁工艺流程

2. 落梁就位

落梁时,应将测力千斤顶作为临时支点,在保证每个支点反力与四个支点反力的平均值相差不超过5%时,采用流动性强的砂浆在支座与支承垫石之间进行重力灌浆,填满空隙,使支座锚固螺栓孔和支座与垫石的间隙充满无收缩高强砂浆。待浆体材料强度达到规定强度后,方可撤出千斤顶。撤除临时支点千斤顶前严禁架桥机过孔。同一梁端的千斤顶油压管路应采用单端并联,保证同端的支座受力一致。预制梁就位后,与相邻预制梁端的桥面高差不应大于10 mm。

3. 组合箱梁湿接缝施工

组合箱梁湿接缝施工应符合以下规定。

(1)箱梁端隔板及桥面板连接的结构、尺寸应符合设计要求。

(2)湿接缝模板应与梁体密贴不漏浆。桥面连接板采用吊模板施工时,支、拉杆件应有足够的强度及刚度,保证底模定位牢固不变形。

(3)湿接缝拼接面应凿毛、清理干净。混凝土种类和强度等级应符合设计要求,浇筑完成后应进行保温保湿养护。

(4)横向预应力张拉时,湿接缝混凝土强度应符合设计要求。

4. T梁架设安装和横向连接

混凝土T梁架设与箱梁架设方法大体相同。预应力混凝土简支T梁架设施工流程见图5.2。

(1)隔板及桥面板接缝施工。

①在施工过程中,应采取措施保证同一孔T梁龄期不超过6 d,同一孔梁的横隔板、桥面板预留孔在同一轴线上。

②钢筋加工及安装按图纸设计施工,其误差要求应符合《高速铁路桥涵工程施工技术规程》(Q/CR 9603—2015)的有关规定。

③制孔时,预应力筋孔道应满足设计要求。为控制管道坐标位置,应设置定位网,以保证制孔器(一般为波纹管)顺直,各方向偏差符合设计要求。隔板及桥面板接缝处的预留波纹管应插入T梁预留孔道30 mm以上,要保证孔道对接处密封,防止进浆。

④混凝土搅拌、运输、灌注、振捣、养护工艺应符合相关规定。T梁隔板接缝处混凝土应凿毛,灌注混凝土前要充分湿润。

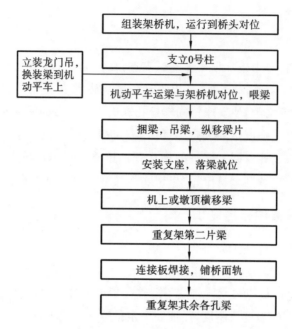

图 5.2　预应力混凝土简支 T 梁架设施工流程

⑤横隔板及桥面板拆模时混凝土强度不得低于设计强度的 60%。拆模后，将横向预应力孔道内的杂物清理干净,穿入预应力筋。

对已就位的梁片应立即连接 T 梁梁端及跨中横隔板,将两梁片连成整体。连接钢板需要满焊,焊缝厚度不小于 8 mm。只有将三处横隔板满焊连接完成后方可前移架桥机继续架梁。

由于横隔板焊接工作量大,且在半空施焊,具有平、仰多种焊态,焊接速度影响架梁速度,焊接质量事关架梁安全,因此需要熟练的焊工和充足的设备,确保架梁进度和质量要求。焊接横隔板时必须采取准备安全网、携带安全带等安全措施,以确保焊接过程中的人身安全。

(2) 横向预应力张拉。

当横隔板接缝处混凝土强度达到设计值的 100% 时,方可施加横向预应力。根据设计的张拉力以及试验室出具的千斤顶报告,计算张拉油表度数,并计算单根钢筋的张拉伸长值。钢筋张拉采用双控,以保证张拉的质量符合设计要求。张拉之后的压浆、封锚等工作与预制梁体中的工作相同。

(3) T 梁架设施工的控制要点。

①架桥机纵向移动,要求轨道两侧轨顶高度对应水平,保持平稳,并严格控制轨距。

②架桥机前后两个起吊天车携带 T 梁纵向运行时,前支腿部位要求用 5 t 手拉倒链与桥墩拉紧固定,以加强稳定性。

③架桥机架梁作业时,要经常注意安全检查,每安装一孔必须进行一次全面安全检查,发现问题立即停止工作,及时处理后方能继续作业,不允许机械及电气设备带故障工作。

④架梁作业不能超负荷运行,不得斜吊提升作业。

⑤大风、雨雪天气停止架梁施工。大风时必须用索具稳固架桥机和起吊天车。架桥机停止工作时要切断电源,由专人在每个轮子前后放置铁鞋制动,以防发生意外。

⑥架桥机纵移或横移的轨道两端必须设置限位装置,以确保架桥机的安全。

⑦为保证墩顶负责桥梁对位、支座安装人员的安全,必须事先安装墩顶围栏、吊篮。墩顶正式围栏安装如果影响桥梁架设,必须安装高度适宜的临时围栏。高空作业人员必须使用安全带(安全带的使用须符合相关安全规定)。所有进入架梁现场的人员必须佩戴安全帽。作业区域应设置围护绳,设专人看护,禁止闲杂人员进入作业区。

T 梁架设是一个既简单又复杂的施工工序:简单在于它就是一个拼装过程;复杂在于为了保障施工安全、正常地进行,必须提前做大量的准备工作(包括人力组织、物力组织、技术组织等准备工作),还有施工过程中每个环节之间的协调和配合工作。只有协调好各环节施工步骤,才能为顺利架设桥梁提供良好的保障。

5.4 支架浇筑

5.4.1 支架结构分类及选型

支架结构按结构形式可分为满堂式支架、梁柱式支架和满堂式与梁柱式组合支架三种结构类型。此处主要介绍前两种结构类型。

满堂式支架主要采用碗扣式钢管支架,较少采用门式钢管支架,不应采用扣件式钢管支架。碗扣式钢管支架结构由基础、立杆(含底座、顶托)、纵横向连接系(含水平杆、剪刀撑等)、分配梁、模板等部分组成,如图 5.3 所示。

梁柱式支架结构由基础、支墩(含支墩顶分配梁和落架装置)、纵梁、横梁、模

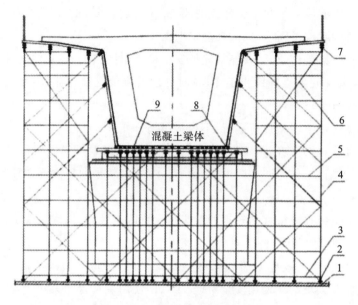

图 5.3 碗扣式钢管支架结构示意

注:1—基础;2—底座;3—扫地杆;4—立杆;5—水平杆;
6—剪刀撑;7—顶托;8—横梁;9—模板及分配梁。

板等部分组成,如图 5.4 所示。基础应根据地质条件、荷载、孔跨布置等选择明挖基础或桩基础。支墩可使用钢管、钢管混凝土、型钢格构柱、万能杆件、六五式铁路军用桥墩和八三式铁路轻型军用桥墩等。承重梁可使用型钢、六四式军用梁及加强型六四式军用梁、贝雷梁、钢箱梁等。

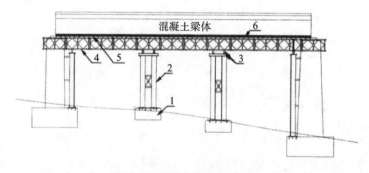

图 5.4 梁柱式支架结构示意

注:1—基础;2—支墩;3—横梁;4—纵梁;5—分配梁;6—模板。

支架结构类型应根据水文、地质、地形、梁体结构、荷载和施工条件等因素合理选用。满堂式支架、梁柱式支架适用范围应符合表 5.1 的要求。

表 5.1　支架结构适用范围

支架类型	适 用 范 围
满堂式支架	(1) 支架高度不宜大于 20 m； (2) 梁体高度不宜大于 7 m； (3) 地基不需要特殊处理即可满足承载力和沉降变形要求
梁柱式支架	(1) 地形高差大； (2) 跨越铁路、公路、河道、管线； (3) 特殊地质条件

5.4.2　支架结构设计要点

(1) 支架结构设计内容包括模板、支架、地基和基础。支架结构设计成果应包括支架总体结构及细部结构设计图、材料数量表、设计计算书和设计说明书等。支架结构设计的一般顺序：制定基本方案→绘制初步支架结构图→分析支架承受的荷载→按工况对支架进行强度、刚度和稳定性计算→根据计算结果绘制详细支架结构图。

(2) 根据施工环境、荷载和条件等因素合理选用支架结构，其结构形式应简单，便于制作、安装和拆除，尽量采用贝雷梁、军用梁、碗口式钢管等常用器材。支架结构材料应以钢结构为主、竹木结构为辅，材料选用和设计强度取值应符合相关标准的规定。

(3) 根据受力情况分别计算支架结构的强度（抗弯强度和抗剪强度）、刚度及稳定性。支架结构的地基及基础应根据荷载、地基承载力及沉降要求进行设计。高位或旁位现浇支架设计时，应考虑预应力张拉后，梁体荷载重分布对支架强度、刚度和稳定性的影响。

(4) 对支架顶面（即现浇梁体的底模板）进行计算，合理设置预拱度，以保证现浇梁体的线形符合设计要求。支架的预拱度计算需要考虑梁体在自重、二期恒载、混凝土收缩徐变、预应力施加引起的竖向挠度作用下的弹性、非弹性变形和支架及其地基基础在梁体荷载作用下的弹性、非弹性变形。

(5) 设计支架结构时应明确支架的构造要求，保证支架构件间结合紧密，连接牢固，使其成为稳定整体。

(6) 水中支架需要考虑水流作用、漂浮物、冰凌等的影响，并采取必要的防冲刷措施；有船舶邻近支架作业或通行时，应设置防撞设施。

（7）应按规定对跨越既有铁路、公路或其他建筑设施的支架结构进行安全防护设计。支架下净空必须满足既有设施的安全限界要求；支架结构应按规定设置导向、限高、限宽、减速、防撞等设施及标识；既有设施上方的支架底部应全部封闭，两侧应设置安全网等防护设施；对于跨电气化铁路的支架，应设置静电屏蔽防护，安装接地防护装置。

5.4.3 支架施工

（1）支架施工前准备工作。

支架施工前应完成下列准备工作。

①对现场管理、技术和作业人员进行技术交底，明确支架施工方法、工艺流程、安全质量标准等相关要求和高处作业、起重吊装等安全措施及注意事项。

②对支架材料进行质量检查验收；将检验合格的支架材料按品种、规格分类存放，并挂设材料标识牌；将检验不合格的支架材料及时清理出施工现场。

③测量复核桥梁墩台位置、高程是否符合设计图要求。

④在跨越公路、铁路或通航河道的支架施工前应办理施工许可相关手续，设置导向、限高、限宽、减速、防撞等设施及标识。

（2）地基处理。

地基处理前，对处理范围测量放样，标示处理边界。处理范围比支架平面投影周边宽 100 cm 以上。支架范围内的地面附着物和腐殖土、淤泥、冻融循环深度内的冻土等软弱土质应全部清除。及时填筑清理后的坑槽，避免积水浸泡。坑槽应填筑到原地面以上；桥梁墩台的基坑应填筑到承台顶面以上，且不低于地下水位。地基填筑分层进行、逐层压实，严格按支架设计要求控制填筑材料质量和填筑密实度。在处理完成的地基经承载力检测合格后，进行支架基础硬化层施工。

（3）基础施工。

基础施工时控制其顶面高程和平整度。在支架基础周边设置排水沟，将地表水引排到基础 5 m 以外。排水沟及基础与排水沟之间采用砂浆抹面封闭，避免地表水渗入支架地基。

（4）满堂式支架施工方法及质量控制要点。

①先按照支架设计图在支架基础顶面标示支架立杆的平面位置线，然后将垫木和底座准确地放置在位置线上。底座的轴心线应与地面垂直，垫木与垫层之间的空隙应填塞密实。支架从一端向另一端或从跨中向两端延伸，按照垫木、

底座、立杆、水平杆、剪刀撑的顺序自下向上逐层搭设,每层高度一般不大于3 m。

②碗扣式钢管支架的首层应采用不同长度的立杆交错布置,使相邻立杆的接头设置在不同步距内。支架立杆在1.8 m高度内的垂直度偏差不得大于5 mm;支架全高的垂直度偏差应小于支架高度的1/600,且不得大于35 mm。

③安装支架的水平杆时应控制直线度和水平度;各层水平框架的纵、横向直线度应小于立杆间距的1/200,相邻水平杆的高差应小于5 mm。

④支架的剪刀撑、交叉支撑等加固件应与立杆和水平杆等同步安装,扣件、锁臂等应安装齐全并及时拧紧,扣件螺栓的拧紧力矩应不小于40 N·m且应不大于65 N·m。

⑤立杆顶托上的下层承重方木接头一般应设置在顶托上,否则应采用绑条钉牢,并加垫木支垫。同一断面上的承重方木接头数量不应超过50%。上层方木应交错搭接在下层方木上。

⑥在安装各层支架的过程中,应及时校正立杆间距,垂直度,纵、横向直线度和水平杆水平度等,避免误差累积导致支架质量不合格。

(5)梁柱式支架施工方法及质量控制要点。

①支架的支墩预埋件位置及高程应准确设置,满足支墩安装精度要求。支墩安装过程中应及时校正,垂直度偏差应不大于支墩高度的1/500,且柱顶偏移值不得大于50 mm。

②支墩安装应根据施工现场吊装设备能力和场地条件分节、逐层安装。支墩的立柱接头及立柱与基础之间应连接牢固,接头空隙应采用适当厚度的钢板填塞紧密。安装立柱之间的剪刀撑之前,应采取临时措施稳定立柱。下层立柱的剪刀撑安装完成后方可进行上层立柱安装。

③安装支架的横梁和纵梁前应准确标示安装位置,安装误差不得大于20 mm。组合式横梁宜拼接成整体后吊装就位。横梁与支墩应连接牢固。横梁与其支墩之间有空隙时,应采用适当厚度的钢板填塞密实并焊接牢固。

④贝雷梁、万能杆件、军用梁等桁架梁应在平整、坚实的场地上拼装,并采取临时稳定措施。将桁架梁拼装成一跨及以上长度的节段,根据吊装能力采用单片或多片组合进行吊装,吊点位置设置在距桁架梁两端$0.2l$(l为桁架梁长度)的节点上。桁架梁就位后应采取措施,保证其横向稳定后方可松脱吊钩。

⑤安装纵、横梁时应严格控制侧向弯曲。侧向弯曲矢高应小于跨度的1/1000且不大于20 mm。

(6) 支架预压。

支架预压和梁体施工前,施工单位应对支架地基、基础、立杆(支墩)、纵横梁、模板等结构的施工安装质量进行全面检查,并整理成书面检查验收资料,供相关责任人签字确认。

①支架预压应在支架结构检查合格后进行。对于地基条件、基础、构造形式相同和高度相近的支架,可选择代表性浇筑段进行预压。必须对首次浇筑段的支架进行预压。

②支架预压荷载应符合设计要求;当无具体要求时,支架预压荷载应不小于支架所承受梁体荷载的110%。支架预压一般按支架承受的梁体荷载,分60%、100%、110%三级进行。支架预压荷载分布应与支架实际承受的梁体荷载分布基本一致,按照对称、分层、分级的原则进行。加载重量偏差应控制在同级荷载的±5%,避免集中加载和卸载。加载过程中如发生异常情况应立即停止加载,查明原因并采取措施保证支架安全后方可继续加载。

③支架预压时应对支架竖向位移、水平位移、基础沉降等设置观测点进行观测,每级加载完成 1 h 后进行支架的变形观测,以后间隔 6 h 监测记录各观测点的位移量,当相邻两次监测的位移平均值之差不大于 2 mm 时,方可进行后续加载。全部预压荷载施加完成后,应间隔 6 h 监测记录各观测点的位移量。当连续 12 h 监测的位移平均值之差不大于 2 mm 时,方可卸除预压荷载。支架卸载 6 h 后,应监测记录各观测点位移量。

④预压完成后,应根据监测数据计算分析基础沉降量,支架弹性变形量、非弹性变形量及平面位移量,评价支架安全性,确定立模高程,出具支架预压报告。

5.4.4 梁体施工

混凝土梁支架法现浇施工要点如下。

(1) 施工准备。

原位现浇施工时,支座及其与梁体连接的预埋件安装应在梁体底模安装前完成。若在高位或旁位现浇,则先安装预埋钢板和锚栓,待梁体就位时完成支座安装。梁体施工前应对支座的类型、规格、方向、平面位置及高程进行检查确认。

(2) 梁体模板安装。

梁体端模宜采用整体钢模,并按设计位置、尺寸和角度设置张拉槽口,将锚垫板固定在端模上。底模、侧模和内模一般采用竹胶板。当模板能够多次周转使用时,底模和侧模也可采用厂制大块钢模板。

梁体模板安装应按照底模→外侧模→内模→端模的顺序进行。底模和外侧模在支架预压或钢筋绑扎前安装。在外侧模安装过程中及安装完成后,均应采用临时锚固或支撑措施,防止其失稳。内模安装应在梁体底板、腹板钢筋及腹板内预应力钢筋安装完成后进行。内模在箱梁底板顶面部分不应封闭,梁体内模下倒角宜设置宽度为 50 cm 的压脚模板。内模的支架立杆应采用架立钢筋支撑,不得直接插入梁体底板混凝土。

梁体底模和外侧模应根据计算得出的预拱度值并结合支架预压成果设置施工预拱度,确保梁体线形符合设计要求。按梁体两端支点为零、跨中为最大值、其余按二次函数抛物线分配的原则设置预拱度。

(3) 钢筋及预应力管道安装。

① 钢筋及预应力管道在梁体底模和外模安装完成后同步安装。安装顺序为:先安装底板、腹板钢筋及预应力管道(含竖向预应力筋),检查合格后安装内模,最后安装顶板钢筋及预应力管道(含横向预应力筋)。

② 预应力管道接头位置宜避开孔道弯曲处。金属波纹管接长可采用大一号同型波纹管,接头管长度不得小于 30 cm,且接头管两端应采用密封胶带或塑料热缩管封裹严密。塑料波纹管接长可采用专门焊接机焊接或采用本身具有密封性能的塑料连接器连接。浇筑梁体混凝土前,应在纵向预应力管道中穿入内衬塑料管。混凝土浇筑过程中应安排专人抽动内衬塑料管,防止预应力管道堵塞。

③ 安装预应力管道前,应按照设计规定的管道坐标进行放样,并应采用定位钢筋将管道固定在梁体钢筋骨架上。定位钢筋的结构形式、间距应符合设计要求。设计无要求时,定位钢筋间距宜不大于 0.5 m,曲线管道应适当加密。

④ 焊接钢筋时应对焊接影响部位的模板和预应力管道采取保护措施,并配备灭火器材,防止焊渣灼伤预应力管道或引燃非钢质模板。

(4) 梁体混凝土施工。

① 简支梁的混凝土应一次性连续浇筑成型,连续梁的混凝土宜划分成节段分别连续浇筑、一次成型。各跨或各节段的梁体混凝土宜在最先浇筑的混凝土初凝前完成浇筑。

② 浇筑梁体混凝土前应按施工组织安排,对施工场地布置、施工人员配置及职责分工、混凝土原材料储备、施工设备(含电源)配置和应急预案进行检查落实,并认真做好技术交底和浇筑预演,确保混凝土浇筑施工连续不间断进行。

③ 梁体混凝土纵桥向浇筑应按"斜向分段、水平分层"的方法从低端往高端

浇筑：斜向分段长度宜为4～5 m；分层厚度根据混凝土生产供应能力、浇筑速度、捣固能力和梁体结构特点等条件确定，一般宜不超过40 cm。横桥向应按"先底板与腹板倒角，后底板，再腹板，最后顶板"的顺序进行浇筑。两侧腹板混凝土的高度应保持基本一致。

④浇筑梁体混凝土时，应加强对钢筋密集的支座顶部、预应力锚垫板周围和横隔梁等区域混凝土捣固的质量控制。对于高度较大的梁体，浇筑其腹板与底板倒角区混凝土时，宜安排人员进入腹板进行混凝土捣固。

⑤浇筑梁体混凝土的过程中，应安排人员对支架、模板随时检查，如有异常情况，应立即暂停混凝土浇筑，待查明原因并妥善处理后方可继续施工。

⑥梁体混凝土浇筑完成后应及时采用保湿材料对其进行覆盖并进行保湿、保温养护。

(5) 预应力筋张拉及管道压浆。

①预应力筋张拉前，施工单位应对预应力混凝土梁的锚具、喇叭口及管道摩阻等进行现场测试。设计单位根据实测数据调整预应力筋张拉控制有关参数。

②两端张拉的纵向预应力筋宜在混凝土浇筑后安装。如在混凝土浇筑前安装，应采取可靠措施防止混凝土浇筑过程中管道堵塞。

③预应力筋终张拉时，混凝土强度、弹性模量及龄期应符合设计要求，张拉顺序及控制应力应符合设计规定。预应力筋初始张拉应力应结合管道几何参数和实测摩阻系数确定，宜在终张拉控制应力的10%～25%范围内取值。

④为防止混凝土产生早期裂纹，支架法现浇的混凝土梁宜采取预张拉措施。预张拉前应拆除端模、松开内模。设计无要求时，可在梁体顶板和底板(或腹板)各选取2～3束对称的预应力束，将其作为预张拉束，在混凝土强度达到设计强度的60%时进行预张拉，预张拉应力宜为设计终张拉应力的30%。

⑤预应力管道压浆应按照设计要求的方法进行。设计无具体要求时，应采用真空辅助压浆工艺。压浆应在预应力筋终张拉完成后48 h内完成，按先纵向、再竖向、后横向的顺序进行。纵向预应力管道应自下而上进行压浆；竖向预应力管道应从最低点向上压浆；同一管道应连续压浆、一次完成。

⑥管道压浆过程中及压浆后3 d内，梁体温度不应低于5 ℃，否则应采用保温养护措施使其满足规定温度。

(6) 支架落架及拆除。

支架落架及拆除应根据设计文件要求编制专项施工技术方案，并对操作人员进行技术交底，明确支架落架、拆除顺序和安全措施。

钢筋混凝土梁的支架落架及拆除在混凝土强度达到设计强度后方可进行;预应力钢筋混凝土梁的支架落架及拆除在梁体预应力施工完成后方可进行。

支架落架应按设计要求的顺序进行。设计无要求时,支架落架宜按照"从梁体跨中向梁端"的顺序和"纵桥向对称均衡、横桥向基本同步"的原则分阶段循环进行。

5.4.5 落梁和横移梁

1. 落梁方式

采用支架法现浇施工的铁路混凝土简支梁受施工条件限制不能原位浇筑时,应在高位支架上或旁位现浇后,采用落梁、横移梁方式将其安装到设计位置。落梁或横移梁施工前,应编制专项施工方案,并进行施工技术和安全交底。专项施工方案的编制中,应根据施工工况对落梁或横移梁装置进行详细设计,保证装置的强度、刚度和稳定性满足相关要求。

一般通过高位落梁方式将采用支架法高位现浇施工的铁路混凝土简支梁安装到设计位置。高位落梁分为门式提升架落梁和梁底支墩落梁两种方式,如图5.5和图5.6所示。

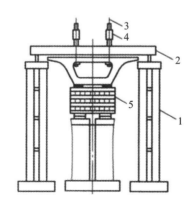

图 5.5 门式提升架落梁装置示意

注:1—门式支墩;2—横梁;3—吊杆;4—千斤顶;5—保险支墩。

门式提升架落梁施工流程:施工准备→梁体施工→门式落梁装置安装支架→提升梁体脱离底模→安装保险支墩→梁体现浇、支架拆除→循环倒换千斤顶落梁→支座安装→落梁就位→落梁装置拆除。

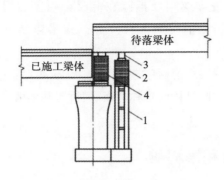

图 5.6 梁底支墩落梁装置示意

注：1—梁底支墩；2—换顶支墩；3—千斤顶；4—保险支墩。

梁底支墩落梁施工流程：施工准备→梁体施工→落梁装置安装→顶升梁体脱离底模→安装保险支墩→梁体现浇、支架拆除→循环倒换千斤顶落梁→支座安装→落梁就位→落梁装置拆除。

2. 落梁装置设计

(1) 支墩结构除按梁柱式支架支墩的相关规定进行设计外，还应按照四个支点中的三点承受梁体荷载的最不利工况对支墩及其基础进行检算。支墩立柱顶部应合理设置纵、横向分配梁，横梁、分配梁和支墩立柱之间应连接牢固。

(2) 门式提升架落梁装置的横梁宜采用组拼型钢或钢箱梁结构，并应根据局部稳定性检算设置加劲肋和缀板，其最大挠度不得大于跨度的 1/500。

(3) 门式提升架落梁装置的吊杆宜采用钢绞线或钢棒等材料，按 4 根吊杆中的 3 根承受梁体荷载的最不利工况进行检算，吊杆应力应小于其强度设计值的 50%。吊杆孔的位置及数量应满足梁体受力要求。应在梁体现浇施工时预留吊杆孔，预留孔周围应设置加强钢筋。吊杆下端锚固螺栓与梁体顶板之间应设置厚度不小于 30 mm 的钢垫板。钢垫板应水平放置，且与梁体顶板密贴。

(4) 门式提升架落梁和梁底支墩落梁应在梁体与桥墩（台）顶之间设置保险支墩。保险支墩可采用型钢或方木构筑，其顶部千斤顶行程高度内设置钢垫块。保险支墩宜与连体现浇支架同步安装。

(5) 落梁千斤顶设置位置应满足梁体受力要求，宜设置在靠近梁体两端的腹板下区域。千斤顶和梁体之间应设置钢垫板和工程橡胶板,其底部应设置限位和稳定装置。落梁千斤顶的额定起重能力不得小于其设计荷载的1.5倍。

(6)梁体两端的落梁千斤顶应分别采用单泵双顶方式并联,并在每个千斤顶上设置截流阀,与油泵上的截流阀共同对落梁过程进行双控。并联千斤顶的规格、高压油管的长度及规格均应相同,确保梁体一端的千斤顶终端压力和顶升力相同且同步运行。

3. 落梁作业关键工艺措施

(1)落梁千斤顶安装完成后,应将梁体提升(顶升)脱离底模板 5～10 mm 并停留半小时,检验落梁装置承载能力和工作状况。

(2)落梁装置检查合格后,将千斤顶油路锁闭,并用保险支墩抵紧梁底,然后从跨中向两端拆除其余梁体现浇支架和模板。

(3)梁体两端应交替落梁,每端每次下落高度不得大于 100 mm,保证梁体两端高差不大于 50 mm。落梁过程中应及时抽换保险支墩上的钢垫板,始终保持钢垫板顶面和梁底面的距离不大于 20 mm。梁体一端稳固支承在保险支墩的钢垫板上并锁闭该端千斤顶油路后,梁体另一端方可进行落梁作业。

(4)千斤顶回缩至其最大行程的 80% 时,应暂停落梁作业并锁闭油路,将保险支墩降低约一个千斤顶行程的高度后,重新安装保险支墩顶的钢垫块,再按照上述方法进行落梁。

(5)落梁至梁体支座安装高度后,应停止落梁作业,锁闭千斤顶油路,然后拆除保险支墩。

(6)清理桥墩顶支承垫石和锚栓孔,将组装好的梁体永久支座安装就位,落梁至设计高程,保持千斤顶受力状况,对支座下座板和支承垫石之间、锚栓孔内进行压力注浆。待浆体达到设计强度后,方可松脱千斤顶,完成落梁施工。

(7)落梁过程中应有专人观测落梁支墩(或门式提升架)及其联结系等临时设施变形情况,发现异常情况应暂停落梁,查明原因并妥善处理后方可继续落梁。

4. 简支梁横移梁施工流程

对于采用支架法旁位现浇施工的铁路混凝土简支梁,宜使用横移梁和低位落梁方式将其安装到设计位置。

简支梁横移梁施工流程：施工准备、拆除梁体支架→滑道（含支墩）、滑板和梁体现浇支架安装→梁体施工、拆除梁体支架→现浇梁支架落架→顶推设备安装→梁体顶推就位→落梁千斤顶安装→顶升梁体、拆除滑道→支座安装→落梁就位。

5. 横移梁装置结构设计

（1）横移梁应采用摩擦型滑道。横移梁装置由滑道支墩、滑道、滑板、顶推或拖拉设施等组成。横移落梁装置如图 5.7 所示。

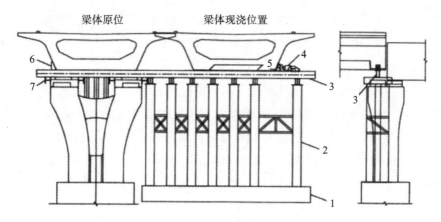

图 5.7 横移落梁装置示意

注：1—支墩基础；2—支墩立柱；3—滑道；4—顶推装置；
5—滑板；6—梁体限位装置；7—滑道限位装置。

（2）滑道支墩结构对应滑道设置，并与桥墩连接牢固。除按梁柱式支架设计滑道结构外，应将梁体荷载作为活载，选取最不利工况对支墩及其基础进行检算。如移梁荷载需要直接传至桥墩，应检算桥墩结构的承载力是否满足要求。

（3）应将组拼型钢或钢轨作为滑道的轨道梁，在梁体两端允许范围内垂直于梁体中心线各设置一股，单股轨道梁应连接成一条稳固、等高、平顺的整体，且与支墩连接牢固。同一轨道顶面的任一点高程差应不大于 2 mm。两股滑道应相互平行，其间距误差应不大于 10 mm，顶面高差不得大于 50 mm。

（4）轨道梁应采用组拼型钢或钢轨，在最不利荷载工况下最大挠度不得大于 2 mm。轨道梁顶面应设置厚度不小于 3 mm 的通长不锈钢板，钢板表面应平顺无突变点，平整度误差不得大于 1 mm/m。

(5) 滑板宜采用聚四氟乙烯板,且应支承在梁体腹板区域,并与滑道的中心线保持一致,其数量宜与梁体支座数量相同。在滑板与梁体之间应加设工程橡胶板。

(6) 横移梁的动力装置应采用千斤顶(或链条葫芦)。动力装置的额定动力应不小于设计顶推力(或拖拉力)的 1.5 倍。顶推(或拖拉)装置的顶推力(或拖拉力)应根据滑道结构、梁体荷载计算确定。反力座应根据顶推(或拖拉)装置的行程设置在轨道梁上,保证顶推力(或拖拉力)与梁体垂直。千斤顶与梁体间应采用弹性材料支垫。T 形梁还需要采取横向稳定措施,防止梁体侧向失稳。

6. 落梁作业关键工艺措施

梁体施工完成后,应先拆除滑道上方的支架、模板,然后从跨中向两端拆除其他支架及模板,使梁体荷载平稳地转移到滑道上。支架拆除过程中应观测滑道和支墩受力及变形情况,如有异常,应立即终止支架拆除作业,待查明原因并采取加固措施后方可恢复支架拆除施工。

支架拆除完成并安装好顶推(或拖拉)装置后,应将滑道滑动面清理干净,涂上润滑油脂。

梁体横移过程中,两端应同步行进,行程差不应超过 20 mm,行进速度不大于 10 cm/min。可安排专人观测梁体横移进程并及时报告指挥员。梁体横移就位后,应仔细复核梁体纵向、横向位置偏差,如果发现偏差超标,应调整至合格。

梁体位置调整合格后方可拆除顶推装置,然后在支承垫石范围外的桥墩顶帽上适当位置安装落梁千斤顶,按照梁底支墩落梁技术顶升梁体、拆除滑道、安装支座,落梁就位。

5.5 移动模架制梁

移动模架造桥机(简称移动模架)是一种自带模板,将承台或墩柱作为支承,对桥梁进行现场浇筑的施工机械。其主要特点有施工质量好、施工操作简便、成本低廉等。国外已将其广泛地应用于公路桥、铁路桥的连续梁施工,是较为先进的施工方法。国内已开始在高速公路、铁路客运专线上使用。

5.5.1　移动模架施工特点

（1）跨中无支撑，模架位于桥梁上部，不受墩高、地形限制，不需要进行地基处理，不影响通车通航，社会经济效益显著。

（2）能自行完成支腿过孔移位，不需要地面其他辅助吊机设备，机械化程度高，操作简单，安全可靠。

（3）结构受力明确，一次拼装成型预压后可逐孔进行施工，周期短且所需人员少。

（4）施工首跨和末跨更方便，跨连续梁施工不需要拆除主梁，可以进行短距离转场，拆除外模后可直接通过隧道。

5.5.2　移动模架构造及类型

1. 移动模架构造

移动模架主要由支腿机构、支承桁梁、内外模板、主梁提升机构等组成，可完成由移动支架到浇筑成型等一系列施工。根据结构形式、主梁所处位置、承载方式、传力路径、支撑模式和过孔模式等，移动模架又分为上承式移动模架和下承式移动模架两种。

上承式移动模架主梁位于桥面上，支撑点即支腿位于桥面和墩顶上，通过后走行机构可实现自动走行。模板系统及梁体荷载通过悬挂系统传递到主梁上，纵移过孔时通过横移开启悬挂系统和外模系统，或通过横移打开底模系统或旋转张开底模系统以避开桥墩。

下承式移动模架利用桥墩安装支撑托架，支腿设置剪力键，受力体系明确，采用精轧高强螺纹钢筋对拉连接，安装方便。外模模板随主梁一同横向和纵向移动，对桥梁两侧净空尺寸要求较低。

2. 上承式、下承式移动模架的主要特点

上承式移动模架的特点如下：操作简便；对桥梁下部结构无影响；在水域施工时优势较明显。上承式移动模架的主要缺点有：施工时混凝土梁上部活动空间有限；移动模架下导梁通过吊杆吊挂于主梁上，混凝土梁须预留多个孔洞以便吊杆穿过，增加了施工环节，对混凝土主梁结构预应力布置影响较大；由于在梁

面上施工,移动模架所受风阻力较大,如遇6级风以上,结构限制走行,对施工工期影响较大。

下承式移动模架的特点如下:施工时混凝土梁上部无遮拦,上部活动空间大;模板支承容易,拆装模板自动化程度高;对已浇筑好的混凝土梁无影响;地面配合作业容易,风阻力小。下承式移动模架的主要缺点有:移动模架支腿支撑在承台上,预埋件量大,要求精度高,上水时对施工工期影响较大。

3. 单导梁和双导梁移动模架的特点

上承式移动模架分单导梁和双导梁两种结构形式。上承式单、双导梁施工方法相似,均采用桥面上支承,通过吊杆、吊臂及挑梁悬吊模板系统,利用模板开合、模架纵移等功能,实现对混凝土原位现浇、逐孔成桥的施工方法。此方法使大型桥梁施工向机械化、自动化和标准化的方向迈出了成功的一步。

单、双导梁移动模架结构的共同点如下:承重主梁及导梁均位于桥面上,利用后支腿支撑于已浇梁面受力,前支腿支撑于墩顶受力,通过吊臂、挑梁悬吊外模及底模系统;走行时均通过支腿间受力转换完成模架整机前移。单、双导梁移动模架结构的区别是,单导梁移动模架仅有一组承重主梁及导梁,走行时单导梁移动模架需要在尾部配重,并且需要两次走行方能完成过跨前移,而双导梁移动模架有两组承重主梁及导梁,走行时双导梁移动模架不需要配重,一次走行到位。

单导梁移动模架的优点有:整机重量轻;长度短;占地面积小;拼装方便快捷。单导梁移动模架的缺点有:在中支腿支撑位置需要提前预埋螺栓,精度要求高;走行时需要在模架尾部配重;需要分两次方能完成过跨前移,安全隐患大,施工风险高。

双导梁移动模架的优点有:受力明确;稳定性好;整机前移时一次到位,不需要在模架尾部配重;不需要在中支腿支撑位置预埋螺栓;施工稳定性好。双导梁移动模架的缺点有:整机重量较重;总体长度较单导梁移动模架长;拼装时占地面积相对较大;拼装耗时长。

5.5.3 移动模架施工工艺

移动模架施工工艺流程如图5.8所示。

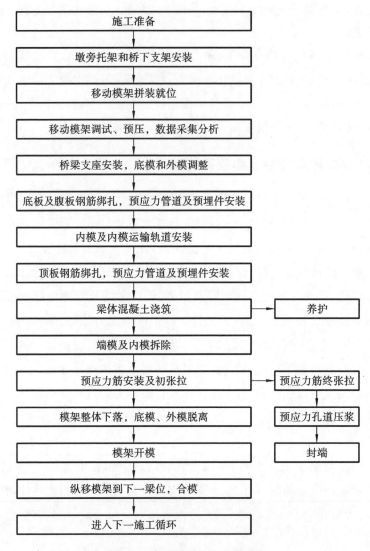

图 5.8 移动模架施工工艺流程

5.5.4 移动模架的结构组成、原理及作业流程

1. 上承式移动模架

（1）结构组成及原理。

上承式移动模架由承重系统、支承系统、吊架系统、移动系统和模板系统五

大部分组成。对墩顶平面预埋件进行处理后将其作为上承式移动模架的支撑点。承重的主梁系统位于桥面上方,外模系统吊挂在承重主梁上,主梁系统通过支腿支撑在梁端、墩顶或承台上,形成一个可以纵向移动的桥梁制造平台,完成桥梁的施工。箱梁预制完成后,移动模架下落脱模,向两边横移通过桥墩,外模同主梁系统一同纵向前移过孔到下一施工位,横向合龙再次形成施工平台,完成下一孔施工。支腿可自行向前倒装或利用辅助吊机倒装,移动模架的落模、横移及纵移均由液压系统控制实现。上承式移动模架占用桥下净空小,对低矮桥墩具有很强的适应性,且施工首跨和末跨更方便,不需要拆除主梁,能满足通过高压线等障碍物的净空要求。上承式移动模架短距离转场方便,拆除模板系统后可直接通过隧道。

(2)作业流程。

①混凝土浇筑完毕并达到张拉强度后,内模脱模、张拉,桥面铺设轨道。外模架下落脱模,后主支腿作用在轨道上,前辅助支腿、中支腿上滑道与轨道接触,模架横移开启。

②吊挂小车吊挂中主支腿前移一跨至下一墩顶位置就位。

③模架纵移。

④吊挂小车吊挂前辅助支腿前移一跨就位支撑。

⑤吊挂小车吊挂中辅助支腿前移至工作位置就位。

⑥模架纵移到位、横移闭合、上升就位,呈工作状态。绑扎底腹板钢筋,内模就位,绑扎顶板钢筋,检查验收,浇筑混凝土。

⑦首跨施工。第一跨梁施工时,后主支腿在桥台上就位,其余与标准跨施工相同。

⑧末跨施工时,中主支腿直接支撑在桥台或既有桥梁端部(原支腿立柱拆除或沿支腿横梁向外滑移至桥台或既有桥梁翼板外侧),前辅助支腿直接支撑在路基上或既有桥梁端部。

2. 下承式移动模架

(1)结构组成及原理。

下承式移动模架由主梁、横梁、支撑牛腿及模板系统组成,承力系统在浇筑桥梁下方,将承台、墩旁托架等作为下承式移动模架的支撑点。主支腿直接支承混凝土自重荷载,并将荷载通过横梁和模板传递到主梁,再通过支撑牛腿将荷载传递到桥墩或承台上。整跨混凝土浇筑完成、初张拉后,将支撑牛腿转移至下一跨安装,移动模架由桥轴线分离,向两边横移打开(或向下旋转打开),避开墩身前行至下一跨施工位置合龙,同时完成上一跨预应力筋终张拉、压浆,完成一个循环周期。移动模架的落模、横移及纵移均由液压系统控制实现。

下承式移动模架受力明确,安装方便,纵移过孔均采用液压控制,动作平稳,安全可靠,且极大地降低了劳动强度,同时提高了施工效率。各支腿能自行过孔就位安装,不仅方便了高桥高墩的施工,也极大地降低了施工成本。支腿设置横向移位油缸,便于调整主框架位置,便于曲线过孔作业。

(2)作业流程。

①移动模架拼装就位,进行标准跨混凝土梁施工时,移动模架支承在前、后主支腿上,绑扎钢筋,浇筑混凝土。混凝土达到强度后,进行张拉。

②桥面铺设后辅助支腿的走行钢轨,点动前主支腿、后主支腿的承重油缸,解除机械锁紧螺母,前主支腿、后主支腿上的承重油缸少量回收,依靠设备自重脱模。后辅助支腿在桥面支撑,中辅助支腿、前辅助支腿在墩顶支撑。前主支腿、后主支腿承重油缸完全回收。解除前主支腿、后主支腿的对拉钢筋。吊挂油缸回收,将主支腿提高,安装吊挂机构;解除吊挂油缸的连接,主支腿吊挂在走道上。

③利用纵移油缸顶推前主支腿、后主支腿前进至下一桥墩就位。安装吊挂油缸,吊挂油缸回收,吊挂机构平移开,吊挂油缸伸出,主支腿支撑在承台上,张拉主支腿的对拉钢筋。

④解除中辅助支腿、前辅助支腿支撑。后辅助支腿、后主支腿、前主支腿的油缸回收使移动模架主梁底部的轨道在支撑滑道上。

⑤解除底模桁架、底模、前辅助支腿中部的连接螺栓。后辅助支腿、后主支腿、前主支腿的横移油缸循环伸缩,使两侧移动模架向外横移开启。

⑥同时启动后主支腿上的纵移油缸,循环伸缩使模架前移一跨。

⑦模架横移合龙就位,底模桁架、底模、前辅助支腿连接。主支腿承重油缸顶升就位并机械锁定。进行模板调整,绑扎钢筋,浇筑混凝土。

⑧低矮桥墩工况下,拆除主支腿横梁下部结构,使主支腿横梁直接支撑在承台上。可适应的最低桥墩高度为3 m。

⑨首跨梁施工。后辅助支腿支撑在桥台上,且需要在首跨梁体浇筑张拉后对桥台垫石以上部分进行施工,防止张拉空间不足。

⑩末跨梁施工。前主支腿过孔到位后,在与前方桥台距离适当的位置安装2组临时支撑,以支撑主梁。逐节拆除导梁,整孔纵移过孔。

⑪变跨施工与正常施工基本相同,主要的不同点在于需要调整辅助支腿的安装位置。

5.5.5 移动模架的主要施工

1. 移动模架的拼装

在移动模架现场拼装前,施工单位应与移动模架供应商共同制定拼装方案及详细的现场拼装操作细则。

(1) 桥头拼装。

选择拼装场地时,应遵循以下原则:一是符合总体施工组织要求;二是考虑场地的方便,尽可能选择在台后或第一跨拼装;三是考虑材料运输的方便,从台后开始便于混凝土的运输。

对于下承式移动模架,宜在桥跨间搭设临时支架支撑主承重梁,并利用吊车进行拼装。拼装的顺序是墩旁托架、推进小车、主梁、横梁、前导梁,最后拼装模板系统,完成首跨梁体预制,过孔后再拼装后导梁。

(2) 中间墩上拼装。

对于上承式移动模架,无论桥墩高矮,除应在桥墩间搭设临时支架支撑主承重梁,并利用吊车进行拼装外,还应搭设后支腿支架,以代替已制成梁体支撑后支腿。拼装的顺序是主梁、支腿、前后导梁,最后拼装模板系统。

对于下承式移动模架,若桥墩较矮,施工同桥头拼装。若桥墩较高,采用地面拼装整体提升方案进行拼装。先按主梁、横梁、前后导梁顺序在临时拼装平台上将其拼装成整体,通过千斤顶顶升方案提升到设计高度,然后安装墩旁托架、推进小车,落主梁于推进小车上,最后利用吊车进行外模系统组装。拼装过程中注意如下事项。

(1) 临时支架必须经过设计检算,并应特别注意选择正确的卸载支架的方式,以保证结构和操作人员的安全。

(2) 同一侧的墩旁托架必须在同一高程上,误差不得大于2 cm。墩旁托架与桥墩牢固连接,必须单独进行预压试验,保证其安全可靠。

(3) 高强度螺栓连接的规格、质量及扭矩系数必须符合设计要求和相关标准。高强度螺栓连接副施拧前后,扭矩扳手必须标定,扭矩偏差不得大于扭矩值的5%。

(4) 机械电气系统的安装调试必须遵照有关技术标准执行,拼装完成后液压电气系统及模板系统试运行不少于 3 次。

2. 移动模架的转场

移动模架转场有三种形式。一是在路基上搭设轨道,从路基上整体走行到下一工作面。该方案速度较快,但影响路基的连续施工,且需要设地基加固支墩及牵引系统,技术难度较高。对于上承式移动模架,则必须拆除模板方能实现。二是部分下承式移动模架及上承式移动模架通过连续梁进行转场。三是在不具备整体运输条件的情况下将模架拆成大块并用汽车运输到另一个工作面再重新拼装。该方法耗时较长,一般在 30 d 以上,在总体施工安排中应尽量避免。

3. 移动模架的预压

移动模架现场拼装后,在首孔梁体施工前必须对移动模架进行堆载预压。堆载应尽量模拟梁体重力状态,即移动模架正常制梁施工时的受力状态,以测量移动模架主梁、横梁不同部位的弹性变形,并据此进行梁体现浇施工时的预拱度设置,同时检验模架的刚度、强度和稳定性。

预压可采用沙袋和钢筋束,试验时必须分级加载。加载完毕、支撑变形稳定后,将预压沙袋、钢筋束逐级卸除。堆载按 1.1 倍梁体自重均布预压,压重后 6 h、12 h、24 h 测移动模架的高程,计算各点变形值。卸载后测量移动模架各测点高程,并做好记录,以确定各测点的弹性变形与非弹性变形。雨天必须对堆载物进行遮盖,以防移动模架过载破坏。对未进行场内模拟荷载试验的移动模架还应检测主承载结构的应力变化,评估再次加载的安全性。

预压时,移动模架主梁及导梁支撑状态必须与工作状态完全一致,并保证主梁及导梁支点在同一条直线上,否则预压值将不准确。比如某移动模架在预压时前导梁未安装即进行预压,将主梁和导梁形成的连续梁结构变成简支梁,预压值产生了很大的偏差。

4. 移动模架预拱度的设置

移动模架制梁预拱度为梁体设计预拱度与移动模架弹性变形的代数和。应适当考虑钢筋骨架和其他施工荷载对移动模架钢梁预拱度的影响。

在两跨梁体施工中分别测定和记录浇筑混凝土前后移动模架的变形,以便在以后制梁中微调移动模架预拱度,消除设计状态和实际状态不同而带来的预拱度偏差。

5. 钢筋及配件

与预制梁相比,在多套模架和支架投入的情况下,现浇梁钢筋加工场地往往比较分散,与线下钢筋加工场地设置在一起,钢筋的安装也难以实现整体吊装,只能零星绑扎。为保证质量,需要强化以下几点。

(1) 多套模架、支架施工所需的钢筋尽量统一放置在1~3个钢筋加工场地,场地大小要满足梁体钢筋加工的要求,并设置专门的梁体钢筋加工胎卡具。

(2) 因梁体大部分钢筋尺寸较长,不能满足运输要求,为避免钢筋现场加工作业时灼伤波纹管、预应力筋,减少焊渣,在现场尽量采用钢筋绑扎接头的形式。

(3) 在现场应设钢筋成品堆放区,并妥善支垫和覆盖,以利于现场钢筋绑扎。

(4) 钢筋梁上绑扎应设简易定位架或定位线,提高绑扎精度。

(5) 绑扎人员梁上绑扎需要专门的鞋具,防止将杂物带入模内。

(6) 钢筋绑扎是制约支架周转的重要工序,需要组织好人力,尽量在短时间内完成,减轻钢筋锈蚀程度。

(7) 现浇梁张拉前支座已与箱梁连接成整体,存在张拉后支座随梁收缩的现象,因此要通知厂家提前设置好支座预偏量。

6. 混凝土施工

(1) 混凝土浇筑。

与预制梁相比,现浇梁具有野外、高空、流动三大作业特点,混凝土浇筑及养护质量面临更加严峻的挑战。需要采取以下强化或针对性措施。

①强化设备配置。因搅拌站距离现浇梁较远,混凝土输送的效率大大降低。需要根据输送距离强化混凝土泵车的配置。混凝土输送往往难以均衡,需要增加振捣人手及相应的振捣机具。

②提高混凝土工作性能。桥位现场施工复杂造成混凝土泵输送效率低,混凝土灌注速度一般比预制梁慢。混凝土从搅拌到灌入梁体的时间大大延长,混凝土坍落度损失及温升均增加,故需要进一步提高混凝土的保水性等工作性能。

③更加严格地控制混凝土浇筑的环境条件,尽量避开雨雪时段、高温时段(30 ℃以上)、低温时段(5 ℃以下)。在高温时段施工时,需要进一步强化降温措施,如将砂、石、水泥等的温度控制得更低,加入更多冰水等。在低温时段施工时应考虑配置移动式锅炉,进行蒸汽养护。

④在浇筑过程中,要求专业小组检查支架、移动模架等的变形、稳定性等。

⑤因现浇梁工作面分散,搅拌站一般不能专用于供梁,往往兼顾其他线下工程,因此搅拌站原材料组成多,配合比种类多。需要加强对搅拌站的管理,防止混凝土搅拌质量下降。

(2) 混凝土养护。

混凝土浇筑、振捣完毕,为了防止混凝土表面出现收缩裂纹,应加强新浇筑混凝土表面的收浆抹面工作。整孔梁体浇筑完毕后 2 h 内开始抹面,并反复多次进行,在混凝土终凝前完成收浆抹面工作,以消除收缩裂纹,并使平整度满足要求。收浆抹面后应及时洒水并采用土工布覆盖,进行潮湿养护,防止水分蒸发产生收缩裂纹。根据高速铁路混凝土养护要求,结合本地区历年气象条件,夏季凉拌混凝土潮湿养护时间不宜小于 28 d。养护时,注意控制养护水的温度,混凝土表面温差不得大于 15 ℃。

(3) 养护阶段温度检测和控制。

安排专职人员测温。混凝土达到最高温升前,每隔 6 h 测试 1 次,每天 4 次。达到最大温升后,可减少为每天 2 次。

如果采用蒸汽养护,需要加强对侧部、顶部、端部的包裹与覆盖。蒸汽管道设计不得影响模架过孔。为满足过孔要求,需要配置移动式锅炉,每套模架配置一套移动式锅炉。

7. 预施应力

移动模架张拉空间受限,应采用前卡式千斤顶。

对于常用跨度简支梁与特殊孔跨桥梁交界处,需要首先确定施工先后顺序。如简支梁后浇,则只能单向张拉,需要对张拉值或孔束布置重新调整;如标准梁先浇,则需要重新设计特殊孔跨桥梁在端部的预应力束。

需要注意的是,现浇梁因张拉要求,桥墩尺寸往往与预制梁不同,因此需要提前确定梁体制造方案,否则会造成桥墩与制梁方案之间的矛盾。桥台胸墙后浇,满足张拉作业要求。

预应力筋下料长度可适当减短。

5.6 移动支架制、架梁

移动支架(也称造桥机)制、架梁适用于预制梁段原位拼装双线、单线预应力混凝土简支梁、连续梁。下面以 GZ24/32-8000 型移动支架为例阐述移动支架制、架梁工艺。

5.6.1 移动支架特点

与其他施工方法相比,移动支架制、架梁工艺(简称移动支架法)有以下特点。

(1) 施工方法稳妥可靠,工艺比较简单,容易掌握。

移动支架法现场制梁,在桥墩上组拼预制好的梁段,用支架的移动代替混凝土梁体的移动,使梁的施工状态与运营工况在荷载及受力体系方面一致。和顶推法、悬臂浇筑法等相比,移动支架法梁体构造简单,质量容易保证。组拼各节梁段时,仅在支架内浇筑数量不多的湿接缝混凝土,且分批浇筑。浇筑时,支架挠度变化小,易于保持梁体轴线,避免开裂。移动支架法不必在浇筑湿接缝混凝土的同时调整梁段的高程。

(2) 适应面比较宽。

移动支架法的施工不受施工场地、地理条件的限制,特别适合高桥、地基松软的中等跨度多跨预应力钢筋混凝土简支梁的架设。同时,移动支架法也可用于连续梁的拼装施工。其施工不影响桥下通航,并可多跨同时进行。

(3) 施工速度比较快。

移动支架法施工时梁段生产与梁段拼装平行作业,可按流水作业安排工艺流程,均衡生产,干扰少。

(4) 机械设备简单,周转率高,可以节省大量的设备投资。

5.6.2 GZ24/32-8000 型移动支架组成

GZ24/32-8000 型移动支架由移动支架、墩上支承系统、喂梁系统、移行系统、运梁系统组成。

(1) 移动支架。

移动支架包括主桁架、下托梁、上平联、下平联,由八七型铁路应急抢修钢梁制式器材组拼成框架结构,长 82 m,宽 13.9 m,总重 253 t。根据功能的不同,移动支架分为前导支架、主支架、尾部支架三部分。其中,主支架用来承受混凝土梁拼装架设的全部荷载,是传递梁段荷载的构件,包括耳板、横梁、纵梁、箱式支撑、启闭装置五部分,通过耳板将下托梁销接于主桁架下弦。将上、下托梁分成三个单元组拼。在移动支架前移过墩时,在横梁中间分单元向两侧打开。

(2) 墩上支承系统。

墩若较低,可直接支承于承台上;墩若较高,可支承于预设牛腿上。

(3) 喂梁系统。

在主支架与尾支架段上平联下设置内挂式运行轨道,并在轨道上配置起重小车,配以慢速卷扬机和滑车组,使其构成喂梁系统。

(4) 移行系统。

移行系统包括移行动力车和卷扬机。在运梁平车上附设移行车架,将其当作移动支架向前移行的后支点。在下平联的后端安装卷扬机。卷扬机与运梁平车共同成为移动支架前移的动力装置。

(5) 运梁系统。

运梁系统由运梁平车、发电机组成,负责将梁段从制梁场运输至移动支架尾梁处。

5.6.3 移动支架施工过程

移动支架施工过程是以墩上支撑系统为支架的依托,通过运梁平车将梁段运输至移动支架尾部,然后由喂梁系统将梁段喂至移动支架主支架内的预定位置,在支架内进行对位串联湿接,原位拼架,整孔组拼,待湿接缝达到强度后,整孔张拉。向前拖拉移动支架滑移过墩,就位于下一孔跨,原位建造预应力混凝土梁。

5.6.4 移动支架施工操作要点

1. 梁段吊装就位

将梁段移运至移动支架尾部并使其进入尾梁腹腔。为防止运梁平车走行时梁段移动,在梁段前、后、左、右均安放限位装置。将梁段运至尾梁腹腔后,启动喂梁系统,通过卷扬机和滑车组将送至移动支架尾部的梁段提升5~10 cm后撤走运梁平车。将梁段下放1 m,喂梁系统带着梁段水平前移8 m,梁段下放至下托梁上时,下放梁段 3 m 至梁底。此时梁段与下托梁顶面相距 25 cm。喂梁系统继续前行,将梁段喂送至梁段的纵向预定位置。下放梁段,使其支承于下托梁上的箱式支撑上。

2. 梁段调位

梁段位置调整包括纵向位置调整、横向位置调整和拱度调整。

梁段的纵向位置按设计放样位置控制,通过纵向移动一次就位。为了防止梁体张拉后混凝土收缩变形,梁段长度缩短,使梁段纵向定位长度比设计值长 15 mm。梁段的横向位置按线路中线控制,梁段截面中心与线路中线重合,通过箱式支承架上的滑板和千斤顶调整。

梁段竖向高度利用千斤顶配合丝杆共同调整。为了抵消部分张拉后产生的上拱度,在移动支架上组拼各梁段时应在梁底预设下挠度。根据移动支架的设计挠度曲线和每孔梁的设计预拱度曲线确定每个丝杆的初调高度,最后通过千斤顶及箱式支承架设置各个梁段的底高程。

计算梁段箱式支承顶预设高度。箱式支承高度 H 计算见式(5.4)和式(5.5)。

$$H = Y - Y' \tag{5.4}$$

$$Y' = F - F' \tag{5.5}$$

式中:Y 为满载时移动支架综合挠度;Y' 为梁段就位时预留的下挠度;F 为张拉后箱梁产生的上拱度;F' 为钢束、湿接缝混凝土等对移动支架产生的下挠度。

在全部梁段就位后,利用经纬仪、水平仪,按设计要求调整各段位置,直至达到设计要求。

3. 接缝施工

(1) 湿接缝施工。

在湿接缝灌注梁段位置经仔细调整并满足要求后,即可进行湿接缝模板安装、钢筋绑扎、预应力孔道的连接和钢绞线穿束等工作。施工前梁段拼接面应凿毛、清理干净。

绑扎钢筋前应将梁段两端伸出的纵向钢筋理直,使其与湿接缝钢筋的连接满足搭接要求。宜采用一孔整体穿束。穿束前应用压力水冲洗孔道内杂物,观测孔道有无串孔现象,吹干孔道内水分。检查合格后由两端的接缝开始,向跨中接缝同时灌注混凝土。先灌完所有湿接缝底板混凝土,再从两端同时相向灌注腹板、顶板混凝土。

(2) 胶接缝施工。

梁段接缝采用胶接缝时,接缝处理应满足设计要求,并符合下列规定。

①接缝材料宜选用具有高弹性模量、高度成胶、应力转移良好、潮湿表面黏结力好等性能的无溶剂型环氧树脂胶黏剂。

②涂胶应在一孔梁段全部吊装完毕后进行。

③环氧树脂配合比应根据环境温度和固化时间要求经试验选定。

④在梁段定位无误和各项准备工作就绪后开始拌制胶浆,并在规定时间内完成混凝土表面涂胶。

⑤涂胶不得过厚,但应覆盖全面,不得出现断胶现象。

⑥涂胶的同时制取胶体试件,进行同条件养护。

⑦预应力孔道周边应采取措施,防止孔道压浆时漏浆。

⑧挤胶临时张拉力及张拉顺序应符合设计要求,设计无要求时胶结面压力应不小于 0.3 MPa。

⑨挤胶张拉完成后应立即清除挤出的胶,并用通孔器清理预应力孔道。

4. 施加预应力及调节支承

在移动支架上进行梁节串联张拉。为减小钢桁梁支架的反弹对混凝土梁的影响,可采用分次对称张拉、分次调节支承的方法,确保在张拉过程中梁体不开裂,满足设计规范要求。

张拉预应力筋时,梁体混凝土强度、弹性模量、龄期、预应力筋张拉顺序及张拉力值必须符合设计要求。应从预应力筋左、右侧同时对称张拉,分批张拉时应监测梁体拱度变化是否与设计要求符合,防止移动支架主梁反弹使梁体上缘超拉而开裂。必要时配合每批预应力筋张拉调节支承装置。

采用二次函数计算箱式支承调节量,并将其与移动支架在箱梁作用下所产生的挠度变化进行对比,确保各支承丝杆调整值准确。

5. 孔道压浆

孔道压浆工作在移动支架拖拉到下一孔跨后进行,使压浆工作不占用移动支架时间。采用一次压浆工艺,自下而上逐孔进行压浆。一孔梁应连续压完。

6. 移动支架滑移过墩及恢复就位

下托梁采用旋转开启式。下托梁用单销连于移动支架外侧,借助导链、滑车吊链控制收放。上、下滑道和移动支架由滑道支座和移行车架承托。滑道支座由滑板支撑滑道下弦,梁尾滑道以移行车架为依托,在钢轨滑道上滑移。上下配合使用有助于保持支架向后的倾覆稳定性。支架滑移的上滑道移行车架又作为移动支架滑移时的后端导向。滑道支座作为移动支架滑移的下滑道及前端导向。

在移动支架导梁下平联安装两台卷扬机,将其作为支架滑移动力。动滑轮安装在支架主桁下弦尾端的牛腿上。在其上缠绕钢丝绳,并将钢丝绳引到前端滑道支座内侧牛腿上,将其作为定滑轮的锚固,以构成工作平台,缠绕、拖拉钢丝绳。

移动支架纵向移动时,应采用有效措施防止移动支架向后倾覆。应准确铺设梁上轨道,轨道中心线以桥梁中心线为准,中心偏差不超过 5 mm,轨距偏差不超过 2 mm,两轨面高差不大于 2 mm。

拖拉移动支架到下一孔跨准确位置后,安装移动支架支承垫板,闭合下托梁,安装纵梁两端的拆装部分。检查恢复后的移动支架能否满足使用要求。

第6章 预应力混凝土连续梁（刚构）桥施工

6.1 悬臂浇筑法施工

6.1.1 悬臂浇筑法施工流程

悬臂浇筑法是在桥墩两侧设置工作平台，平衡地逐段向跨中悬臂浇筑混凝土梁体，并逐段施加预应力的施工方法。其优点在于施工设备较少，不影响桥下通航、通车，施工不受季节、河道水位的限制。因此悬臂浇筑法适用于跨越江河、深谷、交通道路、桥位地质不良等条件下的高墩、大跨度混凝土连续梁（刚构）。

连续梁（刚构）悬臂浇筑的一般施工方法如下：

（1）墩顶梁段与桥墩实施临时固结（连续刚构墩顶梁段与桥墩整体浇筑）形成 T 构施工单元。

（2）采用挂篮在 T 构两侧按设计梁段长度，对称浇筑混凝土。

（3）在梁段混凝土达到设计要求的强度、弹性模量及养护龄期后施加预应力。

（4）将挂篮前移，进行下一梁段施工，直到 T 构两侧全部对称梁段浇筑完成。

（5）边跨非对称梁段一般采用支架法现浇施工。

（6）按设计要求合龙顺序进行合龙梁段现浇施工。

（7）实现梁体结构体系转换，使全桥成为连续结构（刚构）。

连续梁悬臂浇筑的具体施工流程：①施工准备；②安装 0 号梁段施工托架；③安装支座、0 号梁段模板；④安装 0 号梁段钢筋、管道；⑤0 号梁段混凝土施工、梁墩临时固结；⑥0 号梁段预应力施工；⑦安装挂篮及 1 号梁段模板；⑧1 号梁段钢筋、管道安装及混凝土施工；⑨1 号梁段预应力施工；⑩前移挂篮、进行 2 号及后续悬臂梁段施工；⑪边跨非对称梁段支架、支座、模板、钢筋、管道安装；⑫边跨非对称梁段混凝土及预应力施工;⑬合龙口临时锁定,合龙梁段施工吊架、模板、钢筋、管道安装;⑭合龙梁段混凝土、预应力施工,结构体系转换;⑮拆除边跨梁段支架和合龙梁段施工吊架等辅助工程。

连续刚构悬臂浇筑的具体施工流程:①施工准备;②安装 0 号梁段施工托架;③墩顶混凝土凿毛、钢筋整理、0 号梁段模板安装;④安装 0 号梁段钢筋、管道;⑤0 号梁段混凝土施工;⑥0 号梁段预应力施工;⑦安装挂篮及 1 号梁段模板;⑧1 号梁段钢筋、管道安装及混凝土施工;⑨1 号梁段预应力施工;⑩前移挂篮、进行 2 号及后续悬臂梁段施工;⑪边跨非对称梁段支架、支座、模板、钢筋、管道安装;⑫边跨非对称梁段混凝土及预应力施工;⑬合龙口临时锁定,合龙梁段施工吊架、模板、钢筋、管道安装;⑭合龙梁段混凝土、预应力施工,结构体系转换;⑮拆除边跨梁段支架和合龙梁段施工吊架等辅助工程。

悬臂浇筑施工时,一般将梁体分为四部分浇筑。一般把 0 号梁段称为 A;0 号梁段两侧对称悬臂浇筑部分称为 B;边跨非对称梁段部分称为 C;主梁在跨中合龙段部分称为 D。以下分别介绍这四部分的施工过程。

6.1.2 悬臂浇筑法施工要点

1. 0 号梁段施工

0 号梁段是悬臂浇筑的关键梁段,应在托(支)架上立模现浇施工。0 号梁段的施工要点如下。

(1)墩旁托(支)架。

在墩身不高的情况下可采用落地支架法施工;在墩较高的情况下,可在墩上预留支腿,在支腿上搭钢架形成 0 号梁段混凝土浇筑的支撑体系。施工托架还可支承在承台、墩顶或地面上。

(2)临时固结支座及梁墩固结。

对于预应力混凝土连续梁,由于桥墩与连续箱梁是通过支座连接的,接触面小,为非刚性连接,梁段悬臂施工过程中形成的 T 构为瞬变体系。当悬臂两端荷载出现不对称时,T 构就会倾覆(当遇到桥墩纵向长度较短或 0 号梁段的悬臂梁段较长的情况时更明显),因此必须采取梁墩临时固结约束,形成刚性体系。临时固结在永久支座不承受压力的情况下要能承受梁体压力和施工过程中的不平衡弯矩,还要在承受荷载的情况下容易拆除。

临时固结通过设置临时支座(临时支墩)和锁定支座的方式来实现。

①一般情况下在桥墩顶面永久支座两侧对称设置临时支座支撑悬臂浇筑梁体。0号梁段浇筑前,在墩顶靠两侧先浇筑混凝土(一般为C40),0号梁段强度达到设计强度的70%以上时,在桥墩两侧分别用预应力钢筋从梁段顶部张拉固定。临时支座内设夹有电阻丝的硫黄砂浆夹层,在临时支墩顶底设塑料薄膜隔离层,并预埋精轧螺纹钢或型钢以抵抗不平衡弯矩。解除临时支墩时,在电阻丝内通电融化硫黄砂浆,截断预埋构件即可。

②当遇到桥墩纵向长度较短或0号梁段的悬臂梁段较长的情况时,可在桥墩纵向两侧设置临时支墩支撑悬臂浇筑梁体。

a. 临时支墩。当桥不高、水不深、易于搭设临时支架时,可在桥墩的一侧或两侧加临时支承或支墩。

b. 临时立柱与预应力筋锚固。可以利用临时立柱和预应力筋来锚固上下结构。预应力筋的下端锚固在基础承台内,上端在箱梁底板上张拉并锚固,借此使立柱在施工过程中始终受压,以维持稳定。

c. 砂筒固结。在桥高、水深时,可采用围建在墩身上部的三角形撑架来布设梁段的临时支承,并使用砂筒、夹有电阻丝的硫黄砂浆或混凝土块等卸落设备以便于体系转换时解除临时支承。

2. 0号梁段两侧对称悬臂浇筑施工

悬臂浇筑法以移动式挂篮为主要的施工设备,以桥墩为中心,从墩顶开始向两岸对称逐段浇筑混凝土,待混凝土达到要求的强度后,张拉预应力筋,再向前移动挂篮,进行下一个阶段的施工,利用已浇梁段将梁体自重和施工荷载传递到桥墩、基础上。

0号梁段两侧对称悬臂浇筑施工流程:施工准备→挂篮安装→底模板、外模板调整→底板、腹板钢筋及预应力管道安装→内模、端模安装→顶板钢筋、预应力管道安装→混凝土浇筑、养护→拆端模、穿预应力筋→预应力筋张拉→落底模、挂篮前移、孔道压浆。

0号梁段两侧对称悬臂浇筑施工要点如下。

(1) 挂篮及模板安装。

①挂篮的构造。

挂篮是将已施工梁段作为挂靠、能承担施工梁段模板及梁体重量等施工荷载和能沿梁顶滑道移动的悬臂式空中施工设备。利用挂篮可以进行节段模板、钢筋、管道的安设,混凝土浇筑和预应力筋的张拉等作业。当一个节段施工完成后,解除挂篮的锚定并前移到下一个梁段施工。挂篮既是梁段的承重结构,又是空间的施工设备。尽管挂篮的结构形式差别很大,但是就各部分构成的功能而言,各类挂篮基本相同。挂篮的主要结构一般包括承重系统、平衡系统、模板系统、走行系统、操作平台。

承重系统包括主桁梁和悬吊系统。主桁梁是挂篮的主要受力结构,可用型钢、万能杆件、贝雷桁架等拼制成型。悬吊系统的作用是将底模和侧模吊架、操作平台的自重及其上的荷载传递到主桁架上,一般由钻有锁孔的 16Mn 钢带或精轧螺纹钢筋等组成。

平衡系统位于主桁梁后部,分为压重式、全锚式和半压重半锚固式,主要作用是平衡挂篮前移和浇筑梁体混凝土时产生的倾覆力矩,保证施工安全。

模板系统包括底模及侧模吊架和梁段模板等,是直接承受悬浇梁体重量及施工荷载的结构,也是钢筋及预应力管道安装、混凝土浇筑等的施工作业平台。

走行系统包括移动装置和动力设施,是支承主桁梁通过滑移设施使挂篮沿桥梁纵向移动的设备。

操作平台主要用于张拉梁体纵向和横向预应力筋、压浆、封锚等作业。

②挂篮的种类。

常用挂篮按承重主梁的结构形式可分为:平衡桁架式挂篮、平弦无平衡重式挂篮、弓弦桁架式挂篮、菱形桁架式挂篮、三角形组合梁式挂篮、滑动斜拉式挂篮等。

平衡桁架式挂篮的上部结构一般为一等高桁架,其受力特点是:底模平台及侧模支架所承荷载均由前后吊杆垂直传至桁架节点和箱梁底板上,故又称为吊篮式结构,桁架在梁顶用压重、锚固来解决倾覆稳定问题,桁架本身为受弯结构。

平弦无平衡重式挂篮在平衡桁架式挂篮的基础上取消压重,在主桁架上增设前后上横梁,其可沿主桁架纵向滑移,并在主桁架横移时吊住底模平台及侧模支架。由于挂篮底部荷载作用在主桁架上的力臂减小,大大减小了倾覆力矩,故不需要平衡压重,主桁架后端则通过梁体竖向预应力筋锚固于主梁顶板上。

弓弦桁架(又称曲弦桁架)式挂篮的主桁架外形似弓形,故可认为其从平衡桁架式挂篮演变而来。弓弦桁架式挂篮具有桁高随弯矩大小变化、受力合理的特点。还可在安装时在其结构内部预施应力以消除非弹性变形,故也可取消平衡重,所以一般重量较轻。

菱形桁架式挂篮是由平衡桁架式挂篮简化而来的,其上部结构为菱形,前部伸出两伸臂小梁。两伸臂小梁作为挂篮底模平台及侧模前移的滑道。菱形桁架式挂篮的菱形结构后端锚固于主梁顶板上，无平衡压重，结构简单，故大大减轻了自身荷载。

三角形组合梁式挂篮在平衡桁架式挂篮的基础上，将受弯桁架改为三角形组合梁结构。斜拉杆的拉力作用大大降低了主梁的弯矩，从而使主梁能采用单构件实体型钢，挂篮上部结构轻盈。其底模平台及侧模支架等的承重传力与平衡桁架式挂篮基本相同。

滑动斜拉式挂篮（也称轻型挂篮）自重轻、结构简单、刚度大、非弹性变形小，故加工、运输、安装、拆卸等均较方便，且其质量轻、工作量小，可节省大量施工费用。

（2）挂篮设计。

挂篮结构必须经过设计计算，具有足够的强度、刚度和稳定性。因0号梁段设计较短，采用联体挂篮进行首批悬臂梁段施工时，除应对挂篮联体结构强度及刚度进行设计计算外，还应检算联体挂篮解联、加长等施工工况的稳定性，并编制施工工艺细则和安全操作细则。

①挂篮形式选择。挂篮形式选择主要考虑结构简单、自重轻、受力明确、变形小、安全、装拆方便。

②悬臂浇筑分段长度确定。若每一节段梁体较长，整座桥的节段数就少，施工进度就快，而每次灌注的混凝土量就多，就需要增加相应的设备。若每一节段梁体尺寸小，挂篮的承重要求小，尺寸和设备也不大，但节段数多，周转次数多，总的施工进度就慢。应根据施工条件权衡利弊、综合考虑后确定悬臂长度，分段长度一般为3～5 m。

③挂篮横断面布置。挂篮横断面布置一般取决于桥梁宽度和箱梁横断面形式。桥梁横断面为单箱时，全断面用1个挂篮；桥梁横断面为双箱时，一般采用2个挂篮。一般情况下，桥宽10 m以内可用1个挂篮，桥宽10 m以上可用2个或3个挂篮。

④荷载。荷载主要有最大现浇节段梁段重量、挂篮自重、最大梁段模板重量（包括侧模、内模、底模和端模等）、施工机具重量、振捣器振动力、施工人群荷载、平衡重重量、冬季施工防寒设施重量等。

⑤用挂篮浇筑墩侧最初几对梁段时，由于墩顶位置受限，往往需要将两侧挂篮的承重结构连在一起，待浇筑到一定长度再将两侧承重结构分开，使其成为两个独立的挂篮。

⑥挂篮应设有纵向走行设备和抗倾覆稳定设施。根据走行及浇筑梁段混凝土等各种工况,挂篮的抗倾覆安全系数不得小于2,挂篮锚固系统、限位系统等结构安全系数均不得小于2。

(3) 挂篮拼装。

挂篮结构构件运达施工现场后,利用起重设备将其吊至已浇梁段顶面,在已浇好的0号梁段顶面拼装。

(4) 挂篮静载试验。

使用挂篮前,应对制作及安装质量进行全面检查,进行走行性能试验,并按设计要求进行静载试验。这样做的目的是:①测定挂篮承载能力;②测量挂篮的弹性变形值,以便合理设置悬臂浇筑梁段的立模高程;③消除挂篮在加载状态的非弹性变形。

挂篮施压加载的方法主要有3种:①在底平台上堆放重物压重;②在底平台下挂重物压重;③通过千斤顶和锚固于承台内的锚锭对拉反压加载。

当挂篮安装就位后,可在其上进行悬臂浇筑的各项作业。

(1) 钢筋及预应力管道安装。

钢筋骨架应具有足够的刚度,能承受混凝土灌注过程中的各种施工荷载并保证钢筋不变形或错位。悬灌梁段及现浇段钢筋绑扎流程是:先进行底板普通钢筋绑扎及竖向预应力钢筋梁底锚固端(包括垫板、锚固螺母及锚下螺旋筋)的安装,再进行腹板钢筋的绑扎、竖向波纹管及预应力钢筋的接长、腹板内纵向波纹管的安装,最后进行顶板普通钢筋的绑扎、顶板内纵向波纹管的安装、横向钢绞线及波纹管的安装。

悬臂浇筑梁段的预应力施工为后张法,故须在梁体混凝土浇筑前于预应力筋的设计位置预先安放制孔器,以便梁体制成后梁内形成孔道。在进行预应力施工时即可将预应力筋穿入孔道,然后进行张拉和锚固。放置预应力管道时要注意和前一节段的管道连接接头严密、线形和顺,并设置足够的定位钢筋,以保证浇筑混凝土过程中位置准确。

孔道成型工艺包括制孔器的选择、安装、抽拔以及孔道检查4个工序。

(2) 混凝土浇筑。

混凝土浇筑需要注意以下问题。

一个墩上的两端悬臂梁块应同时浇筑,以保持两端梁段的平衡,允许不平衡偏差应按设计要求确定。

梁段混凝土宜使用混凝土泵一次浇筑。采用一次浇筑法时,可留一洞口以便浇筑底板混凝土。浇筑好底板后立即补焊钢筋封洞,并同时浇筑肋板混凝土,最后浇筑顶部混凝土。浇筑肋板混凝土时,两肋板应同时分层进行,要采取防止混凝土离析的措施。浇筑顶板及翼板混凝土时,应从外侧向内侧进行并一次完成,以防产生裂纹。新旧混凝土接触面要按规定进行处理。混凝土浇筑时挂篮变形消除措施有两种。

①一次浇筑法。箱梁混凝土采用一次浇筑法,并在底板混凝土初凝前全部浇筑完毕。这就要求挂篮的变形全部发生在混凝土塑性状态之前,避免产生裂纹,但需要在浇筑混凝土前预留准确的下沉量。一次浇筑法是最常用的施工方法。

②水箱法。浇筑混凝土前先在水箱中注入相当于混凝土质量的水,在混凝土浇筑过程中逐步放水,使挂篮的负荷和挠度基本不变。

(3) 预应力施工及压浆。

张拉完成后,应在 2 d 内进行管道压浆。压浆前,应清除管道内的杂物及积水,压入管道的水泥浆应饱满密实。

(4) 挂篮的移动及拆除。

在每一梁段混凝土浇筑及预应力张拉完毕后,将挂篮移至下一梁段位置进行施工,直到梁段施工完毕。挂篮桁架走行前要测定已完成节段梁端高程,并确定箱梁的中轴线。解除挂篮的后锚固后,将挂篮沿箱梁中轴线对称布置,使其向两端推进,每前进 50 cm 同步观测一次,防止挂篮转角、偏位造成挂篮受扭。

施工完毕后拆除挂篮结构。拆除顺序为:箱内拱顶支架→侧模系统→底模系统→承重系统。吊带系统及走行锚固系统在其过程中交叉操作。

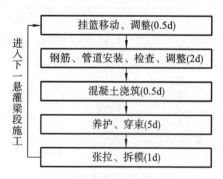

图 6.1 悬灌梁段施工周期安排示意

(5) 悬臂灌注施工周期。

悬臂灌注施工主要包括挂篮前移、挂篮调整及锚固、钢筋及孔道安装、混凝土灌注及养护、预应力施加、孔道压浆六个工序。施工周期为 6~10 d。悬灌梁段施工周期安排示意如图 6.1 所示。

3. 边跨非对称梁段施工

边跨现浇段在墩身不高的情况下可采用落地支架法施工。支架可采用 WDJ 碗扣式满堂钢管脚手架或其他形式。

边跨非对称梁段施工流程:支架基础处理→支架搭设→支架预压→永久支座及模板安装→底板、腹板钢筋安装→底板、腹板纵向预应力管道安装→顶板底层钢筋安装→顶板预应力管道安装→顶板顶层钢筋安装→混凝土浇筑、养护→拆除端头模板,梁端混凝土凿毛→张拉预应力筋,压浆封锚→拆除外模、内模→合龙后拆除支架及底模。

施工时需要注意以下内容:边跨合龙临时束张拉时应确保梁体能够滑动,但在边跨合龙锁定前,采取临时措施限制底模纵向移动;对边跨现浇段与挂篮悬臂施工段的合龙温度进行预测,并根据合龙施工温度与设计合龙温度之差对支座进行预偏设置。

4. 主梁在跨中合龙段部分施工

(1)施工流程。

施工流程:安装合龙段施工吊架或挂篮→合龙口悬臂端中线、高程测量检查→悬臂端中线、高程偏差校正→安装合龙口临时锁定设施→合龙口临时锁定并解除一侧梁墩临时固结→悬臂端面及接茬钢筋检查验收→安装合龙段模板、钢筋、预应力管道→浇筑合龙段混凝土→预应力筋张拉→解除合龙口临时锁定→预应力孔道压浆、封锚→拆除合龙段施工吊架或挂篮。

合龙段施工过程中,昼夜温差变化,新浇筑混凝土的早期收缩、水化热影响,已完成结构混凝土的收缩、徐变,结构体系的变化以及施工荷载等因素直接影响合龙段的质量。因此,需要采取必要措施保证合龙段施工质量。在满足施工要求的前提下,应尽量缩短合龙段的长度,一般取 1.5～2 m。通常多跨连续梁合龙段施工的顺序为先各边跨,再各次边跨,最后为中跨。

合龙段施工可采用支架、悬臂挂篮,或另设施工吊架做施工作业平台。合龙吊架和模板可采用施工挂篮的底篮及模板系统。安装步骤为:①将挂篮的底篮整体前移至合龙段另一悬臂端;②在悬臂端预留孔内穿入钢丝绳,用几组滑车吊起底篮前横梁及内外滑梁的前横梁;③拆除挂篮前吊杆;④用卷扬机调整所有钢丝绳,使底篮及内外滑梁移到相应位置,安装锚杆、吊杆和连接器,使吊架及模板系统锚固稳定;⑤将主桁架系统退至 0 号梁段后拆除。

(2)合龙口临时锁定。

合龙口临时锁定采用又拉又撑的方法,即用劲性骨架承受压力,用临时预应力束承受拉力。合龙锁定温度应在设计要求的合龙最佳温度范围内。先将劲性骨架顶紧然后进行张拉,临时束张拉锚固后不压浆,合龙完毕后将其拆除。

合龙前使悬臂端尽可能保持相对固定,以防合龙段混凝土在浇筑及早期硬化过程中发生明显的体积改变。合龙口临时锁定后,应立即将合龙口一侧的墩梁固结,解除支座临时约束,使梁的一侧能在合龙临时锁定装置连接时沿支座自由伸缩。合龙口临时锁定设施应在合龙段纵向预应力孔道压浆前拆除。

(3)混凝土施工。

合龙段混凝土采用微膨胀混凝土。在一天中气温较低时进行合龙段混凝土浇筑,可保证合龙段新浇筑混凝土处于气温上升的环境中,在受压的状态下达到终凝,以防混凝土开裂。合龙段混凝土浇筑过程中,采用在悬臂端的水箱中加水的方法设平衡重,保证平衡施工。在合龙锁定之前将平衡配重加到相应悬臂端,使骨架在合龙锁定之后处于稳定状态,避免薄弱处受剪破坏。

(4)预应力施工及结构体系的转换。

①合龙段预应力永久束张拉前,采取覆盖箱梁悬臂并洒水降温,以减小箱梁悬臂的日照温差。安装底板预应力束管道时要采取措施保证管道畅通,待合龙段混凝土达到设计规定强度和相应龄期后,先张拉边跨顶板预应力束,再张拉底板第一批预应力束,按照设计要求的张拉吨位及顺序双向对称进行张拉。横向、竖向及顶板纵向预应力施工与箱梁悬灌梁段施工相同。合龙段施工完毕后,拆除临时预应力束并对管道进行压浆。

②结构体系的转换。连续梁悬浇施工的过程就是应力体系转换的过程,也是支座临时固结、各T形刚构合龙、固结的适时解除、预应力分配以及分批依次张拉的过程。为保证施工阶段的稳定,一般边跨先合龙,释放梁墩锚固,结构由双悬臂状态变成单悬臂状态,最后跨中合龙,呈连续梁受力状态。施工时应注意以下几点:

a.结构由双悬臂状态转换成单悬臂受力状态时,梁体某些部位的弯矩方向发生转换。所以在拆除梁墩锚固前,应按设计要求张拉一部分或全部布置在梁体下部的正弯矩预应力束。还需要保证解除临时固结后活动支座结构稳定,可以采取措施限制单悬臂梁产生过大的纵向水平位移。

b.应均衡对称地进行梁墩临时锚固的放松,确保其逐渐均匀释放。在放松前测量各梁段高程。在放松过程中,注意各梁段的高程变化,如有异常情况,应立即停止作业,找出原因,确保施工安全。

c.在结构体系转换中,解除临时固结后,将梁落于正式支座上,并按标高调整支座高度及反力。调整应以高程控制为主,以反力为校核。

6.1.3 悬臂浇筑法施工实践

1. 工程概况

新建上海至南京至合肥高速铁路沪宁段站前及相关工程 HSZQ-9 标段,起讫里程为 DK211+585～DK241+050。

标段内正线线路长 29.46 km,正线双线桥梁 1 座(通泰扬特大桥),占正线新建线路总长的 100%。单线桥长 1.21 km,即高架站到发线的单线特大桥。

标段内相关联络线及动走线共 1 条,线路长 1.678 km。相关联络线桥梁共 1 座,为黄桥工区走行线单线特大桥。单线桥长 0.289 km,涵洞 1 座,共计 61.17 横延米。

2. 施工安排原则

桥梁工程的施工组织以架梁作业为控制主线,结合重点、难点桥梁工程,坚持分单元流水作业、重点突出的总体原则,特大桥、先架梁桥、结构复杂的桥梁,特别是本标段内跨 X355 县道的通泰扬特大桥(88+168+88)m 连续梁拱需要优先安排施工。其他按铺架顺序要求倒排工期,适时开展施工生产,安排总体架梁。每座桥梁按照先水中后陆地、先下部后上部的顺序组织施工,上部结构为现浇梁,需要独立组织施工的墩台优先施工。枯水期重点保证跨河桥梁河道中的基础施工。主体工程完成后及时进行桥梁附属施工。

大跨度预应力混凝土梁采用悬臂浇筑和支架法施工。为了简支梁的架设能够连续进行,先期施工特殊孔跨下部结构。

除道岔梁、系杆拱及非标梁外,简支箱梁主要采用预制架设,标段内设 1 处制梁场。

3. 施工方案

桥梁下部工程采用常规施工方案。河岸、浅滩地段的桥梁墩台采用筑岛围堰施工,通航河流或湖泊水中墩施工采用水中钢栈桥平台加钢围堰施工方案。一般简支梁采用预制架设施工,非标简支箱梁、道岔连续梁采用现浇施工,系杆拱采用挂篮悬臂浇筑施工。

4. 悬臂浇筑施工

标段内特殊结构桥梁以预应力混凝土连续梁为主,除少部分高度低、跨度小、场地符合要求的采用支架现浇外,其他均为悬臂浇筑施工。在此主要介绍悬臂浇筑施工方法。

控制架梁通道的连续梁可以先期开工。对于工期不紧的连续梁,可以合理组织流水作业。对于需要通过运梁车和架桥机的孔跨,尽量安排在通过前一个月合龙。

全线预应力混凝土连续梁数量较多,部分地段分布相对密集,对运、架梁工期会产生影响。因此,在总体施工进度安排的框架下,必须根据架梁进度统筹安排施工工期和资源配置。

根据现场实际情况,对悬臂梁 0 号块采用墩旁托架或支架现浇方案,对 1 号块及以后块段采用挂篮现浇,合龙块采用吊架法或挂篮现浇方案。挂篮和支架的弹性变形对施工控制的影响较大,0 号块施工前必须对托架或支架进行预压,1 号块施工前必须对挂篮进行预压,并计算相应的变形参数,在安装模板时予以考虑。

(1) 临时支座及墩梁固结设置。

为承受悬臂施工中临时 T 构梁的重量及不平衡弯矩,在其墩顶支撑垫石两侧分别对称设置临时支座,并预埋相应精轧螺纹钢筋锚固墩顶 0 号段,形成墩梁固结的稳定 T 构。

(2) 0 号块及边跨直线段施工。

0 号块及边跨直线段均在托架或支架上现浇。托架和支架均要先进行超载预压,消除支架非弹性变形,确保支架的承载能力,并测出弹性变形值,将其作为确定铺设箱梁底模标高的参考。

(3) 挂篮悬臂灌注。

悬臂施工按照对称平衡的原则进行,随时控制两悬臂上部的不平衡荷载。除了施工机具,不得堆放其他物品和材料,以免引起挠度偏差。施工中严格执行"三步走"要求,即:挂篮前移就位,调整一次模板标高;钢筋绑扎结束调整一次标高;混凝土灌注前精确调整一次标高。检查后锚点及走行轨道锚固的可靠性,从而确保挂篮前移和浇筑过程安全可靠。当底模、外模随桁架向前移动就位后,分别安装箱梁梁段底板和腹板钢筋,并安装纵向预应力钢筋管道以及竖向预应力筋和管道。将内模架从已灌梁段箱体内拖出,待内模安装完毕,再绑扎安装顶板钢筋以及横向预应力筋和管道,然后灌注梁段混凝土。养护后进行新浇筑梁段预应力筋的张拉和管道压浆作业。随后挂篮再向前移动,进行下一梁段的施工。如此循环,直至所有梁段灌注完成。

(4) 预应力施工。

要按试验规程对预应力筋、夹片及锚具进行检验,使用千斤顶前要进行校核和标定。在预应力筋张拉前,提出施工梁段混凝土的强度试验报告。当混凝土强度达到设计强度的95%、弹性模量达到100%后,方可施加预应力。在预应力钢绞线张拉过程中,采用应力指标控制张拉,张拉时及时向监控技术人员提供有关数据,以便核对伸长值,验证预应力有关参数的准确性。实际伸长值与理论伸长值之差控制在±6%,否则应查明原因、采取相应措施进行处理后才能继续张拉。预应力束张拉完成后要尽早进行管道压浆。为保证压浆质量,优先采用真空辅助压浆工艺。

(5) 合龙段施工。

合龙是连续梁施工和体系转换的重要环节。合龙段施工必须满足受力状态的设计要求,保持梁体线形,控制施工误差。

根据施工顺序要求,合龙顺序为先边跨后中跨。在安装边跨合龙段箱体内模及顶板钢筋前,选择气温最低的时间,按设计位置与数量迅速对称焊接型钢劲性骨架体外支撑,再进行钢筋和模板的施工。在一天最低气温时,灌注合龙段混凝土。为减小灌注混凝土及张拉钢束间的间隙,拌制混凝土时,提高混凝土等级或采用早强措施,并掺入微量膨胀剂,以免新、旧混凝土结合面产生裂缝。混凝土作业尽可能在气温回升之前浇筑完成。混凝土浇筑完毕,顶面覆盖麻袋洒水养护。待合龙段混凝土达设计要求后,拆除体外支撑,之后拆除主墩上的临时支座,然后顺序张拉预应力钢束及竖向预应力钢筋。

(6) 体系转换。

连续梁分段悬浇过程中,各独立T构的梁体处于负弯矩受力状态。随着各T构的依次合龙,梁体也依次转化为正、负弯矩交替分布形式。各T构合龙后,依次张拉预应力筋和压浆锚固。解除临时固结,受力状态由悬臂静定结构转换为连续静定简支梁。

(7) 连续梁线性控制。

首先按公式确定箱梁悬灌的各节段立模标高。为保证箱梁轴线、高程的施工精度,及时准确地控制和调整施工中的偏差值。按严格的程序进行测量工作,并成立专业监测机构及时汇总核定参数。

6.2 悬臂拼装法施工

6.2.1 悬臂拼装法特点

悬臂拼装法梁体的预制可与桥梁下部构造施工同时进行,平行作业缩短了建桥工期。预制梁段的混凝土龄期比悬浇成梁的长,减少悬拼成梁后混凝土的收缩和徐变。梁段预制生产有利于整体施工的质量控制。悬臂拼装法适用于预制场地及运吊条件较好,特别是工程量大和工期较短的梁桥工程。悬臂拼装按起重吊装的方式分为浮吊悬拼、牵引滑轮组悬拼、连续千斤顶悬拼、缆索起重机(缆吊)悬拼及移动支架悬拼等。梁的吊拼是悬拼的核心,梁段的预制是悬拼的基础。

6.2.2 悬臂拼装法施工要点

1. 梁段预制方法

梁段预制方法分长线法及短线法。

长线法的具体内容是组成梁体的所有梁段均在固定台座上的活动模板内浇筑且相邻段的拼合面应相互贴合浇筑,缝面浇筑前涂抹隔离剂,以利脱模。长线法的优点是台座固定可靠,成桥后梁体线性较好,缺点是施工时占地面积较大,地基要求坚实,混凝土的浇筑和养护分散。

短线法的具体内容是梁段在固定台座能纵移的模内浇筑。待浇梁段一端设固定模架,另一端为已浇梁段(配筑梁段),浇筑完毕、梁段达到强度后运出原配筑梁段,将达到要求强度的梁段作为下一个配筑梁段,如此周而复始。短线法的优点是场地较小,浇筑模板及设备基本不需要移机,可调的底模、侧模便于平竖曲线梁段的预制,缺点是精度要求高,施工要求严,施工周期相对较长。

2. 梁段的拼接施工

(1) 0号块施工。

为了确保连续梁分段悬拼施工的平衡和稳定,将T构支座临时固结,必要时在墩两侧加设临时支架以满足悬拼的施工需要。

(2)预制梁施工(1号块)。

1号块是紧邻0号块两侧的第一箱梁节段,也是悬拼T构的基准梁段,是全跨安装质量的关键,一般采用湿接缝连接。湿接缝拼装梁段施工程序包括:吊机就位→提升、起吊1号梁段→起吊其他梁段→安设铁皮管→中线测量→测量湿接缝的宽度→调整铁皮管→高程测量→检查中线→固定1号梁段→安装湿接缝的模板→浇筑湿接缝混凝土→湿接缝养护、拆模→张拉预应力筋→下一梁段拼装。

其他梁段拼装采用胶接缝拼装。

(3)预制梁块悬臂拼装时应注意的要点。

①梁段的存放场地应平整,承载力应满足要求,支垫位置应与吊点一致。

②预制梁块的测量要求:a.箱梁基准块出坑前必须对所有梁块进行测量,详细记录,并根据其在桥上的设计位置进行校正;b.在箱梁顶面埋置4~6个箱梁高程控制点和挠度观测点。在预制梁段上标出梁号、中轴线、横轴线。

③预制块件的悬臂拼装可依据设备和现场条件选用。若在陆地上或在便桥上施工,可采用自行式吊车、门式吊车进行拼装;对于水中桥跨,可采用水上浮吊进行安装;对于高墩身的桥跨,可利用各种吊机进行高空悬拼施工。

④桥墩顶梁段及桥墩顶附近梁段施工时,可以托架或膺架为支架就地浇筑混凝土。应对托架或膺架进行设计,计算其弹性变形及非弹性变形。

(4)应保证拼装的第一个梁块(基准块)的预制精度,安装时应对纵、横轴线及高程进行精确定位测量,为以后的拼装创造条件。

(5)采用悬臂拼装法修建预应力悬臂梁桥时,应先将梁、墩临时锚固或在墩顶两侧设立临时支承,待全部块件安装完毕后,再撤除临时锚固或支承。

(6)采用悬臂吊机、缆索、浮吊悬拼安装时,应按施工荷载进行强度、刚度、稳定性检算,使安全系数大于2.0。施工中还应注意以下事项。

①块件起吊安装前,应对起吊设备进行全面的安全技术检查,按照设计荷载的60%、100%和120%进行静载起吊试验。

②吊机重应符合设计要求,应注意吊机的定位和锚固,检查符合要求后再进行起吊拼装。

③移动吊机前应将纵向主桁架上所有活动部件移动到主桁架后端,然后方可松卸锚固螺栓。

④桥墩两侧块件宜对称起吊,以保证桥墩两侧平衡受力。

⑤移动吊机时应沿箱梁纵轴线对称地向两端推进。

⑥墩侧相邻的1号块件提升到设计高程初步定位后,应立即测量、调整1号块件的纵轴线,使之与梁顶块件纵轴线的延伸线重合,使其横轴线与梁顶块件的横轴线平行且间距符合设计要求。应检查梁顶块件与1号块件间孔道的接头情况,调整并制作接缝间孔道接头后,方可将1号块件牢靠固定。其他各个块件连接时,均应按本条规定测量、调整其位置。

⑦应在施工前绘制主梁安装挠度变化曲线。悬臂拼装过程中应随时观测桥轴线安装挠度曲线的变化情况,并将其与设计值对比,遇到较大偏差时应及时处理,以便控制块件的安装高程。

⑧吊机就位后须将支点垫稳,固定后锚固螺栓,将平车移动到起吊位置,进行下一块件的拼装。

(7) 对于非0号、1号块件的拼装,一般应在接缝上设置定位楔齿或定位器。

(8) 对于采用胶接缝拼装的块件,涂胶前应就位试拼。粘贴一般采用环氧树脂型胶黏剂。使用前应进行试验,符合设计要求方可使用。

(9) 湿接缝块件混凝土强度达到设计强度等级的70%以上时(设计文件如有要求,则按设计文件要求处理,但不能低于设计强度等级的70%),才能张拉预应力束。

(10) 体系转换应按设计顺序进行。

6.3 转体法施工

6.3.1 转体法施工介绍

随着国家交通道路网的迅速发展,转体法施工大跨度预应力钢筋混凝土连续梁桥已经广泛应用于一些横跨主要陆地交通道路和水上交通道路的桥梁施工。转体法施工适用于跨越深谷急流、难以吊装的特殊河道,具有节省吊装费用,安全、可靠、整体性好等特点。

桥梁转体施工是指桥梁结构在非设计轴线位置制作(浇筑或拼接)成型后,通过转体就位的一种施工方法。可根据现场实际情况,在路堤上或河岸上预制上部构造,根据地形随意选择旋转角度。根据桥梁结构的转动方向,转体法可分为竖向转体施工法(简称竖转法)、平面转体施工法(简称平转法)以及平转与竖转相结合的方法,其中平转法应用最多。下面主要介绍平转法。

平转法施工程序为：基础施工→转动体系施工→支座安装→梁体施工→转体→梁体合龙→体系转换→封闭间隙。

6.3.2 转体法施工要点

1. 转动体系

（1）转动体系构造。

转动体系主要由转动支承系统、转动牵引系统和平衡系统组成。以下对转动支承系统和转动牵引系统进行介绍。

转动支承系统是平转法施工的关键设备，由上转盘和下转盘构成。上转盘支承转动结构，下转盘与基础相连。通过上转盘相对下转盘的转动，达到转体目的。转动支承系统必须兼顾转体、承重及平衡等多种功能。目前使用的转体装置有两种：第一种是混凝土铰支转盘，第二种是四氟板转盘。

转动牵引系统由牵引反力座及预埋在转盘内的牵引索组成，是转体施工成败的关键。牵引系统由牵引动力系统、牵引索、反力架、锚固构件组成。转体施工设备采用全液压、自动、连续运行系统，具有同步、牵引力平衡等特点，能使整个转体过程平衡，无冲击颤动。

平衡问题也是平转过程中的一个关键问题。对于斜拉桥、T构桥以及带悬臂的中承式拱桥等上部恒载在墩轴线方向基本对称的结构，一般以桥墩轴心为转动中心。为使重心降低，通常将转盘设于墩底。对于单跨拱桥、斜腿刚构等，平转施工分为有平衡重与无平衡重转体两种。有平衡重时，上部结构与桥台一起作为转体结构，上部结构悬臂长，重量轻，桥台则相反。在设置转轴中心时，尽可能远离上部结构方向，以求得平衡，如果还不平衡，则需要在台后加平衡重。无平衡重转体只转动上部结构部分，利用背索平衡，使结构转体过程中被转体部分始终为由索和转铰处两点支承的简支结构。

（2）转动体系施工（以钢面球铰为例）。

①主墩桩基施工完成后，根据滑道骨架及下球铰骨架尺寸分两次进行下承台浇筑施工，首先浇筑第一阶段部分混凝土，安装滑道，然后安装大吨位钢球铰。安装时，将下球铰放置于已架好的底座骨架上。先粗调，再用骨架上的微调螺丝调整下球铰中心位置及球面，使球铰中心销轴套管竖直，球铰周圈在同一水平面上（需要借助高精度仪器控制其顶口任意两点高差不超过1 mm）。采用钢球铰转体施工时，最为关键的一点就是对球铰安装精度及滑道精度的控制。它将直

接影响转体的稳定及结果,因此需要特别引起重视。

②调整到位后将螺丝固定好,盖好中心套管。浇筑第二阶段微膨胀混凝土。浇筑前,先将下球铰的振捣孔旋出,振捣至球铰上的出气孔有混凝土往外冒,再从外侧继续浇筑混凝土,注意复振,务必确保混凝土振捣密实。

③清理下球铰的凹面及中心销轴套管,同时做好混凝土养护,待混凝土固化后,施工人员备好吸尘器等工具,再次清理下球铰。

④将钙基润滑脂与四氟粉按比例配置混合好,并搅拌均匀。先在中心套管内放入聚四氟乙烯粉,再将中心销轴轻轻放到套管中,按图纸对应的编号由内至外将聚四氟乙烯滑片一一对应安装完毕后,将聚四氟乙烯粉填至下球铰面上。

⑤将上球铰吊起除锈后,涂抹聚四氟乙烯粉,然后将其对准中心销轴并使其轻落至下球铰上。球铰平转体系基本形成后,进行试转体,人工轻轻将上转盘转动3~5圈,将上、下球铰间的钙基润滑脂挤压密贴,直至球铰间周边有钙基润滑脂挤出。去除多余钙基润滑脂,并将上、下球铰外圈空隙涂满,最后用水泥砂浆将外圈空隙处密封处理,等待使用。

⑥进行上转盘、撑脚、挡块施工。上转盘内的牵引索是整个转体施工的关键,需要将牵引索圆顺地缠绕转盘3/4周至牵引反力座。安装牵引索应注意如下内容:锚固长度足够;出口处不留死弯;预留的长度要足够并考虑4 m的工作长度。从牵引索安装完成到使用期间应注意保护,避免电焊、高温等影响,并用钙基润滑脂将外露的牵引索涂抹均匀,用彩条布包裹好,防潮防淋,避免锈蚀,转体前再拆开使用。

支撑钢管撑脚底部与下承台滑道顶部间隙的设置尤为关键。间隙过大,可能会造成撑脚失去支撑稳定作用;间隙过小,则又可能造成转体过程中撑脚与滑道钢板接触而使摩阻力过大,造成转体转不动。理论上,"若即若离"是撑脚与滑道钢板之间最理想的状态,但实际施工中由于不平衡重及施工误差等因素的影响很难达到这种状态。因此,综合考虑后认为,该间隙可适当大一些,10~20 mm较为适宜。如果间隙设置较大,也可在撑脚与滑道钢板间加垫钢滑板,使其随着转体转动也相应移动。

2. 箱梁施工

转体法箱梁施工与支架法箱梁施工相同。先平行于线路搭设支架,分节段对称浇筑,需要特别注意对箱梁高程及不平衡重的控制。对箱梁的尺寸、浇筑数量进行专门检查和控制,将施工中的不平衡重控制到最小。同时,节段施工过程中,应提前考虑好支架拆除后梁体高程的变化,避免转体就位后箱梁高程与设计高程产生较大差异。

3. 转体施工

(1) 转体前的施工准备。

①设备调试。使用设备前进行标定,标定之后对系统进行空载联试,以确认全部设备正常并满足要求。

②现场清理。现场清理包括清理环道,解除临时支座,清除结构平转范围内的障碍物。

③旋转系统安装(包括主牵引系统安装和助推系统安装)。安设主牵引系统的千斤顶前,在下转盘基础预埋反力架后方搭设承托架,承托架的高度以保证千斤顶牵引钢绞线时其轴心处高度与上转盘预埋钢绞线处固定受力点高度一致为原则。千斤顶准确就位后,将预埋钢绞线按照预埋次序穿入,连续顶推千斤顶。安装时注意控制各定位钢筋的水平和竖向尺寸,确保牵引钢束的定位准确无误。主牵引系统的千斤顶安设位置必须经过全站仪严格放样、检测,力求使每座转体系统在纯力偶状态下工作。安装卡具并卡紧,然后用小型千斤顶逐根张拉钢绞线,使钢绞线处于绷紧状态。千斤顶安装位置(或反力架位置)应对称分布。

为了避免水平转体施工过程中各牵引索互相干扰,各牵引索必须有单独的轨道。运行过程中,各牵引索各行其道。

由于初始静摩擦力大于滑动摩擦力,为保证安全,防止单独使用柔性钢束造成 T 构突然转动,在下盘的内环支承柱和上盘平衡脚之间安装 3 台小型助推千斤顶,将其作为初始起动牵引的动力储备。使用过程中,助推千斤顶头始终用楔形垫铁与支撑柱紧贴,以使千斤顶的顶推方向与平衡脚的切线方向一致。

④防超转机构的准备。基础施工时,应提前在转体就位处设置限位装置,同时配备两台千斤顶备用。

⑤制定加载方案。

(2) 试转。

在上述各项准备工作完成后,正式转动之前,应进行结构转体试运转,全面检查牵引动力系统及转体体系、位控体系、防倾保险体系,并撤除所有支撑物、配重。确认正常后,开启牵引动力系统,使其在手动状态下试运转,考核水平转体体系状态,同时测试转体点动运行速度、角速度、启动力矩和运行力矩等参数,以供转体及定位时参考。检测整个系统的安全可靠性,同时由测量和监控人员对转体系统进行各项初始资料的采集,对转体全过程进行跟踪监测,为正式实施转体提供主要技术参数和可靠保证。

试转时应做好以下两项重要数据的测试工作。

①测试每分钟转速,即将转体实际转动的角速度控制在设计要求范围内。

②测量悬臂端所转动的水平弧线距离,即将转体实际转动的线速度控制在设计要求范围内。控制采取点动式操作。测量组测量每点动 1 次悬臂端所转动的水平弧线距离的数据,为精确定位提供操作依据。打开主控台以及泵站电源,启动泵站,用主控台控制两台千斤顶同时施力旋转。若不能转动,则施以事先准备好的辅助顶推千斤顶,同时施力,以克服静摩擦阻力促使桥梁转动。

(3) 正式转体。

试转结束,分析采集的各项数据,编制详细的转体方案,即可进行正式转体。

转体结构旋转前要做好人员分工,根据各个关键部位、施工环节,对现场人员进行周密部署。现场人员各司其职,分工协作,由现场总指挥统一安排。

转体时,先让辅助顶推千斤顶达到预定吨位,启动动力系统设备,并使其在自动状态下运行。转体使用的两台对称千斤顶的作用力始终保持大小相等、方向相反,以保证上转盘仅承受与摩擦力矩相平衡的动力偶,无倾覆力矩产生。

设备运行过程中,各岗位人员必须高度集中注意力,时刻注意观察和监控动力系统设备和转体各部位的运行情况。如果出现异常情况,必须立即停机处理。彻底排除隐患后,方可重新启动设备继续运行。

在内环平衡脚与承台顶预埋钢板走行环道间的预留间隙内铺垫四氟板,将其作为转体旋转时的平衡走行轨道(镶嵌于平衡脚下底面)。在外环支撑柱顶和上转盘之间的水平间隙内安装槽形钢板,钢板内铺垫同样大小、厚 8 mm 的四氟板走板。走板顶面与上环道间隙为 5 mm。在转体旋转过程中,内环平衡脚与走行轨道间间距因受力或荷载不平衡而发生变化时,在偏心对应处垫入四氟板以纠正偏心问题。

转体结构到达设计位置(主梁悬臂段中心点距离设计桥轴线 100 cm)时,系统暂停。为防止结构超转,将动力系统改为点动操作。每点动操作一次,测量人员测量轴线走行数据一次,反复循环,直至结构轴线精确就位。为保证转体就位准确,在反力架前预埋限位型钢加橡胶缓冲垫,即使发生转体过位,还可以将反力架作为支撑,用千斤顶反推就位。整个转体施工过程中,用全站仪加强对 T 构两端高程的监测和转盘环道四氟板走板的观察。

(4) 锁定转盘,调整高程。

转体就位后,应立即焊接部分预埋在上、下承间的竖向钢筋锁定转盘。根据需要可采用压重等方式,适当调整转体后箱梁高程。

(5) 封固转盘。

高程调整完成后,及时焊接剩余预埋在上、下承台间的竖向钢筋,浇筑封固混凝土,完成转体。

4. 施工监控量测

转体施工中,必须对转体全过程进行监控量测,以减少施工对道路的干扰,确保大桥的工程质量和施工安全。根据监控量测的实际情况指导和配合现场施工。

(1) 监控量测目的。

监测各施工工序关键部位的应力应变,保障转体施工的安全。控制和评估大桥施工各阶段的受力状态。协助和指导施工人员,使结构达到设计预想目标。必要时向业主、设计和施工单位对施工控制工序提出有关建议。收集并整理资料,为各方决策及竣工评估提供依据。优化施工工艺设计,提供更为经济、合理、省时、省力的施工方案。

(2) 监控量测内容及位置。

①转盘应力监控量测。在下转盘内部混凝土中埋设弦式应变计,两侧转体体系的下转盘均布置有测点。本项监控量测的主要目的是了解在转体荷载作用下,下转盘内部混凝土的应力及应力变化状况,以及其反映出的转动体系的偏心状况,为偏心结构重心调整、转动期间重心控制提供理论依据。

②转体桥墩应力监控量测。转体桥墩应力测量采用在墩柱混凝土内埋入振弦应变传感器测定的方法。根据应力变化值计算转体体系全部重量的变化和转体体系重心位置的变化,以保证转体体系的平衡,保证施工体系安全。应力监控量测时段是:转体桥墩混凝土浇筑完毕、梁体各施工段混凝土浇筑完毕、支架脱离前后、转体施工前后以及合龙段混凝土浇筑前后。

主梁施工悬臂根部截面混凝土纵向应力随着施工段增加、预应力张拉以及体系转换等施工阶段的变化而变化。该截面受力十分复杂,内应力的变化较大,是主梁混凝土内施工应力的关键控制截面。为控制其应力和变形,施工过程中随时监控量测混凝土的内应力是十分必要的。另外,观测主墩两侧的悬臂根部截面的纵向应力分布变化也可以推算 T 形刚构两悬臂重量不平衡的状况,为整个体系在施工过程中以及转体旋转前两端平衡控制与调整提供指导作用。该部位的应力应变观测截面应选择主梁的悬臂端与主墩交界的根部位置。

③结构高程和主梁线形监控量测。每道关键工序施工前后分别进行一次高程变化监控量测,以便随时掌握结构变形影响,提供箱梁现浇施工中支架及模板的预拱度。

④预应力的监控量测。在全桥预应力施工中,通过对预留孔道、预应力钢束的顺直度、张拉伸长量、管道摩阻力损失、锚下应力损失、孔道(尤其是长大孔道)压浆密实度等项目的监控量测,掌握和指导结构预应力施工全过程,从而确保预应力结构的施工质量。

⑤转动过程中对转动速度及同步转动就位的监控量测。在下转盘上分度标示转体角度,派专人观察转体角度并及时计算转体速度,将其作为结构平稳、顺利、安全完成转体控制的依据。顺利就位后,通过监测各结构轴线、高程以及结构应力的应变情况,为成桥检验积累基础数据。

通过以上全方位、全过程质量监控量测,有效地指导和控制 T 形刚构箱梁转体结构的施工。

5. 合龙段施工

转体完毕后,对箱梁边跨合龙段采用满堂支架进行施工。对合龙段相邻两个梁段间的高差进行测量:如果高差 $\Delta \leqslant 20$ mm,则进行下一步施工;如果 $\Delta > 20$ mm,则联系设计单位确定转体段箱梁在悬臂状态下配重所需重量及布置位置,根据设计提供的计算结果对箱梁进行压重,直到高差符合要求,再进行边跨合龙段施工。具体施工方法同悬臂浇筑合龙段施工。

合龙段张拉完毕后即完成边跨从悬臂梁到连续梁的体系转换。边跨体系转换完毕后,解除墩身临时锚固和永久支座的锁定,开始进行中跨合龙段施工。

边跨合龙段施工完毕及墩顶临时锚固解除完毕后进行中跨合龙段施工。中跨合龙段采用吊架进行施工。吊架采用精轧螺纹钢筋,通过箱梁预留孔对中跨底模进行支撑。

6. 转体上下承台间空隙浇筑

主桥合龙后对上下承台间空隙用微膨胀混凝土进行浇筑填充。空隙浇筑完毕后即完成整个转体桥梁的施工。

6.4 连续梁顶推

6.4.1 顶推法施工介绍

顶推法的施工原理是沿桥纵轴方向开辟预制场地,分节段预制混凝土梁身,并用纵向预应力筋连成整体,然后通过水平液压千斤顶施力,借助不锈钢板与四氟乙烯模压板特制的滑动装置,将梁逐段向对岸顶进,就位后落架,更换正式支座,完成桥梁施工。

顶推法施工不仅用于连续梁桥,也可用于其他桥型。以简支梁为例,可先连续顶推施工,就位后解除梁跨间的连续。拱桥的拱上纵梁也可在立柱间顶推施工。斜拉桥的主梁等均可采用顶推法施工。

顶推法的主要特点如下。

(1)可节约施工场地,减少构件、材料运输,并在节省劳动力、减轻劳动程度与缩短工期方面效果显著。

(2)便于加强施工管理,施工场地仅限于预制台附近较小范围;可盖设临时工棚,有利于冬季、雨季施工;可以反复操作,工人熟练掌握技术,有利于提高质量。

(3)可相应降低工程造价。顶推临时设备是预制台和顶推装置,不需要脚手架和特殊的机械,只需要制作梁段块件单元长度的模板(可反复使用)。

顶推施工预应力混凝土连续梁应根据场地条件、工期要求、设备情况等,选择从一端顶推或从两端顶推的方式,采用单点接力顶推或多点连续顶推等方法进行施工。

顶推施工流程:施工准备→台座施工→安装前导梁、浇筑第一梁段→安装墩顶滑道、顶推准备→顶推第一梁段至施工设计位置→浇筑第二段及以后的中间梁段→顶推至施工设计位置→安装后导梁、浇筑最后一梁段→将梁体顶推至设计位置→拆除前后导梁及顶推设备→预应力安装、张拉,孔道压浆,拆除临时预应力筋→拆除墩顶滑道、安装支座、落梁就位。

6.4.2 连续梁顶推施工要点

1. 梁段预制

(1)梁段预制场地。

梁段预制场地应能满足导梁拼装、机械设备及制梁材料存放和施工作业的需要。

梁段预制场地应根据顶推法施工的要求设在桥台后面(桥轴线上)的引道(或引桥)上;多联顶推时,为加快施工进度,可在桥两端设场地,从两端相对顶推。顶推法的制梁有两种方法。一种是在梁轴线的预制场上连续预制、逐段顶推。另一种是在工厂将其制成预制块件,将预制块件运送到桥位,连接后进行顶推。在这种情况下,必须根据运输条件决定节段的长度和质量,长度一般不超过 5 m。同时,需要准备起重、运输设备。因此,以现场预制为宜。

预制场地的长度应考虑梁段悬臂时反压段的长度、梁段底板与腹板预制长度、导梁拼接长度和机具设备进入预制作业线的长度。预制场地的长度一般为预制节段长的 3 倍以上。主梁的节段长度划分主要考虑段间的连接处不要设在连续梁受力最大的支点与跨中截面,同时考虑加工便捷性,尽量减少分段,缩短工期,还应考虑预应力混凝土的弹性压缩、收缩、徐变的影响,并进行调整。因此一般取每段 10~30 m。预制场地的宽度则可根据梁段两侧施工作业的需要确定。

为避免受天气影响,可在场地搭建临时有盖工棚,且工棚可以移动。移动工棚可用于浇筑作业或顶推工作平台。

制梁台座应经过施工设计,具有足够的强度、刚度和稳定性,并应做好台座地基的防排水设施。制梁台座顶面高程、中线及纵坡应与顶推桥梁的设计高程、中线及纵坡一致。台座上的滑道装置应按最大反力设计,保证满足预制梁段的顶推需要。

(2) 梁段模板。

一般来说,采用顶推法的施工梁体多为等截面,模板可以多次周转使用。因此宜使用钢模板,以保证预制梁尺寸的准确性。底模板安置在制梁台座上,制梁台座和底模中心线与桥梁中心线的偏差不大于 1 mm。底模和制梁台座应密贴,其顶面高程的偏差不大于 1 mm。

(3) 梁段混凝土。

梁段混凝土浇筑有两种方法:一种方法是在预制场浇筑完成节段后,张拉预应力筋并顶推出预制场;另一种是在预制场先完成底板浇筑,张拉部分预应力筋后即推出预制场,而其他部分的施工是在过渡跨上完成的。

梁段浇筑过程中要严格控制界面尺寸、底面平整度和梁段端部的垂直度。严格控制梁段内钢筋、预应力筋孔道位置、预埋件位置,以及混凝土的浇筑质量。为提高混凝土早期强度,缩短顶推周期,可在配置混凝土时采用早强水泥,掺入早强减水剂,采取蒸汽养护等措施。

梁段制作及梁段连接除应符合预制梁的有关规定,还应符合下列规定。

①预制梁段长度除应符合设计要求,还应考虑预应力混凝土的弹性压缩、收缩及徐变影响,适当加长。在制作过程中,根据顶推施工梁长变化情况对其进行及时调整,确保支座位置符合设计要求。

②必须严格控制预制梁段的端面尺寸、垂直度和底面平整度,梁段接缝面的预应力孔道相错量应不大于 2 mm。相邻梁段应密接浇筑,后浇梁段成孔胶管伸入已成梁段内的长度应不小于 30 cm,金属波纹管成孔时搭接长度应不小于 10 cm,并应采用密封措施,防止漏浆堵塞孔道。

③顶推梁段的接缝方式应符合设计要求。

④顶推梁段和顶推阶段的预应力筋应按设计要求张拉、压浆,但需要拆除的临时预应力筋张拉后不应压浆。

2. 顶推

(1) 顶推方式。

按照顶推装置的布置可将顶推方式分为单点顶推和多点顶推。

单点顶推是指装置集中在主梁预制场附近的桥台或桥墩上,前方各支点上设置滑动支承。其特点是顶推装置集中,布置方便,但顶推装置规模大,对桥墩的水平推力较大。

多点顶推是在每个墩台上设置一对小吨位的水平千斤顶,将集中的顶推力分散到各墩上。其特点是可以免去大规模的顶推设备,桥墩在顶推中所受的水平推力较小。多点顶推的关键在于同步。因为顶推水平力分散到各桥墩上,需要通过中心控制室控制千斤顶的推力等级,保证同时启动、同步前进、同步停止和同步换向。同时,各机组和观测点上需要安装急停按钮。采用多点顶推时,可按主顶和助顶相结合的形式顶推,助顶的顶推力保持恒定不变,不足的顶推力由主顶调整补充。

按照支承形式,顶推还可分为设置临时滑动支承的顶推施工、与永久支座兼用的滑动支承的顶推施工。此外,顶推法施工还可以分为单向顶推和双向顶推。

多联桥的顶推可以分联顶推,通联就位,也可以联在一起顶推。两联间的结合面可用牛皮纸或塑料布隔离层隔开,也可用隔离剂隔开。多联一并顶推时,多联顶推就位后,可根据具体情况设计解联、落梁及形成伸缩缝的施工方案。如两联顶推,第二联就位后解联,然后第一联再向前顶推就位,形成两联间的伸缩缝。

(2) 顶推装置。

顶推装置可分为两种：一种是由水平千斤顶和竖直千斤顶联合使用，顶推预制梁前进；另一种是由水平千斤顶通过沿箱梁两侧的牵动杠杆给预制梁一个顶推力。

①用水平、竖直千斤顶顶推。

水平千斤顶和竖直千斤顶联合使用时，顶推程序为顶梁、推移、落下竖直千斤顶的活塞杆、收回水平千斤顶的活塞杆。顶推时，升起竖直千斤顶活塞，使临时支承卸载，开动水平千斤顶去顶推竖直千斤顶。竖直千斤顶下面设有滑道，上端装有一块橡胶板，在竖直千斤顶前进过程中可带动梁体向前移动。当水平千斤顶达到最大行程时，降下竖直千斤顶活塞，使梁体落在临时支承上，收回水平千斤顶活塞，带动竖直千斤顶后移，回到原来位置，如此反复不断地将梁顶推到设计位置。

顶推要求如下：a.水平千斤顶的实际总顶力应不小于计算顶推力的2倍；b.墩、台顶上水平千斤顶的台背必须坚固，应能承受顶推时的总反力；在顶推过程中各桥墩的纵向位移不应超过设计规定；c.在主梁各墩（包括临时墩）支承处，均应按有关要求设立滑动装置；d.单点顶推或多点顶推的水平千斤顶在顶推时，左右两条顶推线应横向同步运行，且多点顶推时，各墩台的水平千斤顶均应纵向同步运行，保证主梁纵向轴线在设计允许偏差值范围内。

②用拉杆顶推。

在桥台前安装一对具有顶推力的千斤顶。牵引拉杆采用一根或两根高强螺纹钢筋。钢筋前端通过锥形楔块固定在水平千斤顶活塞杆的头部，另一端使用特制的拉锚器、锚定板等连接器与箱梁连接。水平液压千斤顶布置在桥台前端，底座紧靠桥台。千斤顶通过牵引作用带动梁体向前运动。千斤顶回程时，固定在油缸上的刚性拉杆便从楔形夹具上松开，在锚头中滑动，随后重复下一循环。可将粗钢筋或钢绞线作为牵引拉杆，使其与相应的锚具、水平穿心式千斤顶等配合牵引。

3. 滑动装置及顶推导向

滑道支承设置在桥墩上的混凝土临时垫块上，由光滑的不锈钢板与聚四氟乙烯滑块组成。其中，滑块由聚四氟乙烯板与具有加劲钢板的橡胶块构成。顶推时，组合的聚四氟乙烯滑块在不锈钢板上滑动，并在前方滑出，通过在滑道后方不断喂入滑块，带动梁身前进。

为了使顶推正确就位，施工中须设置横向导向。通常在桥墩台上主梁的两侧各安置一个横向水平千斤顶,水平千斤顶的高度与主梁的底板位置齐平。在水平千斤顶的顶杆与主梁侧面外缘之间放置滑块,顶推时水平千斤顶的顶杆与滑块的聚四氟乙烯板形成滑动面。顶推时,由专人负责不断更换滑块。

横向导向千斤顶在顶推施工中只设置于两个位置,一个位置是预制梁段刚刚离开预制场的部位,另一个是顶推施工最前端的桥墩上。因此,梁前端的导向位置将随着顶推梁的前进不断更换。施工中如发现梁的横向位置有误而需要纠偏,必须在梁顶推前进的过程中进行调整。曲线桥由于超高而形成单面横坡,横向导向装置应比直线处强劲,且要增加横向导向装置数量。同时应注意,顶推时内外弧两侧前进的距离不同,要加强控制和观测。

顶推导向及滑动设备应符合下列规定。

(1)顶推梁体横向导向设备和梁底滑动设备应符合设计要求。设计无要求时,横向导向设备宜在每一桥墩顶面两侧设置临时导向墩(架),导向墩(架)与顶推梁体外侧面应留有适当间隙,以便顶推过程中设专人填放聚四氟乙烯板控制方向。

(2)梁底可采用聚四氟乙烯板,将其作为滑板。其面积应根据最大反力计算确定,长度宜不小于 40 cm。

(3)墩顶滑道(临时支座)表面应平整光滑,安装牢固。

(4)滑道进出口坡度应小于 2°,避免滑板产生的线状变形致使聚四氟乙烯板遭受碾压破坏。

4. 施工中的其他设施

(1)导梁。

导梁一般为钢导梁,导梁长度、重量、结构类型及与梁体的连接方式应符合设计要求。导梁底面应平直,并与梁体底面位于同一平面内,纵向高程偏差、中线偏差及底面横向高差均应不大于 1 mm。当用连接件连接时,应先将导梁全部拼装并与连接件连接后,再浇筑混凝土,导梁与梁体连接的预埋件规格、数量、位置应符合设计要求。当用预应力筋连接时,预应力施工应符合设计要求。

导梁的结构需要进行受力状态分析和内力计算,导梁的控制内力是导梁与箱梁连接处的最大正、负弯矩和下弦杆承受的最大支点反力。国内外的实践经验表明:导梁的长度一般取顶推跨径的 60%～70%,较长的导梁可以减小主梁悬臂负弯矩,但过长的导梁也会导致箱梁接头处负弯矩和支反力相应增加;导梁过短,则要增大主梁的施工负弯矩。

由于导梁施工中正负弯矩反复出现,连接螺栓易松动,在顶推中每经历一次正负弯矩均需要检查和重新拧紧螺栓。施工时要随时观察导梁的挠度。根据施工经验,实测挠度往往大于计算挠度,主要原因是滑块压缩量不一致、螺栓松动、混凝土收缩及温度变化等影响。当导梁前端挠度过大时,可在前方墩顶设置接引千斤顶。

(2) 临时墩。

临时墩仅在施工中使用,在符合要求的前提下,造价要低且便于装拆。目前用得较多的是用滑升模板浇筑的混凝土薄壁空心墩、混凝土预制板或预制块拼砌的空心墩、混凝土板和轻便钢架组成的框架临时墩。通常在临时墩上不设顶推装置,仅设置滑移装置。

施工时是否设置临时墩需要在总体设计中考虑。以卡罗尼河桥为例,分孔时考虑在中孔内设置一个临时墩。该桥的顶推跨径选用 45 m,而桥梁的跨径为 48 m+2×96 m+48 m,因此在设计中可以通过设置临时墩来调整顶推跨径,从而扩大顶推法施工的应用范围。顶推法施工绝大多数为等截面梁,过分加大跨径是不经济的。在大跨径内最多设两个临时墩。使用临时墩要增加桥梁的施工费用,但是可以节省上部结构材料用量,需要从桥梁分跨、通航要求、桥墩高度、水深、地质条件、造价、工期和施工难易等方面来综合考虑。

桥跨间设置临时墩时,临时墩应经过设计检算,具有足够的强度、刚度和稳定性。临时墩上的滑道应设有高程调整设施。

桥梁顶推施工完毕,应将临时墩拆除。

(3) 拉索、托架及斜拉索。

拉索加劲主梁以抵消顶推时的悬臂弯矩。法国和意大利就曾使用这样的临时设施并获得成功。

拉索系统由辅助塔架、连接构件、竖向千斤顶和钢索组成,设置在主梁的前端。拉索的范围为顶推跨径的两倍,塔架支承在主梁的混凝土固定块上。在该处对箱梁截面进行加固,以承受塔架的集中竖向力。在顶推过程中,箱梁内力不断变化,因此要根据不同阶段的受力状态调节索力。这项工作由设在塔架下端的两个竖向千斤顶完成。

顶推施工也可在桥墩上设托架,以减小顶推跨径和梁的受力。如西德维纳河桥长 231 m,分跨为(33+51+63+51+33)m,导梁长 30 m。该桥在主墩的每侧设有 10.4 m 的托架,使顶推跨径减小为 42.2 m,施工后托架与主梁连成整体,形成连续撑架桥。

对于具有较大纵坡和较高桥墩的情况,可采用斜拉索以减小桥墩的水平力,增强稳定性。这种加固方法适用于水不太深或跨山谷的桥梁。

5. 顶推作业

(1) 顶推准备工作。

梁段开始顶推前应具备下列条件：顶推阶段的预应力筋全部张拉完成；顶推设备技术状态和滑道、导向及纠偏装置、导梁设置情况经过全面检查并全部符合顶推工艺设计要求；施工人员全部就位并联络畅通。

(2) 顶推。

顶推力的大小根据梁体重量和摩擦系数计算确定，摩擦系数通过试验确定。预应力混凝土梁的顶推坡度应与桥梁设计坡度一致。梁体前移，水平穿心式千斤顶相应移动。

顶推接近到位时，如前方已有先架设的梁，应及时拆除导梁，或将导梁移到梁顶，在先架设的梁顶设置接引千斤顶和滑动支座。到位后，应拆除临时预应力束，并按设计顺序张拉后期预应力筋和压浆，再顶起梁体，拆除滑道，安放正式支座。起顶时，起顶高度及起顶力应根据计算确定。需要时，前、后临近墩可同时起顶，两侧起顶高差不大于 1 mm。

顶推施工应符合下列规定：

① 顶推设备应经检验合格，顶推千斤顶的顶推力不小于计算顶推力的 2 倍。

② 顶推过程中，桥墩(台)的纵向位移不得大于设计允许值。顶升桥梁的起顶反力值不得大于计算反力值的 1.1 倍。

③ 顶升高度不得大于设计要求值，设计无要求时一次最大顶升高度不应大于 5 mm。

④ 单点顶推的开始和最后阶段，竖直千斤顶与梁体间摩擦力不足致使梁体不能前进时，应考虑采取助推措施。

⑤ 顶推过程中应随时观测梁体中线偏移、滑道高程及位移变化，检查墩顶纵向位移和导梁与梁体连接处、梁体接缝处、未压浆的临时预应力筋锚头处等重点部位变形等情况，发现异常现象应立即停止顶推，分析原因及时处理。导梁前端挠度变大、可能影响上墩时，应在前方墩顶提前设置接引上墩设施。

⑥ 顶推过程每一滑道应设专人监视滑道工作状态，保持滑动面清洁，使用非连续滑板时应有人及时喂、接滑板，保证在任何情况下每条滑道上不少于两块滑板，并及时更换磨损严重的滑板。

⑦ 单点或多点顶推时，左右两条顶推线的水平千斤顶应纵向同步运行(同时、同顶力、同行程顶推)。多点连续顶推时，应在梁上适当位置设置集中控制

台,控制各墩台动力装置同步纵向运行,并应根据实际偏差及时调节各千斤顶的速度和行程。

⑧采用牵引拉杆方式顶推时,千斤顶的反力台座、梁体上的拉锚器设置和牵引拉杆的配置应符合工艺设计要求。

⑨顶起梁体过程中,当千斤顶行程及油压达到预计数值而梁体未上升时,不可继续加压,应适当等待观察。

(3)落梁。

桥梁顶推至设计位置后,应按设计要求的落梁程序将梁落到永久支座上,落梁施工应符合下列规定:拆除滑动装置时,顶梁和落梁应符合工艺设计要求;顶(落)梁时应有保险设施,并随千斤顶活塞起落及时加高或降低。同一梁端的两侧支点应同步起落。

落梁时应以支点反力控制施工,可在计算支点反力值±10%范围内调整梁底高程。

6.5 先简支后连续箱梁

先简支后连续箱梁是采用预制-装配施工的连续梁桥。装配前,预制梁混凝土已经产生了部分徐变和收缩。这部分徐变和收缩对结构的影响很小,但是后期的徐变和收缩会影响结构的变形,因此应分阶段考虑。湿接缝混凝土强度达到设计强度之前,按静定结构考虑,但达到设计强度之后,混凝土徐变产生,这时变形受到多余的制约,内力变化,简支结构的恒载弯矩在后期结构中产生了重分布。

先简支后连续的连续梁桥在墩顶处的连续有单支座和双支座两种方法,施工工艺和体系转换方法有所不同。

6.5.1 单排支座先简支后连续梁桥

这种连续梁桥建成后,墩顶连续处只有一排支座,内力分布效果好,负弯矩峰值较高,能大幅削减跨中弯矩,使内力分布均衡,但施工方法较为麻烦,且连续处要设置顶部预应力钢筋。

(1)预制梁体。

预制梁体时在梁端顶板上预留预应力孔道和工作人孔,并预设齿板,凡做连续一端均不做封锚端,将顶板、底板、腹板普通钢筋伸出梁端。

(2) 设置临时支座。

架梁时先设置两排临时支座,使梁呈简支状态。临时支座是在硫黄混凝土里边敷设电阻丝,也可采用布设钢筋网的C40混凝土垫块或砂箱设置临时支承,其顶面高差不得大于2 mm。临时支承垫块顶上布置不锈钢板、聚四氟乙烯板。聚四氟乙烯板顶上可布置钢板或直接为梁体。

(3) 架梁,安放永久支座。

简支的预应力混凝土箱梁按设计要求架设在桥墩上,端跨简支梁远端支座可采用永久支座或临时活动支承,中支座、中跨简支梁两端临时支承在临时支座上。临时支座的中心线应与箱梁腹板中心线重合。调整简支梁位置及高程后,方可进行墩顶段梁体施工。

(4) 墩顶段施工。

布置模板,将设计要求的普通钢筋焊接相连,并布设箍筋,简支梁对接的梁端端面混凝土应凿毛。在顶部布设与原梁体顶预留孔道相对应的预应力筋孔道,现浇湿接头混凝土。应在温度变化最小时浇筑湿接头的混凝土,并在初凝之前浇筑完毕。坍落度宜控制为12~14 cm。

当坍落度低于12 cm时,应加密振捣棒插点。运输过程中不应发生混凝土离析、漏浆、严重泌水及坍落度损失过多等现象。现场浇筑时不得出现混凝土的离析、分层。混凝土浇筑高度超过2 m时应采用滑槽、串筒等导向减速。养护至强度达到设计强度的80%和规定的弹性模量后,自顶板人孔进入穿丝,按设计对称张拉预应力钢筋,并予以锚固。单排支座先简支后连续墩顶施工示意见图6.2。

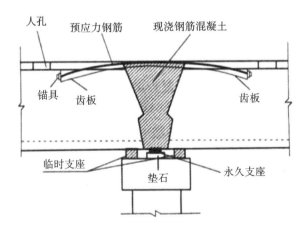

图6.2 单排支座先简支后连续墩顶施工示意

（5）拆除临时支座。

按设计要求,连续梁部分预应力钢筋张拉后,应立即拆除临时支座或支承,完成体系转换。现浇混凝土封闭人孔即完成连续化施工。

6.5.2 双排支座先简支后连续梁桥

该类连续梁受力接近简支梁,但由于施工简单、体系转化方便而被广泛采用。双排支座先简支后连续梁桥墩顶施工示意见图 6.3。

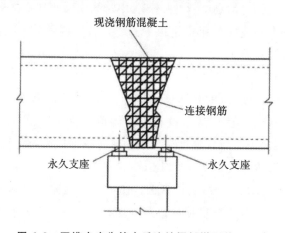

图 6.3 双排支座先简支后连续梁桥墩顶施工示意

预制梁体时,对连续段的梁端不进行封端处理,将顶板、腹板、底板普通钢筋外伸,架设梁前一次性将两排永久性支座安放牢固,梁架设就位后在梁端底部和两边梁外侧安放模板,中间以两端梁为模板,将两梁端外留钢筋焊接相连,注意使搭接长度和位置满足规范要求,然后现浇与梁体强度等级相同的混凝土,养护达到要求后即实现体系转化,完成连续化施工。

这种方法不用更换支座,也不在梁顶施加预应力,故简单实用。由于连接处墩顶有负弯矩,而又没有施加预应力,必然会产生裂缝。为防止水从缝中渗入锈蚀钢筋,需要在梁顶前后各 4 m 范围内设置防水层。

第7章 其他类型桥梁施工

7.1 拱桥施工

7.1.1 钢管混凝土系杆拱桥

钢管混凝土系杆拱,又可称为简支梁拱组合体系。钢管混凝土系杆拱是一种无推力的拱式组合体系,将主要承受压力的拱肋和主要承受拉力的系杆组合起来,共同承受荷载,这样就充分发挥被组合的简单体系的特点及作用,以达到节省材料和降低对地基要求的目的。钢管混凝土系杆拱桥通过在系梁内施加预应力,抵消拱肋推力,使桥墩(台)无须承受推力,可以仿照连续梁修建桥墩(台)。

钢管混凝土系杆拱桥是外部静定结构,兼具拱桥的较大跨越能力和简支梁桥对地基适应能力强两大特点,因此在桥面高程受到限制而桥下又要求保证较大净空(桥下净跨和净高),或墩台基础地质条件不良易发生沉降但又要求保证较大跨度时,应优先采用钢管混凝土系杆拱桥。

1. 钢管混凝土系杆拱结构

钢管混凝土系杆拱桥一般由拱肋、吊杆、系杆、横梁、桥面系等组成。拱肋一般为钢筋混凝土或钢管拱结构,系杆一般为型钢或预应力钢筋混凝土结构,吊杆一般为预应力钢筋混凝土、圆钢或高强钢丝束。

2. 钢管混凝土系杆拱施工

钢管混凝土系杆拱是以钢管为拱圈外壁,在钢管内浇筑混凝土,使其形成由钢管和混凝土组成的拱圈结构。由于管壁内填满混凝土,提高了钢管壁受压的稳定性,钢管内的混凝土受钢管的约束,提高了混凝土的抗压强度和延性。拱肋安装可根据桥梁结构形式和施工条件,选择支架法、少支架法、无支架法、斜拉扣索悬臂拼装法、转体法及整体吊装法等进行施工。

从工序上看,钢管混凝土系杆拱施工可分为先拱后梁法和先梁后拱法。

先拱后梁法施工流程:施工准备→钢管加工→钢管拱肋制作→钢管拱肋吊装→横向连接系安装→钢管拱肋合龙、体系转换→钢管混凝土压注→安装吊杆→桥面系施工。

先梁后拱法施工流程:临时支墩施工→支架梁组拼→支架梁拖拉就位→系杆施工→钢管拱肋施工→安装吊杆→拆除支架梁→安装横梁→桥面系施工。

采用先拱后梁法施工,系杆不能同步张拉时,主墩必须能承受空钢管拱肋产生的水平推力或采取临时措施使主墩能承受次水平推力。采用先梁后拱法施工时,对拱肋加载应与系杆张拉同步进行。施工中应严格控制主墩的水平位移,使其符合设计要求。以下对先梁后拱法进行介绍。

先梁后拱法是常用的钢管混凝土系杆拱桥施工方法。首先设临时支墩,拖拉架设支架梁,在支架梁上立模现浇系梁,张拉部分预应力索,再在系梁上搭设支架安装并焊接钢管形成钢管拱,然后由拱脚向拱顶对称泵送无收缩混凝土形成钢管混凝土拱肋,安装并张拉吊杆,拆除系梁支架,调整好吊杆力及施工二期恒载,复测并调整吊杆索力至设计值,至此钢管混凝土系杆拱桥施工完成。

(1)临时支墩施工。

临时支墩在桥孔内设置,拖拉时要承受拖拉的反力、纵横向风载、支架梁上墩下墩和墩顶移动时的水平荷载及拖拉中产生的冲击力,系杆现浇时要承受系杆的自重及施工荷载,因此要具有足够的强度和刚度。临时支墩由基础、墩身、顶面滑道及上墩下墩设施等组成。基础一般为桩基,墩身用万能杆件或贝雷架组拼。上墩下墩设施采用牛腿及千斤顶:在支架梁前端焊一牛腿,在临时支墩墩顶及牛腿间设置千斤顶。

(2)支架梁组拼。

支架梁为连续梁,既要保证拖拉时不变形,又要保证其作为系梁现浇时的支撑具有足够的刚度。通常支架梁由单层双片六四式军用梁拼装而成,支架梁的拼装在事先搭好的平台上进行,用设在平台两侧的龙门吊将杆件吊至平台上,拖拉一段拼装一段,直到达到设计长度。

(3)支架梁拖拉。

支架梁前端布置牵引系统,包括锚碇、定滑车组、动滑车组、穿绕的钢丝绳等。牵引动力为单卷筒慢速电动卷扬机,钢丝绳通过转向滑车接入卷扬机。下支架梁后方设置制动系,包括与牵引系统相同的滑车组、钢丝绳和卷扬机等。

①滚滑设施和滑道的设置。

滚滑设施包括滑板、辊轴、滚轮箱、走轮和聚四氟乙烯滑块等。滑板一般采用较厚的钢板。在钢板两侧焊接角钢,将其作为导向,滑道顶面涂润滑油。

对设在支架梁底面和支墩顶面的上下滑道,要求有长度适宜、表面平整、刚度大、能均匀分布反力、结构简单、拆装方便、两端易于吞吐的辊轴或滑块。支架梁底面的上滑道由纵向垫木、枕木、滑道钢轨及吊枕四部分组成。纵向垫木与支架梁等宽,下滑道长度依据顺桥向宽度决定。

②牵引设施。

牵引设备采用单卷筒慢速电动卷扬机。牵引动力按式(7.1)计算。

$$F = K\psi Q \pm GQ \tag{7.1}$$

式中:F 为牵引力;K 为安全系数;ψ 为滑道摩擦系数;Q 为下支架梁自重;G 为坡度。

F 一般取下支架梁自重的5%。在施工实践中,为了便于控制下支架梁的前进方向和速度,要设置制动设施。制动设施所需牵引力按式(7.2)计算。

$$F = K(0.4AW - \psi Q + GQ) \tag{7.2}$$

式中:K 为安全系数,一般为3~5;A 为下支架梁横向受风面积;W 为风荷载强度;其他符号意义同前。

③下支架梁拖拉。

开动卷扬机,缓慢牵引下支架梁前移,下支架梁上第一个支墩前,要保证下支架梁的重心在拼装平台上。为保证拖拉方向,需要在下支架梁外侧安装导向角钢,在支墩两侧安装侧向支架,内置千斤顶调整下支架梁横向位置。

(4)系杆施工。

①系杆钢筋混凝土施工。

下支架梁拖拉就位后,在上面即可进行系杆现浇钢筋混凝土施工。施工顺序为:立模→钢筋绑扎→混凝土浇筑。

②系杆预应力张拉要领。

预应力钢束的张拉一般应分期分批进行。对应于一期和二期恒载,预应力钢束可分为两期张拉,每期张拉又可划分为与工况对应的批数。

一期预应力需要考虑的内容有:一期恒载产生的系杆拉力 N_{G1}[即形成钢管混凝土系杆拱体系后,拱肋、系杆(纵梁)、横梁及行车道板的自重在拱脚位产生的水平推力]、平衡一期恒载的系杆(纵梁)弯曲拉应力 N_{M1}、一期预应力损失 N_{S1}、一期预应力储备量 ΔN_{Y1}。故一期预加应力总值 N_{Y1} 可表示为式(7.3)。

$$N_{Y1} = N_{G1} + N_{M1} + N_{S1} + \Delta N_{Y1} \qquad (7.3)$$

二期预应力钢束的张拉在钢管混凝土系杆拱的外部静定体系形成以后进行。此时,一期恒载产生的拱脚推力已与一期预应力抵消,应力损失较大。二期恒载产生的拱脚水平推力、系杆(纵梁)弯曲拉应力、活载所需的永存预应力等都必须在二期预应力中施加。通常在二期预应力施加过程中,有意识地加大张拉吨位,系杆(纵梁)产生压缩变形,使两拱脚对称地向跨中产生微小位移,从而在拱肋中形成附加的负弯矩,以便抵消拱肋自重产生的正弯矩。因此,二期预应力总值表示为式(7.4)。

$$N_{Y2} = N_{G2} + N_{M2} + N_{S2} + \Delta N_{Y2} + N_y \qquad (7.4)$$

式中:N_{Y2}为二期预应力总值;N_{G2}为平衡二期恒载作用下拱脚水平推力所需预应力;N_{M2}为平衡二期恒载在系杆(纵梁)中产生的弯曲拉应力所需的预应力;N_{S2}为二期预应力损失;ΔN_{Y2}为二期预应力储备量,还应包括使两拱脚向跨中产生相对位移所需的预应力;N_y为抵抗活载的永存预应力。

(5)钢管拱肋施工。

钢管的质量轻、刚度大、吊装方便。刚度较大的钢管可以作为拱圈施工的劲性骨架。

钢管拱肋应用于拱桥时可分为两种:一种是钢管外露的,钢管以参与结构受力为主,同时也是施工过程的支架和浇筑管内混凝土的模板,成桥过程是先合龙钢管骨架,再浇筑管内混凝土形成主拱圈;另一种钢管以施工受力为主,成桥过程是先合龙钢管骨架,然后浇筑管内混凝土形成钢管混凝土劲性骨架,再将钢管混凝土劲性骨架作为埋置式拱架浇筑外包混凝土,形成主拱圈。

①钢管拱肋加工。

钢管拱在工厂内加工,采用组对预拼一体化施工,即在1∶1大样场地上组对。

钢管混凝土拱肋横截面形式按钢管的根数及布置形式可分为单管型、哑铃型、桁架式三种,此外还有三肢桁架式和集束式。单管型截面按其截面形式可分为圆形、椭圆形、矩形等。

②支架施工。

根据拱肋分段,在每个接头处设一支架墩,支架墩支在已浇筑成型的系梁上。支架墩采用万能杆件拼装。在支架墩两侧埋设专用地锚,将支架墩顶部拉住,加强稳定,纵向也以钢丝绳拉住,以抵抗架拱时的纵向推力。

③钢管拱肋安装。

缆索吊装施工方法是我国修建大跨度钢管拱桥的主要方法之一。一般情况下,应该双肋吊装、双肋合龙,两肋之间设临时横撑,或将横撑临时固定。在合龙之前各段之间的接头为上开口,要注意接头的传力情况。为了合龙方便,各段应略有上抬,合龙后逐步落下,调至设计高程(留预拱度),连接各接头和横撑,封拱脚成无铰拱,然后进行管内混凝土浇筑。

对于100 m以下的跨径,钢管骨架一般分为三段,吊装质量一般仅十几吨,可根据实际情况采用浮吊、汽车吊等进行吊装。边段用扣索扣住进行合龙,也可以采用少支架支撑。跨径超过100 m以后,常用的架设方法主要是缆索吊装和转体施工方法,在条件许可的条件下还可用整体吊装和分段吊装的施工方法。

根据墩帽施工要求,先安装拱脚段,再安装其他单元体,安装顺序为:施工准备→安装拱脚→立柱柱脚→安装横撑→安装第二单元体→安装立柱柱脚→安装横撑→安装第三单元体→安装立柱柱脚→安装横撑→安装第四单元体(合龙段)→安装立柱柱脚→安装横撑→安装斜撑→防腐油漆→工程验收。

a. 拱脚段安装。根据钢管拱拱脚部位的结构形式,为保证安装精度,在墩帽浇筑前安装拱脚。

b. 单元体安装。根据安装顺序,厂内按编号发运单元体。安装单元体前,在接口处的临时支墩上搭好平台,平台与拱肋下缘的距离控制在0.5～1 m,放好临时活动支座。整个安装过程中,测量要跟踪作业,保证安装位置准确。

c. 立柱柱脚及横撑的安装。柱脚是横撑安装的固定点。先在拱背上准确放出柱脚的位置,然后吊装就位。

d. 合龙段的安装。墩帽混凝土强度达到80%方可进行合龙段的安装。合龙段是钢管拱形成的关键,起到调整全拱各单元体焊接收缩、热膨胀、线形等的重要作用,并完成体系的转换。钢管拱全部合龙验收合格后,即可落架。落架后,观测拱肋的变形,通常桥的跨中最大下沉量为2～3 cm。

e. 拱肋混凝土灌注。拱肋混凝土为无收缩混凝土,施工顺序应为:复测→安装注浆管、泵→两边同步压注腹板混凝土(先压水泥浆润湿管壁,以下同)→两边同步压注下管混凝土→两边同步压注上管混凝土→再次复测→混凝土填充度检查。混凝土的压注由拱脚向拱顶对称、均匀、连续地进行,两边的混凝土压注量尽量保持一致,防止拱肋偏压变形,压注要一次完成。

(6) 吊杆施工。

吊杆采用预应力混凝土吊杆,施工时在拱肋中预埋穿束管道。在墩头处设置锚垫板,锚垫板下设数层水平钢筋网,以便将锚头集中力迅速传至混凝土截面。

吊杆施加预应力是钢管混凝土系杆拱进行体系转换的关键工序,一方面具有裸拱加载的特点,另一方面是桥面行车道系从弹性地基梁转换成梁端弹性固结、吊点弹性支撑的弹性支撑连续梁,从而完成钢管混凝土系杆拱的体系转换。

3. 平面转体施工

桥梁的转体法施工最早仅用于拱桥的施工,现在可应用于梁桥、斜拉桥、斜腿刚构桥等不同桥型的施工,成为桥梁施工较常采用的方法之一,在高速铁路桥梁施工中得到较多的应用。

平面转体施工法是我国首创的施工方法。拱圈绕拱座做水平旋转的称为平面转体施工法。平面转体施工法主要适用于刚构梁式桥、斜拉桥、钢筋混凝土拱桥和钢管混凝土拱桥。平面转体施工根据是否采用平衡块来防止转体过程中的倾覆,又分为有平衡重平面转体施工和无平衡重平面转体施工。拱圈绕拱座做竖直旋转和水平旋转合龙的称为平、竖结合转体。平衡重转体主要由平衡体系、转动体系(转轴、环道)和位控体系三部分组成。其平衡体系一般利用桥台或配重来平衡悬臂主拱,主拱与桥台一起转动,如图7.1所示。

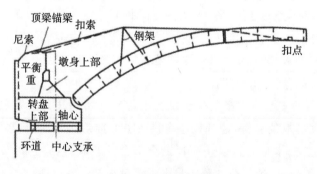

图 7.1 平面转体施工法

(1) 有平衡重平面转体施工。

有平衡重平面转体施工的特点是转体重量大,施工的关键是转体,要注意以下两个方面:一是依靠正确的转体设计;二是需要灵活可靠的转动装置及牵引驱动系统。

① 转动体系的构造。

有平衡重平面转体时以桥台背墙为平衡重,并将其作为拱体转体拉杆(拉索)的锚碇反力墙,用以稳定转动体系,调整重心位置。因此,平衡重部分不仅在拱体转动时作为平衡重,而且要承受拱跨转体重量的锚固力。

转动体系主要由底盘、上转盘、锚扣系统、背墙、拱体结构、拉杆(拉索)组成。底盘和上盘都是桥台基础的一部分,底盘和上盘之间设有能使其相互间灵活转动的转体装置。背墙一般是桥台的前墙,拉杆一般是拱桥的上弦杆(桁架拱、刚架拱),或临时设置在体外的拉杆钢筋(或扣索钢丝绳)。

②转体装置。

转体装置有两种:一是以聚四氟乙烯为滑板的环道平面承重体系;二是球面转轴支承辅以滚轮的轴心承重转体。

聚四氟乙烯滑板环道由设在底盘和上转盘间的轴心和环形滑道组成。上转盘用扇形预制板把轴帽和上环道连成一体,并浇上转盘混凝土。这种装置平稳、可靠,承受转体重量大,转动体系的中心与上下盘轴心可以有一定范围内的偏心值。转盘轴心由轴座、钢轴心和轴帽组成。

球面铰辅以轨道板和滚轮的特点是整个转动体系的重心必须落在轴心铰上。球面铰既起定位作用,又承受全部转体重力,滚轮只起稳定保险作用。球面铰可以分为半球形钢筋混凝土铰、球缺形钢筋混凝土铰、球缺形钢铰。前两种由于直径较大,故能承受较大的转体重力。

③转体驱动系统。

转体驱动系统由卷扬机(绞车)、倒链、滑动轮组、普通千斤顶组成,即通过闭合的牵引主索由滑轮组牵引,在上转盘产生一对牵引力偶克服阻力偶而使桥体转动。此种驱动系统的布设常受到场地的限制,并有转体时牵引力的大小无法准确测量控制、作用力不易保持平衡、加载难以同步进行等缺点。

自动连续顶推系统能连续同步、均匀、平衡、一次到位地提供转动动力,结构紧凑,占地面积小,施工方便。自动连续顶推系统由千斤顶、泵站及主控制台组成。两台自动连续顶推千斤顶分别对称布置在下转盘的两侧,固定在固定支座上。两侧千斤顶同时等速等荷加载,形成一个与摩擦力矩相平衡的动力偶,并通过钢绞线传递给上转盘,使上转盘围绕转动球铰缓慢、平稳、匀速、连续地转动。

④有平衡重平面转体施工的主要程序。

制作底盘→制作上转盘→试转上转盘到预制轴线位置→浇筑背墙→浇筑主拱圈→张拉拉杆→牵引转动体系→封上下盘→台背回填→封拱顶→松拉杆→完成体系转换。

（2）无平衡重平面转体施工。

无平衡重平面转体施工法采用锚碇体系平衡悬臂主拱,取消平衡重。锚碇体系通常由作为压杆的立柱、作为支撑梁的引桥主梁以及后锚固等部分组成。

无平衡重平面转体施工不需要平衡重结构,而是以两岸山体岩土为锚固装置,锚固半个拱跨悬臂状态时产生的拉力,并将拱脚处立柱的上端作转轴,下端作转盘,通过转动体系进行平面转体,如图7.2所示。

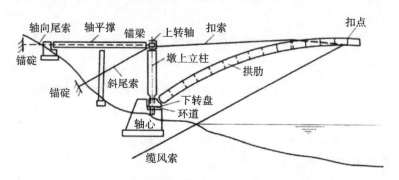

图7.2 拱桥无平衡重平面转体一般构造

根据桥位两岸的地形,无平衡重平面转体施工可以把半跨拱圈分为上、下游两个部件,同步对称转体;或分别在上、下游不对称的位置上预制,转体时先转到对称位置,再对称同步转体,以使扣索产生的横向力相互平衡;或直接做成半跨拱体,一次转体合龙。

①结构组成。

无平衡重平面转体施工包括锚固、转动、位控三大体系。

锚固体系由锚碇、尾索、平撑、锚梁（或锚块）及立柱组成。锚碇设在引道或边坡岩石中,锚梁（或锚块）支承于立柱上,两个方向的平撑及尾索形成三角形稳定体,使锚块和上转轴为一确定的固定点。

转动体系由上转动构造、下转动构造、拱圈及扣索组成。下转动构造由下转盘、下环道与下转轴组成。扣索常采用精轧粗螺纹钢筋,将拱圈顶部与上转轴连接,从而构成转动体系。在拱圈顶端张拉扣索,拱圈即可离架转动。

位控体系由系在拱圈顶端扣点的缆风索与无级调速自控卷扬机、光电测角装置、控制台组成,用以控制转动过程中转动体的转动速度和位置。

②无平衡重平面转体施工工序。

无平衡重平面转体施工主要包括转动体系施工和锚碇系统施工。

转动体系施工工序为:设置下转轴、转盘及环道→搭设支架→拼装模板→设置拱座和预制拱圈→设置立柱→安装锚梁、上转轴、轴套、环套→安装扣索。

锚碇系统施工工序为：制作桥轴线上的开口地锚→设置斜向锚洞→安装轴向、斜向平撑→尾索张拉→扣索张拉。

通过张紧扣索提升拱顶、放松扣索降低拱顶将拱顶合龙后的高差调整到设计高程。封拱应选择低温合龙。

4. 竖向转体施工

竖向转体施工法是在竖向位置利用地形或搭支架浇筑拱肋混凝土，然后再从两边逐渐放倒预制拱肋，拱圈在桥位平面内绕拱座做竖直旋转合龙搭接成桥的施工方法。竖向转体施工主要适用于转体重量不大的拱桥或某些桥梁预制部件（塔、斜腿、劲性骨架）。跨径增大以后，拱肋过长，竖向转动不易控制，施工中容易出现问题，因此竖向转体施工法一般只在中小跨径拱桥中应用。

竖向转体施工可根据河道情况、桥位地形和自然环境等方面的条件和要求，采用竖直向上预制半拱、向下转动成拱的方法。其优点是可以利用地形，施工场地小，工期短，造价低。在预制过程中尽量保持位置垂直，以减少新浇混凝土重量对尚未凝固的混凝土产生的弯矩，并在浇筑一定高度后加设水平拉杆，以避免产生较大的弯矩和变形。当选择按地形俯卧预制时，可以根据地形降低支架高度，预制完成后向上转动成拱。

拱桥采用转体施工时，可能遇到既不能在设计高程处预制半拱，也不能在桥位竖平面内预制半拱的情况（如在平原区的中承式拱桥）。此时，拱体在适当位置预制后既需要平转，又需要竖转才能就位。这种平竖结合转体的基本方法与前述相似，但其转轴构造较为复杂。

7.1.2 钢拱桥施工

钢拱根据桥跨布置可采用吊索塔架单悬臂拼装、水平索辅助双悬臂拼装。钢桁式组合拱桥跨越能力强，采用吊索塔架悬臂安装法施工。

钢桁式组合拱桥的建造顺序为：吊运桁架拱片的预制段构件至桥孔，使之就位合龙，处理接头；钢梁预先纵移，从已建成的墩、台上向跨中逐件（或逐段）安装桁片预制构件，并同时安装横向联系；调整吊索索力，将主跨钢梁合龙点的位移偏差调整到安装精度要求之内；主桁杆件合龙，依次合龙拱下弦、斜杆、拱上弦，至跨中合龙；然后进行体系转换，同时解除桥墩活动支座纵向约束；逐步释放索力，先穿中桁系杆铰轴，再穿边桁系杆铰轴，最终系杆合龙；安装桥面板及联结系;解除墩旁托架约束。

采用桁架悬臂法架设钢桁式组合拱桥。悬拼工艺流程中最主要的内容是按照设计的悬拼加载程序,将构件安全、准确地吊装就位,张拉预应力钢筋(丝)使构件稳定,主孔悬挂重量通过上弦和斜杆分别传至边孔各基础,借助可靠的锚固,使基础和地基牢固连接,共同抵抗主孔悬拼产生的倾覆力矩。悬拼工艺成功的三要素是:吊得起、拉得住、锚得稳。

1. 边孔施工

根据地形和施工设备情况,采用支架现浇或吊装。

(1) 边孔为桁架拱。

边孔采用桁架拱时,一般采用支架施工,也可采用预制吊装。

(2) 边孔为钢结构。

边孔采用刚构或连续刚构时,多数采用支架施工,也可以采用吊装施工。

(3) 边孔为桁架钢结构。

边孔采用桁架钢结构,根据地形条件,边孔高度较矮的就采用支架现浇,边孔高度较高的采用吊装。

2. 构件预制及移运

(1) 预制构件分段。

桁片预制构件分段主要考虑预制场地布置、吊机的起重能力、吊机的有效伸臂距离以及悬拼顺序。

跨径 100 m 以下的钢桁式组合拱桥,如采用带竖杆的三角形式桁构,一般可按节间划分,每个节间作为一个预制单元。当采用桅杆吊装时,预制构件的几何尺寸还需要考虑从桅杆脚下穿过的可能性。

跨径 100～200 m 的钢桁式组合拱桥可采用单杆、梯形单片、三角形单片等多种形式预制,预制构件质量一般可控制在 60 t 以内。无论跨径大还是小,都宜采用单件预制吊装。

(2) 构件预制。

桁片构件的预制分为卧式和立式 2 种。卧式预制便于放样,底模较简单,但多一道构件翻身的工序。立式预制省去了构件翻身这一步,但放样较困难,带弧形的下弦构件采用立式预制时,底模制作难度较大。

桁架拱片的桁架段预制构件一般采用卧式预制,实腹段构件采用立式预制,故桁架段构件在预制底座出坑之后和安装之前,需要在某一阶段由平卧状态转换到竖立状态。

对高度不大、管道不多、浇筑难度较小的箱形截面,可采用两次成型的方法,即先浇底板和两侧壁,形成开口箱,然后再浇顶板,形成闭合箱。对高度很大、管道较多、钢筋密集的大型预制构件,可采用三次成型的方法,先浇底板,再浇两侧壁,最后浇顶板形成闭合箱。

预制构件的底模多采用浆砌土模,即底模四周用砖砌,再用土石填心,并适当加以夯实,顶面用水泥砂浆抹平,并涂以脱模剂或铺设隔离层。也有将钢管支架上铺垫钢模作为底模的,侧模的内、外模均采用钢模,并用钢管支撑。

(3) 构件移运。

构件脱模方式因预制场地而异。

除了常用的拖板滚筒运输、轨道平车运输和船运,构件移运还有托架滚筒运输。

7.1.3 提篮式拱桥施工

提篮式拱桥具有造型优美、承载能力强、稳定性好等优点,在高速铁路桥梁建设中得到了较为广泛的应用。

1. 提篮式拱桥结构特点

(1) 桥梁横向刚度大、动力性能优。

提篮拱通过改变拱肋形式就可大幅度提高结构的刚度。

(2) 承受超载能力强。

结构安全储备大,逐级卸载后结构仍为弹性状态,无残余应力和变形。

(3) 桥式结构美观。

提篮拱梁体结构高度小,给人以轻盈明快之感。拱肋视觉效果好。直梁、曲拱、斜吊杆的合理搭配极具韵律和美感,达到了与环境的和谐。

2. 施工工艺流程

安装支座→搭设临时支架并进行预压→浇筑系梁端部、端横梁及拱脚段→吊装系梁预制段及中横梁并湿接合龙→张拉系梁、横梁第一批预应力束→搭设拱肋支架并进行预压→吊装拱肋、风撑预制段并湿接合龙→拆除拱肋支架→安装吊杆并初张拉→拆除系梁支架→安装预制桥面板,浇筑铰缝混凝土→吊杆第二次张拉,张拉第二批系梁及横梁预应力束→浇筑桥面层及护栏→吊杆张拉至成桥索力→第三批系梁预应力束张拉压浆封锚。

3. 施工要点

(1) 构件预制及运输。预制场地整平→测量放样→预制底座、模板制作→钢筋绑扎(预埋件设置)→模板安装→混凝土浇筑→养护。

(2) 临时施工支架。支架局部采用贝雷梁与碗扣式脚手架,贝雷梁用吊机安装,脚手架由人工搭设。

(3) 系梁端部、拱脚段及端横梁浇筑。

(4) 系梁及中横梁安装。

(5) 预应力束张拉。千斤顶与配件装置顺序是:安装工作锚板→夹片→限位板→千斤顶→工具锚→工具锚夹片。施加预应力时,两端同时向千斤顶张拉缸加油压至 $10\%\delta_k$(δ_k 为控制应力)→测量伸长量→$20\%\delta_k$→测量伸长量→设计油压值→测量伸长量→做好张拉记录。锚固时,打开高压油泵截止阀,张拉油压缓慢降至零→活塞回程。预应力管道压浆采用真空压浆机进行压浆。

(6) 主拱肋钢管加工。拱结构采用工厂分节制造,分段吊装上桥的方法安装。

(7) 搭设拱肋支架,安装拱肋。拱支架采用万能杆件搭设组合门式承重支架。合龙段的吊装步骤如下:慢慢下放吊装合龙段,将其稍稍倾斜→将合龙段旋转适当角度→将合龙段移动到合适位置。

(8) 浇筑拱肋混凝土。在两条拱肋安装成型并经检查验收合格后,应尽快灌注拱肋钢管内的混凝土。首先对称灌注拱肋上管混凝土,待上管混凝土达到设计强度的60%时,对称灌注拱肋下管混凝土,待下管混凝土强度达到设计强度的60%时,对称灌注拱肋腹腔混凝土。

工艺流程:清除管内渣物→封拱脚、人工浇筑压注头以下区段混凝土→安设压注头和闸阀→压注钢管内混凝土→从拱顶排气(浆)孔振捣混凝土→关闭压注口处闸阀稳压→拆除闸阀完成混凝土压注。

(9) 拱肋落架,吊杆安装及张拉。①等拱肋混凝土强度达到设计规定的强度,拆除拱肋支架,形成裸拱结构。卸架前对拱肋的混凝土质量、拱轴线的坐标、卸架设备情况等进行全面检查,符合要求后可卸架。②准确测量吊杆长度,由吊杆生产厂家提供成品索。成品索经超张拉检验合格后方可安装。对称安设各吊杆,并对吊杆进行初步收紧。③吊杆张拉是成桥最关键的工序,施工工艺流程:

备料→安装下端锚头→牵引上端锚头→张拉上锚头→拧紧螺母→安装减振器及防水罩锚头→防护。

（10）拆除系梁支架，卸架时宜从跨中向支座依次循环卸落。拆除顺序为：先跨中后两端，且对称由跨中向两边推进；先上部，后下部；先横向，后竖向。系梁支架采用对称人工配合机械分跨拆除。

（11）安装预制桥面板。在横桥向由两侧往中间铺设，在桥纵向从两端往跨中对称进行，横桥向也对称安装。

7.2　斜拉桥施工

7.2.1　索塔及基础施工

根据国内外多座斜拉桥的设计、施工情况，主塔有钢索塔和混凝土索塔两种。相对来讲，钢索塔具有造价昂贵、施工精度要求高、抗震性好、维护要求高等特点；混凝土索塔则有价格低廉、整体刚度大、施工简便、成桥后一般无须养护和维修的特点。现代斜拉桥中，混凝土索塔已被大量采用。一般来讲，钢索塔采用预制拼装的办法施工，混凝土索塔的施工则有搭架现浇、预制拼装、滑升模板浇筑、翻转模板浇筑、爬升模板浇筑等多种施工方法可供选择。

1. 钢索塔施工

钢索塔一般采用预制拼装的办法施工，具有价格昂贵，成桥后对维护保养要求高，施工过程中对起重设备能力及施工精度要求高等特点。国外部分斜拉桥采用钢索塔，而我国已建和在建的斜拉桥大都采用混凝土索塔。钢索塔在国内应用较少，在此仅简要说明钢索塔施工要点。

钢索塔施工一般包括工厂分段预制加工和现场吊拼安装两个大的施工阶段。在制订施工方案时，应对水平运输就位、起重设备吊装高度、起吊能力大小等施工因素进行充分的考虑。如日本东神户大桥的钢索塔100 m以下钢塔架采用浮运吊装，100 m以上则用塔吊吊装拼装。钢索塔在工厂分段焊接加工完成后，应进行多段立体试拼装，合格后方可出厂。现场安装时，一般采用现场焊接接头、高强度螺栓连接或焊接和螺栓连接混合的方式对钢索塔块段进行拼装连接。对于经过工厂加工制造和立体试拼合格的钢索塔块段，在正式安装时还应进行严格的施工测量控制,并及时对螺栓孔进行扩孔以调整索塔的轴线和方位,防止加工误差、受力误差、安装误差、温度误差和测量误差的积累。在自然环境条件下,钢材容易锈蚀。钢索塔一般采用耐候钢材或采用喷锌或铝层、油漆涂装等防锈蚀措施。国内外绝大部分钢索塔都将油漆涂装作为主要防锈蚀措施。一般油漆涂装可保持10年。油漆涂料常采用两层底漆、两层面漆,其中三层由加工厂涂装,最后一层面漆由施工安装单位涂装完成。

2. 混凝土索塔施工

混凝土索塔通常由基础、承台、下塔柱、下横梁、中塔柱、上横梁、上塔柱、拉索锚固区段及塔顶建筑等部分或其中的几部分组成。混凝土索塔施工工艺流程见图7.3。

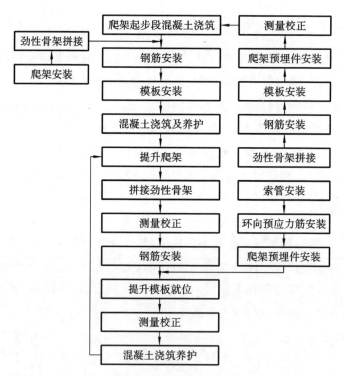

图7.3 混凝土索塔施工工艺流程

(1) 塔柱施工。

混凝土索塔的塔柱可分为下塔柱、中塔柱和上塔柱。塔柱施工一般采用支架法、滑模法、爬模法、翻转模板法分节段施工。施工节段的划分与塔柱构造、施工方法、施工环境条件、施工机具设备能力(起重设备能力)等多方面因素有关。

常用的施工节段为 1~6 m 不等,每节段典型的施工工艺流程如图 7.4 所示。根据国内外建设多座斜拉桥的施工经验,采用爬模法或翻转模板法施工的塔柱,按照上述施工节段划分组织施工,其施工工效可达 1.0~1.5 m/d。

一般来讲,塔柱的塔壁内往往设有劲性骨架,劲性骨架在加工厂分节段加工,在现场分段超前拼接,精确定位。劲性骨架安装定位后,可供测量放样、立模、钢筋绑扎及斜拉索钢套管定位使用,也可承受部分施工荷载。劲性骨架在倾斜塔柱中的功能作用更大,设计时往往结合构件受力需要设置。当倾斜塔柱为内倾或外倾布置时,应考虑在两塔肢之间每隔一定的高度设置受压支架(塔柱内倾)或受拉拉杆(塔柱外倾)以保证斜塔柱的受力、变形和稳定性满足要求。具体的布置间距应根据塔柱构造通过计算确定。

塔柱钢筋一般采用加工场预制成型、现场安装的办法施工。钢筋之间的连接包括绑扎搭接、焊接、冷挤压连接及直螺纹连接等多种方法。其中,冷挤压连接和直螺纹连接两种连接技术因施工方便、快速、成本合理、质量可靠等特点应用越来越广泛,特别是大直径钢筋的连接施工。

塔柱钢筋安装完成、模板就位后,即可进行混凝土的浇筑。塔柱混凝土浇筑一般采用现场拌制、吊斗提送或泵送的办法进行。随着科学技术的不断发展,混凝土泵送工艺被越来越多地应用于塔柱施工。

(2) 下横梁、上横梁施工。

混凝土索塔的下横梁、上横梁一般均采用支架法现浇,支架材料可采用钢管桩、万能杆件、贝雷梁、型钢等。根据索塔的受力特点,下横梁及上横梁一般均为预应力混凝土结构。横梁施工工艺流程如图 7.4 所示。

在高空进行大跨径、大断面现浇高强度预应力混凝土横梁的施工,难度很大。施工过程中要考虑模板支撑系统的连接间隙变形、弹性变形、支承的不均匀沉降变形,混凝土梁、柱与钢支撑之间不同的线膨胀系数影响,日照温差对混凝土、钢的不同时间效应等产生的不均匀变形的影响,以及相应的调节措施。可根据设计要求、构造特点和施工机具设备能力一次或多次将混凝土上、下横梁浇筑完成,必须在混凝土初凝前完成浇筑,且采取有效措施防止早期养护期间及每次浇筑过程中支架变形造成混凝土开裂。

(3) 索塔混凝土施工。

索塔混凝土一般采用现场拌制、吊斗提送或泵送的办法浇筑。当塔柱较高时,采用吊斗提送混凝土的浇筑速度往往难以满足设计及施工要求,而泵送混凝土则能很好地解决这个问题。施工实践证明,采用泵送混凝土工艺可以达到

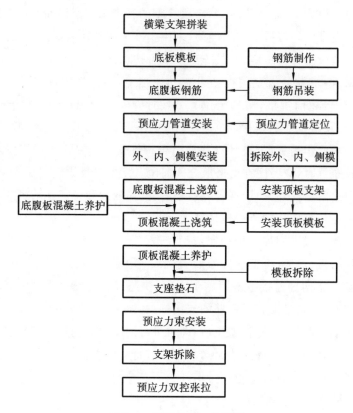

图 7.4 横梁施工工艺流程

200 m 以上的高度,浇筑速度可达 20 m³/h 以上,完全可以满足要求,且有施工速度快、机械化程度高、造价省等特点,是今后桥梁混凝土浇筑的主要方法。

为了使采用泵送工艺施工的索塔混凝土具有良好的可泵性并能达到较高的弹性模量和较小的混凝土收缩、徐变,应采用高集料、低水灰比、低水泥用量的混凝土,通过掺加适量粉煤灰、泵送剂等外加剂,满足缓凝、早强、高强的混凝土泵送要求。一般来讲,在满足设计提出的混凝土基本性能要求的前提下,泵送混凝土工艺应根据索塔施工的季节、缓凝时间、施工高度、设备能力以及每次浇筑混凝土的工程量等因素综合确定。以往施工中有采用一次泵送入模浇筑工艺的例子,也有采用两级或多级接力泵送入模浇筑工艺的例子。

3. 索塔拉索锚固区塔柱施工

国内所建的斜拉桥和索塔均为混凝土塔。拉索在塔顶部的锚固形式主要有交叉锚固、钢梁锚固、箱梁锚固、固定锚固和铸钢索鞍等,其中固定锚固和铸钢索鞍两种锚固形式已较少采用。拉索锚固区的施工应根据不同的锚固形式选择合理的方案。下面着重对前三种锚固形式的施工方法进行介绍。

(1) 交叉锚固。

中小跨径斜拉桥的拉索较多采用交叉锚固的形式。其施工步骤如下。

①架立劲性骨架。为便于施工时钢筋、拉索锚箱(俗称钢套筒)定位模板调整等诸多需要,一般在索塔锚固段塔壁中设劲性骨架。劲性骨架有现场加工和预制拼装两种施工方式。底节预埋段和变幅段施工与现场高程有关,常在现场加工,而其余标准段用预制拼装,这样可加快进度,保证工程质量。劲性骨架的施工测量放样包括平面位置、塔身斜度和高程等方面,施工中的允许偏差要满足设计及相关规范要求。

②钢筋绑扎。钢筋绑扎一般采用场外预制、现场绑扎的方式,主筋连接分焊接连接、冷挤压套筒连接及直螺纹连接等几种方法,使用最多的是冷挤压套筒连接。冷挤压套筒连接是将需要连接的钢筋端部插入特制的钢套筒,利用挤压机压缩钢套筒,由钢套筒变形后与钢筋横肋之间的剪力来传递受力。冷压接头的主要设备有高压油泵、高压软管及梅花形或锯齿形手提式冷压机。施工时,对钢筋端部的弯折、扭曲进行矫正或切割处理,清理其表面杂物。每根钢筋先在车间挤压一端,另一端运至塔上现场压接。挤压时,压模应对准套筒及压痕标记,从套筒中央向端头压接。

③拉索套筒的制作及定位。拉索套筒定位精度要求较高,一般预先按设计要求准备锚板和钢管等材料,然后下料,修正角度,将钢管焊接在锚板上。要确保钢管与锚板圆孔同心,锚固面与钢管垂直。拉索套筒定位包括套筒上、下口的空间位置,套筒倾斜度和标高等。测量可采用天顶法或全站仪空间坐标法,一般在所测定的套筒上、下口位置设点,使其符合设计要求。具体实施中,先测出套筒的下口位置,将套筒下口在此处铰接,然后调节套筒上口,将其按设计位置固定在劲性骨架上,套筒固定以后,将其两端入口堵住,以防浇筑混凝土时堵塞孔道。需要指出的是:钢筋和套筒的安装并不是截然分开的两个施工步骤,一般情况下,当主筋定位后,就要安装套筒,如果将所有的钢筋绑扎完就难以安装套筒了。

④立模。立模关系到锚固段混凝土浇筑成型的质量。装模时应注意使拉索套筒的下口贴合紧密,消除模板接头间的不平整现象。在调模过程中,应注意保护套筒,不宜采用装有套筒的劲性骨架调模,以免造成套筒移位。之后,紧固连接螺杆,固定模板。

⑤浇筑混凝土及养护。拉索锚固区塔柱混凝土一般采用泵送混凝土。施工过程中应注意混凝土的分层布料及浇筑的连续性。应特别指出的是,本区段一般情况下钢筋布置密度较大。为确保此处混凝土浇筑的密实性,应采用合适的骨料粒径拌制混凝土,且浇筑高度要合理,一般控制在2 m。同时,浇筑混凝土过程中应加强混凝土振捣。混凝土浇筑完成后应及时覆盖或洒水养护。

(2) 钢梁锚固。

现代大跨径斜拉桥大多采用对称拉索锚固形式,其方法之一是采用钢梁锚固。

除横梁施工部分外,其余部分施工方法和交叉锚固施工方法基本相似。其施工流程为:架立劲性骨架→钢筋绑扎→套筒安装→套筒定位→安装外侧模→混凝土浇筑→钢横梁安装。

钢梁锚固应按桥梁钢结构的加工要求在加工厂完成,并经严格验收合格后方可出厂。注意锚固钢横梁对起重能力有一定的要求,在施工组织设计中,选择塔吊的起重高度和起重能力时应考虑钢横梁的要求。

在进行钢梁锚固施工时,若钢横梁太重,主塔的垂直起吊能力不能适应,宜修改设计,将其分部件用高强螺栓连接,现场组拼安装,但必须事先在加工厂预拼装合格。主塔塔柱空心断面尺寸有限,设施多,空间紧凑,同时支承钢横梁的塔壁混凝土牛腿占据着一定的空间,安装有诸多不便,因此在施工前应仔细研究各细部尺寸及安装方法,并与塔柱施工方法相协调。

(3) 箱梁锚固。

箱梁锚固段为空心塔柱,调索、检查、维修比较方便,但预应力施工比较杂。其施工流程为:架立劲性骨架→钢筋绑扎→套筒安装→套筒定位→安装预应力管道及钢束→模板安装→混凝土浇筑养护→施加预应力→压浆。

预应力施工时,平面布置的预应力分为体内预应力束和体外预应力束。施工中一般采用体内预应力束。

安装预应力管道时,其布置的高程和平面位置坐标要通过测量定位确定,也可依靠已定位的劲性骨架来确定管道位置。由于塔柱为承压结构,所以要切实保证管道不漏浆,绝不允许"开仓"。浇筑混凝土时要特别注意保护管道,严格检查。施工时,严禁电焊、氧割等作业所产生的焊渣与预应力筋接触,以免造成力筋损伤,导致张拉时断裂。

由于施工场地小,除采用较小的高压油泵和更轻便的千斤顶外,还要对张拉端口处的预埋件进行认真处理,使张拉时有足够的空间,保证机具设备运行自如,防止施工不便带来损失。施加预应力时以延伸量和张拉吨位进行双控。

4. 索塔基础施工

(1) 索塔基础的主要结构形式。

与其他桥型一样,斜拉桥索塔基础形式的选取不是一成不变的。每个工程都有其特定条件,要根据桥位处的水文地质、地形地貌、温度、风力等自然条件,再结合受力变形及结构构造要求、施工技术设备条件、施工进度计划、工程投资及跨河桥梁的通航标准等因素综合确定斜拉桥索塔基础形式,使其与上部结构协调。已建成或在建的斜拉桥索塔基础常采用的形式主要有扩大基础、沉井或沉箱基础、桩基础。当桩径增大到一定尺度时,井柱介于桩和沉井之间,形成井柱基础。管柱基础作为桩基础的一种结构形式,也被应用于斜拉桥基础施工。

(2) 索塔基础施工要点。

与其他桥型基础工程施工方法相同,斜拉桥索塔基础施工方案应根据设计要求、桥位处地质水文条件、施工机具设备能力及周围环境条件等因素,经过技术、经济比选后确定。桩基础是我国斜拉桥索塔基础施工中采用较多的形式,具有一定的普遍性,故在此以桩基础施工为例对斜拉桥基础施工进行简单介绍。

① 桩基础施工方法确定原则。

由于实际施工环境条件、设计构造特点、施工机具设备条件、工期要求等条件的差异,斜拉桥索塔桩基础施工方法是多种多样的。根据国内外多座斜拉桥的施工经验,常采用的桩基础施工方法主要有沉入桩、就地灌注桩等。实际选用桩基础施工方法时,应依据地质水文条件、设计荷载、施工设备能力、工期限制及对附近建筑产生的影响等因素,经过综合经济、技术比较后确定。

② 桩基础的主要施工方法。

a. 沉入桩基础施工。沉入桩所用的基础主要为预制的钢筋混凝土桩和预应力混凝土桩,常用的断面形式有实心方桩和空心管桩两种。近年来发展起来的 PHC(pre-stressed high-strength concrete,预应力高强度混凝土管桩)高强预应力离心管桩和大管桩已在工程上得到广泛应用,具有工厂化生产速度快、标准化程度高、施工可贯入度好、穿透力强等特点。按照沉入方法的不同,沉入桩基础施工方法主要有锤击沉桩、振动沉桩、射水沉桩及静力沉桩四种。

b. 就地灌注桩基础施工。就地灌注桩指采用不同的钻(挖)孔方法,在土中形成一定直径的井孔,当其达到设计高程后,将钢筋骨架(笼)吊入井孔,灌注混凝土形成桩基础。

就地灌注桩基础施工工艺流程因成孔方法和现场情况而异。施工前要做好施工计划,编制具体的施工工艺流程图,将其作为安排各工序施工操作和进度的依据。

就地灌注桩基础施工的主要工序包括埋设护筒、制备泥浆、钻孔、清底、钢筋笼制作与吊装以及灌注水下混凝土等。随着科学技术的不断发展和工程实践经验的不断积累,就地灌注桩基础的施工工艺也在不断变化和发展。其关键控制要素和施工要点在很多资料中都有比较详细的说明和论述,在此不再赘述。

7.2.2 主梁施工

1. 斜拉桥主梁常用的施工方法

斜拉桥主梁是斜拉桥主要的承力构件。与其他梁式桥相比,其具有梁体高跨比小、梁体纤细、抗弯能力较差等特点。除少数人行桥采用诸如玻璃钢的复合材料外,一般采用钢和混凝土两种材料。这两种材料又可组合成钢主梁、混凝土主梁、钢-混凝土叠合梁、钢-混凝土混合梁等几种类型。常采用的截面形式有板式、箱形、E形肋板式等。按照索、塔、梁三者结合方式,主梁可分为漂浮体系、支承体系、塔梁固结体系及刚构体系四种结构体系。

斜拉桥主梁施工方法与梁式桥大致相同,一般可分为顶推法、平转法、支架法和悬臂法四种。

顶推法的特点是施工时需要在跨间设置若干临时支墩,顶推过程中主梁要反复承受正负弯矩。该法适用于桥下净空高度小、修建临时支墩造价较低、支墩不影响桥下通航、能反复承受正负弯矩作用的钢斜拉桥主梁的施工。对混凝土斜拉桥而言,一般在拉索张拉前顶推主梁,临时支墩间距如不能满足主梁负担自重弯矩能力,为满足施工的需要,要在主梁内设置临时预应力束,这并不经济。

平转法是指分别在两岸或一岸顺河流方向的矮支架上现浇主梁,并在岸上完成所有的安装工序,包括落架、张拉、调索,然后以塔墩为圆心,整体旋转到桥位合龙。该法适用于桥址地形平坦、塔身较低、适合整体转动的中小跨径斜拉桥。

支架法具有施工简单、方便,能确保结构满足设计线形的优点,但仅适用于桥下净空高度小、搭设支架不影响桥下交通的情况。混凝土斜拉桥主梁在塔柱附近的0号、1号梁段一般采用支架法现浇施工,其施工工序与一般梁式桥相同。

悬臂法分悬臂浇筑法和悬臂拼装法。悬臂浇筑法是在塔柱两侧用挂篮对称逐段浇筑主梁混凝土。悬臂拼装法是先在塔柱区现浇（对采用钢梁的斜拉桥则为安装）一段放置起吊设备的起始梁段，然后用起吊设备从塔柱两侧依次对称拼装梁体节段。

在上述几种施工方法中，悬臂法因适用范围广而成为斜拉桥主梁施工最常用的方法，其余几种则很少被采用。

2. 斜拉桥主梁施工临时固结措施

在桥的主梁悬臂施工过程中，索塔两侧的梁体因自重荷载的不平衡会产生一定的倾覆力矩，且因两侧斜拉索张拉索力的不对称性产生一定的水平推力。当飘浮体系的斜拉桥采用悬臂法进行主梁施工时，为了确保安全，一般在施工中采取适当的措施进行塔梁临时固结，待施工完毕后再拆除。塔梁墩固结的斜拉桥则不需要临时固结。

（1）加临时支座并锚固主梁。

这种方法构造简单，制作和装拆方便，安全可靠。在下横梁上设置 4 个混凝土临时支座，将粗螺纹钢的下端预埋在主塔下横梁中，钢筋中段穿过支座和梁体并锚在 0 号梁段顶部，锚筋的数量由施工反力计算确定。为便于拆除，在每个支座中间设 20 mm 厚的硫黄砂浆夹层。

（2）设临时支承。

在塔墩两旁设临时支承与临时支座共同承担施工反力，临时支承常用钢管桩或钢护筒。在下塔柱上设置预埋件，将其作为临时支承的锚座。如果塔两侧的主梁不对称，拆除这些支承时漂浮体会引起体系转换，梁向一端水平移动，索力重新分布。如该水平位移突然发生且位移距离很大，会引起事故，拆除支承时应特别注意。当 0 号块尚在支架上即已安装 1 号块和 1 号索时，若计算满足受力要求，也可不设临时支承，设置一些简单约束即可。

3. 斜拉桥混凝土主梁悬臂浇筑法施工

（1）悬臂浇筑法施工特点及适用范围。

悬臂浇筑法是大部分混凝土斜拉桥主梁施工的主要方法。该法不需大量施工支架，不影响桥下交通，施工不受水位等因素的影响，相对支架法而言施工用材少，模板可多次周转，主梁整体性好，施工较简便，适用于任何跨径的斜拉桥主梁施工。该法施工过程中应严格控制挂篮变形，混凝土收缩、徐变的影响以及混凝土的超重。相对悬臂拼装法而言，该法的施工周期较长。

(2)悬臂浇筑法施工程序。

斜拉桥主梁的悬臂浇筑与一般预应力混凝土梁式桥悬臂浇筑的施工工序基本相同,但由于斜拉桥结构较复杂,超静定次数高,斜拉索位置和锚头的相对尺寸务必要精确,否则将引起结构内力发生较大变化,影响工程质量。

①主梁悬臂浇筑分段。主梁悬臂浇筑节段长度根据斜拉索的节间长度、梁段重量进行划分,一个节段长度可为一个索距或半个索距,但也有一个节段长度采用两个索距的。一般情况下,一个悬臂浇筑节段长度为4~8 m。

②无索区主梁施工。无索区主梁一般在支架或托架上进行施工。混凝土浇筑前先对支架或托架进行预压,以消除各种因素引起的变形。混凝土浇筑完成且强度达到要求后,施加预应力,然后拼装悬臂浇筑挂篮,进行主梁的悬臂浇筑施工。

③悬臂浇筑程序见图7.5。

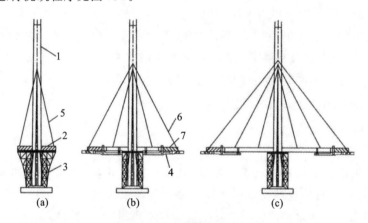

图 7.5 悬臂浇筑程序

(a)支架现浇0号块及1号块并挂索;(b)拼装牵索挂篮,对称悬浇梁段;
(c)挂篮前移,依次悬浇梁段

注:1—索塔;2—现浇梁段;3—现浇支架;4—前支点挂篮;
5—斜拉索;6—前支点斜拉索;7—悬浇梁段。

(3)悬臂浇筑施工方法。

与一般梁桥相比,斜拉桥的主梁高跨比较小,梁体十分纤细,抗弯能力差。进行悬臂浇筑施工时,如果仍采用传统的挂篮,挂篮自重大会导致梁塔和拉索截面增大,设计由施工内力控制,显得很不经济。所以施工中可利用斜拉桥本身的结构特点,充分发挥斜拉索的效用,以尽量减小施工荷载。在各种施工方法中,主梁悬臂施工采用的挂篮形式很多,各有特色,归纳起来可分为普通挂篮、劲性骨架挂篮、前支点挂篮三种。其中,前支点挂篮因结构合理、能充分发挥斜拉索的效用而应用最为普遍。

前支点挂篮也称牵索式挂篮,使待浇梁段斜拉索支承挂篮前支点。施工过程中将挂篮后端锚固在已浇梁段上,这样能充分发挥斜拉索的效用,由斜拉索和已浇梁段共同承担待浇节段混凝土梁段的重量。主梁混凝土达到设计强度后,拆除斜拉索与挂篮的连接,使节段重力转换到斜拉索上,再前移挂篮。前支点挂篮的优越性在于它使普通挂篮中的悬臂梁受力变为简支梁受力,提高了节段承重能力,加快了施工进度。其不足之处是在浇筑一个节段混凝土过程中要分阶段调索,工艺复杂,挂篮与斜拉索之间的套管定位难度较大。

前支点挂篮以其受力合理、经济实用的特点使悬臂挂篮施工法成为斜拉桥主梁施工的一种主要施工方法。根据承重系统的构造,前支点挂篮又可分为桁架式前支点挂篮和钢箱式前支点挂篮。相对而言,钢箱式前支点挂篮具有结构刚度大、自重小的优势。

4. 预应力混凝土斜拉桥主梁悬臂拼装法施工

预应力混凝土斜拉桥主梁悬臂拼装法是先在塔柱区现浇一段放置起吊设备的起始梁段,然后用适宜的起吊设备从塔柱两侧依次对称安装预制节段,使悬臂不断伸长直到合龙。非塔、梁、墩固结的斜拉桥采用悬臂拼装法施工时,需要采取临时固结措施,方法与悬臂浇筑法相同。此法对预制场地和起重设备的要求较高,没有悬臂浇筑法使用广泛,故本节仅对其主要施工特点和程序进行简单介绍。

(1) 特点及适用条件。

由于主梁是预制的,墩塔与梁可平行施工,因此可以缩短施工周期,加快施工进度,减少高空作业。主梁预制混凝土龄期较长,收缩和徐变影响小,梁段的断面尺寸和浇筑质量容易得到保证。但该法需要配备吊装设备和运输设备,要有适当的预制场地和运输方式,且安装精度要求较高。

(2) 梁段的预制、移运及整修。

应考虑主梁预制的安装顺序,以便运输。预制台座按设计要求设置预拱度,各梁段依次串联预制,以保证各梁段相对位置及斜拉索与预应力管道的相对尺寸。预制块件的长度划分以梁上水平索距为标准,并根据起吊能力决定,采用一个索距或将一个索距梁段分为有索块和无索块两个节段预制安装。块件的预制、移运及整修均与一般预制构件相同。

(3) 块件拼装基本程序。

①主梁预制块件按先后顺序,从预制场通过轨道或驳船运至桥下吊装位置。

②通过起吊工具将块件提升至安装高程。

③进行块件连接与接缝处理。接头有干接头和湿接头两种,与一般梁式桥悬拼类似。

④张拉纵向预应力筋。

⑤进行斜拉索的挂索与张拉,并调整高程。

对于一个索段的主梁分两个节段预制拼装的,一般情况下,安装完有索块后,挂索并初张至主梁基本返回设计线,再安装无索块。

(4) 斜拉桥钢主梁悬臂拼装法施工。

钢桁架和钢箱是钢斜拉桥及钢混凝土叠合梁斜拉桥的主要受力构件。一般先在工厂加工制作钢桁架和钢箱,再将其运至现场吊装就位,在钢梁出厂前按设计精度对其进行预拼装。钢梁预制节段长度从方便架设的方面考虑,以布置 1~2 根斜拉索和 2~4 根横梁为宜,节段过长会导致架设时出现临时拉索的情况。

斜拉桥钢主梁悬臂安装的施工方法与预应力混凝土斜拉桥主梁悬臂安装的施工方法基本相同,具有施工快捷、方便的特点。常用的起重设备有悬臂吊机、缆索吊机、大型浮吊、千斤顶及各种自制吊机,并可结合挂篮进行悬臂拼装工作。

斜拉桥钢主梁悬臂拼装法施工关键技术如下。

①斜拉桥钢主梁节段连接技术。

斜拉桥钢主梁节段之间的接头往往会成为结构的薄弱点。其质量直接关系到斜拉桥钢主梁施工,是斜拉桥主梁悬臂拼装施工的关键,一般分为全断面焊接连接和高强螺栓连接两种。

a. 全断面焊接连接工艺。

全断面焊接连接工艺是斜拉桥钢主梁节段连接常用的一种工艺,具有施工操作方便、施工完成后主梁整体性好等特点。武汉军山大桥钢主梁就采用了这种工艺。钢主梁现场焊接连接时须严格按照焊接规程执行,施工过程中要注意天气变化对焊接的影响,采用工装设施防风避雨。焊接工艺方法为陶瓷衬垫单面焊双面成型的工艺。采用 CO_2(二氧化碳)气体保护焊打底,埋弧自动焊盖面。梁段间纵肋嵌补段的焊接采用半自动 CO_2 气体保护焊和手工电弧焊。

b. 高强螺栓连接工艺。

高强螺栓连接工艺具有施工快捷、方便等特点,也是斜拉桥钢主梁最为常用的一种成熟工艺。采用此工艺施工的钢主梁受力性能稳定,耐疲劳,能承受动载,适用于承受应力交变和应力急剧变化的连接点,受力均匀,无应力集中现象。高强螺栓的安装一般分为初拧及初拧检查、终拧及终拧检查。

安装高强螺栓前,除全面检查其外观质量并复验扭矩系数外,还要对连接处的接触面进行清理,用钢丝刷清除油污垢、浮锈等,如有毛刺,则用电动砂轮机打磨,使接触面保持洁净和干燥。同时,按规定还需要先装冲钉。主梁之间连接时,冲钉数量是该节点孔眼数的50%;其余钢梁之间连接时,冲钉数量是该节点孔眼数的30%。安装冲钉时先在连接四角处各打入一个冲钉进行固定,然后间隔安装成梅花形冲钉群。安装冲钉的过程中随时调整钢梁间隙,并调整钢梁的高程和轴线,确认结构位置无误,接着在剩余的孔眼中安装高强螺栓,并随时初拧(注意在穿高强螺栓时,不允许强行敲打),然后用高强螺栓逐个换下冲钉并及时初拧。

初拧螺栓的顺序是从螺栓群中央向四周逐渐扩展施拧。因此,用高强螺栓替换冲钉时,也是从中间开始换起。根据螺栓的部位和操作环境,电动扳手和手动扳手都可使用,初拧扭矩为终拧扭矩值的60%~70%。

初拧检查主要是检查螺栓安装的外观质量以及有无漏拧情况。外观检查是指查看有没有将螺母和垫圈装反,查看螺栓的朝向是否一致。这一阶段的检查主要在初拧前进行,但为确保螺栓的安装质量,在终拧前还应安排一次外观检查,以免装错螺栓或垫圈方向错误影响螺栓的拧紧。

终拧是使高强螺栓的轴向预应力达到并保持设计值的最重要的施工步骤,终拧一般在初拧结束2 h后进行。终拧的施拧顺序为先中间,再向四周扩展;终拧过的螺栓都应做好标记,以免漏拧或重复施拧。在施拧过程中,为防止螺栓跟转,在另一侧螺栓头部用开口扳手卡住。终拧时一律拧螺母。个别位置上的螺栓无法拧螺母时,可采用拧螺栓头的方法施拧。终拧用的扳手应在试验室标定,并应以书面标定书为依据,经现场标定后才能使用。终拧之前主梁上不准安装钢横梁,这样终拧后的主梁连接接头才能形成很好的刚性接头。使用电动扳手终拧螺栓时必须连续施拧,中途不得停顿,否则容易造成超拧。

在每个节点内的高强螺栓全部终拧完成之后,由专检人员进行终拧检查。终拧检查所用的扳手是带有表盘的专用检查扳手。超拧的螺栓应及时更换,重新安装螺栓并做相应的终拧检查。

②合龙段施工。

合龙段施工是钢梁安装施工的关键,轻则影响结构内力的分配以及桥面的平顺,重则影响结构的安全。钢梁的合龙分为是自然合龙和强制合龙。

自然合龙又称降温合龙,即先设定一个合龙的温度,然后根据各种边界条件计算这个温度下的合龙段钢梁加工长度。准备工作就绪后,待大气温度上升或降低至预先设定的要求时,即将钢梁安装就位。自然合龙成功的关键是合龙温度和合龙段钢梁长度的确定。合龙应选在气温变化较缓慢的阴天或夜晚,并要在温度再次出现急剧变化前留有足够时间以完成主梁间节点的连接和梁塔临时固结装置的解除。

强制合龙一般用于边跨合龙。具体做法是在合龙段位置上事先留出稍大于合龙段钢梁实际长度的距离,先行吊装合龙段,然后用千斤顶将尾段钢梁向已安装好的合龙段顶进,最终实现合龙。采用这一工艺可以避免季节、昼夜温度变化使钢梁胀缩从而给确定合龙段钢梁尺寸带来的困难,并且可根据现场施工进度等条件适时选择合龙时间。但其技术要求很高,必须配备专门设计,并要对受力情况进行详细的计算和分析。

7.2.3 斜拉索施工

1. 斜拉索的制作

(1) 我国现行斜拉索主要材料。

我国现行制索材料的主要品种有:直径为 5～7 mm 的高强钢丝,其标准强度不低于 1570 MPa;直径为 12 mm 和 15 mm 的钢绞线,刚度与平行钢丝相接近,但较钢丝本身的弹性模量要低。常用的斜拉索锚具有以下 4 种:热铸锚、墩头锚、冷铸墩头锚、夹片群锚。一般平行钢丝索采用冷铸墩头锚,而钢绞线斜拉索一般采用夹片群锚。斜拉索防护最为常用的材料是高密度聚乙烯材料,具有物理性能好、耐气候性能强的特点。

(2) 斜拉索材料的检测。

斜拉索材料的质量直接影响其使用寿命,因此每批材料都要按比例实行抽样检查。一般要求钢丝的直径允许误差为±1%,抗拉设计强度不小于 1570 MPa,耐疲劳应力幅值大于 200 MPa。

聚乙烯(polyethylene,PE)套管材料也应根据设计要求做老化试验,要求其使用寿命为 30～50 年。

冷铸或热铸铝件填料都应做相应的试验,冷铸铝件填料的强度应不小于147 MPa(平均值)。

锚具的外形尺寸及断面等都需要按设计要求进行检测。

(3) 斜拉索制作。

由于现代斜拉桥跨径越来越大,斜拉索的数量增多,对斜拉索材料和制作水平的要求也越来越高。为保证斜拉索质量,一般不宜在现场施工制作,要求走工厂化或半工厂化的道路。半平行钢丝索以其长度大、承载力高、运输方便的特点,应用越来越广泛。下面以半平行钢丝索为例,对斜拉索的制作工艺进行简单介绍。

一般来讲,制作成品斜拉索的工艺流程如下:粗下料(设计索长＋施工工作长度)并编束→钢束扭绞成型→下料齐头→分段抽检(成型后的直径误差及扭绞角)→焊接牵引钩→缠绕包带→热挤 PE 护套→水槽冷却→测量护套厚度及偏差→精下料(计算长度＋镦头长度)→端部锚部分去除 PE 护套→锚板穿丝→分丝墩头→装冷铸锚→锚头养护固化→出厂检验(预张拉等)→包装待运。

装锚前将精下料后的钢丝索端头的塑料护套层剥除,依次套上连接筒和锚环后,再使其逐根穿过定位板上的对应孔眼,墩头就位。对于锚杯头中的空隙,注入液态混合填料振实,混合填料固化后,钢丝索和锚杯连成一体。注入混合填料时可以使用环氧树脂等有机结合剂,再加入铸钢丸,铸钢丸在混合填料中形成承受构架。混合填料应具有良好的流动性,以利浇筑。硬化后的混合填料应具有足够的强度和温度稳定性,以确保锚具的锚固功能。在冷铸锚中,锚板只承受钢索的部分拉力,大部分的锚固力来自混合填料对钢丝的黏结和握裹,以及锚杯为锥形内腔的模型效应。

2. 斜拉索的防护

斜拉索是斜拉桥的主要受力构件,全部布置在梁体外部,且处于高应力状态,对锈蚀比较敏感。它的防护质量决定整个桥梁的安全和使用寿命。斜拉桥是按照超静定结构体系设计的,虽能经受某单根斜拉索的突然损坏,但如果破坏是由锈蚀引起的,则直接影响钢丝的疲劳抗力,而力的进一步重分配可能引起更多斜拉索的破坏,剩余斜拉索结构的整体性也会被损害,在此情况下结构有可能渐渐崩溃。因而,斜拉索防护有着十分重要的意义。

斜拉索防护可分为临时防护和永久防护两种。

(1) 临时防护。

钢丝或钢绞线从出厂到使用的一段时间内,所需要的防护称为临时防护。

国内采用的临时防护法一般是钢丝镀锌,即将钢丝穿入聚乙烯套管,安装锚头密封后喷防护油,并充以氮气。另外还有涂漆、涂油、涂沥青膏等处理措施。具体实施时可根据防锈蚀效能、技术经济比较、设备条件及材料种类决定。

通常在钢丝或钢绞线穿入套管前,应将每根钢丝或钢绞线在水溶性防腐液中浸泡或喷一层防腐油剂。

在临时防护中,镀锌钢丝的锌层应均匀连续,附着牢固,不允许有裂纹、斑痕。另外,在储存和加工期间应对不镀锌的钢丝采取其他涂漆、涂油等临时防护措施。

(2)永久防护。

从斜拉索钢材下料到桥梁建成期间,应做永久防护。永久防护应满足防锈蚀、耐暴晒、耐老化、耐高温、涂层坚韧、材料易得、价格低廉、生产工艺成熟、制作运输安装简便、更换容易等要求。永久防护包括内防护与外防护。内防护直接防止斜拉索锈蚀,外防护保护内防护材料不致流出、老化等。

内防护所用的材料一般有沥青砂、防锈脂、钙基润滑脂、聚乙烯塑料泡沫和水泥浆等,这些材料各有优缺点。

外防护所用的材料也各有优缺点:聚氯乙烯管质脆、抗冻、抗老化性能差、易破裂失效;铝管则需要注水泥浆,而水泥浆的碱性作用易使铝管腐蚀;钢管作为外套时本身需要防腐蚀且笨重;多层玻璃丝布缠绕包套效果尚可,但价格高,施工烦琐。我国采用炭黑聚乙烯在塑料挤出机中旋转挤包于斜拉索上而成的热挤索套防护斜拉索方法,即PE套管法。高密度聚乙烯(PE)与其他材料相比具备以下优点:①在设计寿命期限内能抵抗循环应力引起的疲劳;②在聚乙烯树脂中加炭黑能有效抵抗紫外线的侵蚀;③与灌浆材料和钢材无化学反应;④在运输、装卸、制造、安装和灌注时能抗损坏;⑤能防止水、空气和其他腐蚀物质的入侵;⑥徐变特性低;⑦对周围环境有一定的适应性。

同时,黑色PE管的热膨胀系数大约是水泥浆和钢材的6倍。因此,为了控制温度变化,减小可能导致PE管损坏的不均匀应力,通常在PE管上缠绕或嵌套一层浅色胶带或PE面层。采用热挤索套可在很短的时间内完成防腐、索套制作、斜拉索密封等工艺。

总之,斜拉索防护绝大多数是在生产制作的过程中完成的,与生产材料、工艺、生产标准、管道等密切相关。故此,要做好斜拉索的防护工作,就必须严格控制生产的各个环节、工序,以确保斜拉索的质量。

3. 斜拉索的安装

(1) 放索及索的移动。

①放索。

为便于运输及运输过程中保护索,起运斜拉索前通常采用类似电缆盘的钢结构索盘将斜拉索卷盘,然后运输。对于短索,也有采取自身成盘、捆扎后运输的情况。现场放索时,常用的拉索卷盘方式有立式转盘放索、水平转盘放索两种。

立式转盘放索是指钢结构索盘放索时设置一个立式支架,在索盘轴孔内穿上圆轴,徐徐转动索盘将索放出。

水平转盘放索是指对于自身成盘的索,设置一水平转盘,将索盘放在转盘上,边转动边将索放出。在放索过程中,索盘自身的弹性和牵引产生的偏心力会使转盘转动时产生加速度,导致散盘,危及施工人员的安全。所以,一般情况下要对转盘设刹车装置,或者以钢丝绳作尾索,用卷扬机控制放索。

②索在桥面上的移动。

在放索和挂索过程中,要对斜拉索进行拖移,但由于索自身弯曲或者与桥面直接接触,在移动中就可能损坏斜拉索的防护层或损伤索股。为避免这些情况的发生,一般采取下述方法对索进行保护。

a. 如果索盘由驳船运来,对于短索一般直接将索盘吊到桥面上,利用放索支架放索,对于长索则一般直接在船上设置放索支架放索。采用前者时要在梁上放置吊装设备,采用后者则需要在梁端设置转向装置以利于索的移动。对于现浇梁,转向装置设置在施工挂篮上,若为拼装结构则设置在主梁上,要求转向装置的半径不小于索盘半径,与梁体保持一定间隔。

b. 滚筒法。在桥面设置一条滚筒带,当索放出后,沿滚筒运动。制作滚筒时,要根据斜拉索的布置及刚柔程度,选择适宜的滚轴半径,以免滚轴弯折,摩阻增加。平滚之间要保持合理的距离,防止斜拉索与桥面接触。滚筒可与桥面固结,也可与斜拉索套筒固结,具体方法依施工现场情况而定。

c. 移动平车法。当斜拉索上桥后,每隔一段距离垫一个平车,由平车载索移动。梁体顶面凹凸不平时会导致平车运动不便,所以平车的轮子不宜太小。与滚筒法一样,平车之间也要保持合理的距离,避免斜拉索与桥面接触。

d. 导索法。在索塔上部安装一根斜向工作悬索,当斜拉索上桥后,前端连接牵引索,每隔一段距离放置一个吊点,使斜拉索沿着导索运动。这种方法能省去大型牵索设备,可安装成卷的斜拉索。

e. 垫层法。对于一些索径小、自重轻的斜拉索,可在梁面放索线上铺设麻袋、草包、地毯等柔软的垫层,就地拖移。

(2)斜拉索的塔部安装。

一般情况下,可根据斜拉索张拉方式确定其安装顺序:斜拉索张拉端位于塔部时可先安装梁部斜拉索锚固端,后安装塔部斜拉索锚固端;反之,先安装塔部,后安装梁部。塔部斜拉索锚固端安装的方法一般有吊点法、吊机安装法、脚手架法、钢管法等。塔部斜拉索张拉段安装的方法一般有分步牵引法、吊点法等。对于两端皆为张拉端的斜拉索,可选择适宜的方法。采用脚手架法时要在悬挂斜拉索的位置搭设支架。脚手架法安装复杂、速度慢,只适应低塔稀索的情况。现代化斜拉桥多为大跨、高塔、密索体系,故在此以吊点法、吊机安装法及分步牵引法为主对斜拉索塔部安装方法进行介绍。

①吊点法。

吊点法主要利用卷扬机组安装,可分为单吊点法与多吊点法。

a. 单吊点法。斜拉索上桥面后,从索塔孔道中放下牵引绳,连接斜拉索的前端,在锚具下方一定距离处设置一个吊点,索塔吊架用型钢组成支架,配置转向滑轮。当锚头提升至索孔位置时,采用牵引绳与吊绳相互调节,使锚头尺寸准确。牵引至索塔孔道内就位后,穿入锚头固定,见图 7.6。

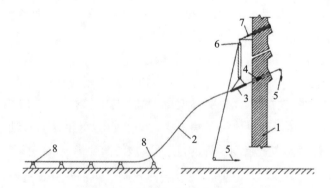

图 7.6 单吊点法安装斜拉索

注:1—索塔;2—待安装斜拉索;3—吊运索夹;4—锚头;
5—卷扬机牵引;6—滑轮;7—索孔吊架;8—滚轮。

单吊点法施工简便、安装迅速,缺点是起重索所需的拉力大,斜拉索在吊点处弯折角度较大,故一般适用于较柔软的短斜拉索。

b. 多吊点法。多吊点法同前述导索法,只要将导索法中的牵引索从预穿索孔中引出即可。多吊点法吊点分散、弯折小，在统一操作指挥下，可使斜拉索均匀起吊。因吊点较多，易使索保持直线状态，两端无须用大吨位千斤顶牵引。

②吊机安装法。

采用特制的扁担梁捆扎斜拉索起吊。斜拉索前端由索塔孔道内伸出的牵引索引入索塔斜拉索锚孔，下端用移动式吊机提升。吊机法操作简单快速，不易损坏斜拉索，但要求吊机有较强的起重能力，故一般适用于重量不大的短索安装。

③分步牵引法。

分步牵引法是指根据斜拉索在安装过程中索力递增的特点而分别采用不同的工具，将斜拉索安装到位。首先用大吨位的卷扬机将索张拉端从桥面提升到预留孔外，然后用穿心式千斤顶将其牵引至张拉锚固面。牵引阶段的前半阶段，采用柔性张拉杆-钢绞线束，利用两套钢绞线夹具系统交替完成前半阶段的牵引工作；牵引阶段的后半阶段，根据索力逐渐增大的情况，采用刚性张拉杆分步牵引到位，如图7.7所示。

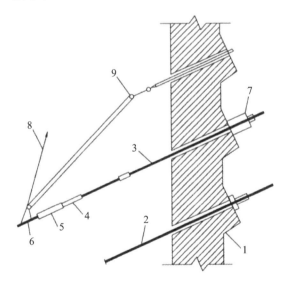

图 7.7　分步牵引法

注：1—索塔；2—已安装斜拉索；3—钢绞线；4—刚性斜拉索；
5—斜拉索锚头；6—待安装斜拉索；7—千斤顶；8—卷扬机；9—滑轮。

分步牵引法的特点是牵引功率大，辅助施工少，桥面无附加荷载，便于施工。

总之，在采用以上各种方法挂索时，各种构件连接处较多，如锚头与拉杆、牵引头的连接，滑轮与塔柱斜拉索的连接等，任何一处出现问题就会发生事故。在施工中应特别注意各处连接的可靠性。

(3) 斜拉索的梁部安装。

其步骤同塔部安装,基本方法有如下两种。

①吊点法。在梁上放置转向滑轮,牵引绳从套筒中伸出,用吊机将索吊起后,随锚头逐渐地牵入套筒,缓缓放下吊钩,向套筒口平移,直至将锚头穿入套筒。

②拉杆接长法。对于梁部为张拉端的斜拉索安装,采用拉杆接长法比较方便。先将长度为1.0 m的短拉杆与主拉杆(张拉连接杆)连接,使其总长度超过斜拉索套筒加张拉千斤顶的长度,利用千斤顶多次运动,逐渐将张拉端拉出锚固面,并逐渐拆掉多余的短拉杆,安装锚固螺母。运用拉杆接长法时,要加工一个组合式螺母(张拉连接螺母),然后用这个螺母逐步锚固拉杆,直到将锚头拉出锚板后拆除。

(4) 斜拉索张拉与索力量测。

①斜拉索张拉调索。

斜拉索的张拉一般可分为拉丝式锚具张拉和拉锚式锚具张拉两种。其中,拉锚式锚具张拉因施工操作方便及现场工作量较少等优点被较为广泛地采用。根据设计要求及现场实际情况,有采用塔部一端张拉的,有采用梁部一端张拉的,也有采用塔、梁部两端张拉的,其中以塔部一端张拉最为广泛。

对于配装拉丝式锚具的钢绞线斜拉索,挂索时先要在斜拉索上方设置一根粗大的钢缆,将其作为辅助索。斜拉索的聚乙烯套管先悬挂在辅助索上,然后逐根穿入钢绞线,用单根张拉的小型千斤顶调好每根钢绞线的初应力,最后用群锚千斤顶整体张拉。对于新型的夹片群锚斜拉索锚具,第一阶段张拉使用拉丝式,调索阶段使用拉锚式。

拉锚式斜拉索张拉均为整体张拉。国内外斜拉索锚具、千斤顶、斜拉索的设计吨位已达到千吨级水平,大吨位斜拉索整体张拉工艺已十分成熟。无论是一端张拉还是两端张拉,一般情况下都需要在斜拉索端头接上张拉连接杆,之后使用大吨位穿心式千斤顶实施斜拉索的张拉调索。为方便施工,张拉杆大都采用分节接长,而非整根通长。

张拉调索的主要步骤如下。

a. 对张拉千斤顶和配套油泵进行标定,同时对预计的调整值划分级别,根据标定得出的张拉值和油表读数之间的直线关系,计算并列出每级张拉值和相应的油表读数。

b. 对索力检测仪器进行标定。

c. 计算各级调整值并列出相应的延伸量。

d. 做好索力检测和其他各种观测的准备工作。

e. 张拉工具、设备就位。先将千斤顶撑架用手拉葫芦等固定在斜拉索锚固面上,然后将千斤顶用螺栓连接支撑在撑架上。将张拉杆穿过千斤顶和撑架,旋接在斜拉索锚头端,再将张拉杆上的后螺母从张拉杆尾端旋转穿进。将千斤顶与油泵用油管接好,启动油泵,使千斤顶活塞空升少许,如调索要求降低索力,可根据情况多升一定量。接着将后螺母旋至与活塞接触紧密。如调索是在斜拉索锚头还未被牵出锚固面的情况下进行的,则上述过程已在牵索过程完成。如索力检测采用测量张拉杆拉力的方式,则应在张拉杆的后螺母间安装穿心式压力传感器测量张拉力。此时需要先将传感器从张拉杆后端插入,再将张拉杆后螺母旋入。

f. 按预定级别的相应张拉力,通过电动油泵进油或回油逐级调整索力。如果要降低索力,则先进油拉动斜拉索,使锚环能够松动,在旋开锚环后可回油使斜拉索索力降低。在调索过程中,当千斤顶达到行程允许伸长量时,即可将斜拉索锚头的锚环旋紧,使其临时支承于锚固支承面上,这时千斤顶可回油并进行下一行程的张拉。如果调索是在斜拉索锚头还未牵出其锚固面的情况下进行的,则临时锚固由叠撑在锚环上的张拉杆前螺母承担。张拉调索过程中,应以检测、校核数据配合油表读数共同控制张拉力,并随时观测结果以防不正常情况发生。

②斜拉索索力量测。

斜拉索的索力是斜拉桥设计的一个重要参数,必须确保准确可靠。而采用可靠的索力量测手段及工具是确保索力准确的根本。根据国内外多座斜拉桥的施工实践,比较常用且成熟的索力量测方法有压力表测定法、压力传感器测定法和频率法三种。

压力表测定法是利用张拉千斤顶的液压与张拉力之间的直接关系,通过测定张拉过程中的油压,而后换算成索力的一种索力测定方法。采用此法测定索力时,需要使用 0.3~0.5 级精密压力表,使压力表测定的索力精度达到 1%~2%。此法测量索力简单易行,是斜拉桥施工过程中最为常用的一种索力测量方法。

压力传感器测定法是在张拉连接杆套上一个穿心式压力传感器,张拉时处在千斤顶和张拉螺母之间的传感器受压发出电信号,在配套的二次仪表上读出千斤顶张拉力,从而得到索力值。此法精度较高,可达到 1% 以下,但价格比较昂贵,只能在特定条件下使用。

频率法利用斜拉索振动频率和索力之间的关系,通过测定频率,间接换算索力的办法量测索力。采用此法量测索力时,首先要根据不同工况及斜拉索相应的约束条件准确设定斜拉索的计算长度。其次要准确测定斜拉索频率,特别是低阶频率。当前,随着科技发展,测定斜拉索频率的电子仪器日趋成熟,整套仪器携带、安装都十分方便,测量结果也比较可信,故采用此法量测索力比较普遍。

(5) 斜拉索的防振。

斜拉索在风、雨、雪等的作用下会发生振动。斜拉索的振动会导致斜拉索根部出现反复挠曲,斜拉索中的钢丝产生附加的挠曲应力,这种附加的挠曲应力反复作用,将加速钢丝的疲劳,使斜拉索的使用寿命缩短。同时,斜拉索的持续振动会使人们对桥梁的可靠度及稳定性产生怀疑,因此应防止斜拉索的振动。

早期人们采取治标的办法,即用钢索或杆件将同一索面的各根斜拉索联系在一起,使具有不同频率的各根斜拉索在出现振动时相互干扰,从而抑制振动。这种方法并不理想,并且索面内设置横向联系后,还破坏了斜拉索的景观性。

随着对斜拉索振动成因及条件的认识进一步加深,人们逐渐采用黏弹性高阻尼衬套防止斜拉索振动,效果较好。设置阻尼衬套后,斜拉索振动能量被吸收,同时整根斜拉索被分为中间长、两边短的三段,斜拉索的固有频率有所提高,对防振有利。黏弹性高阻尼衬套构造比较简单,可以安装在斜拉索钢套筒内,较为隐蔽,对斜拉索外观无不良影响。

黏弹性高阻尼衬套安装于斜拉索钢套管内,对斜拉索安装精度要求较高,施工难度大。若斜拉索安装误差偏大,可能会导致黏弹性高阻尼衬套难以正常安装。出现斜拉索涡振现象时,梁部衬套还会出现中途滑落现象,从而减弱防振效果。为避免这种现象,近年来人们采取多种防振措施相结合的办法防止斜拉索振动,也取得了一些成效。

第 8 章　桥梁病害处理及综合接地施工

8.1　桥梁病害处理及治理措施

8.1.1　高速铁路桥梁病害隐患分析

常见的高速铁路桥梁病害有结构裂纹、结构材料强度不足、桥墩偏移和倾斜、支座病害、结构自振频率超限、特殊灾害引起的桥梁损伤等。虽然各种病害对桥梁结构造成的损伤程度不同，但都会对桥梁的寿命以及运营的列车造成一定影响，如不及时进行维修和加固，容易导致桥梁结构永久性破坏，进而严重影响铁路运营安全。如果发生桥梁安全事故，将会造成严重的经济损失和人员伤亡。

桥梁病害产生的原因往往十分复杂，即使是设计施工很好的桥梁，随着使用年限的延长，也会受到各种因素的影响从而出现结构病害或部件损坏。通过查询相关资料，分析高速铁路桥梁病害的特征，总结同一类病害产生的原因与规律，可以为桥梁结构检测、评价分级、养护维修提供支撑，起到未雨绸缪的作用。

1. 结构裂纹

结构裂纹是较为常见的桥梁结构病害。根据桥梁结构损伤的强度与原因，结构裂纹大致有以下几种，分别为原生裂纹、强度破坏引起的裂纹、部件连接损伤引起的裂纹、锈蚀损伤引起的裂纹、疲劳损伤引起的裂纹和机械损伤引起的裂纹。

原生裂纹是指桥梁投入运营前，构件就已经出现的裂纹。这种裂纹由于条件技术限制是不可避免的，如气候环境因素导致的梁体结构裂纹。

强度破坏引起的裂纹在一般情况下很少出现。桥梁的部分结构（如拉杆、受弯构件和弯拉构件等）受力时，若截面的拉应力超过构件抗拉强度或屈服强度，会引起桥梁构件开裂。高速铁路桥梁在设计时经过严密检算，在正常列车运行情况下，不会导致桥梁产生强度破坏引起的裂纹。

部件连接损伤引起的裂纹是一种常见的桥梁病害。随着运营时间的增加，它能加剧高速铁路桥梁的损坏。桥梁设计建造部件较多，各种类型的部件并不能完全耦合，部件连接损伤的主要原因是机械磨损。桥梁连接构件受力时，沿其接触面的相对总位移与列车运行密度、连接处的应力状态及荷载的动力作用特性等呈线性关系。部件连接的构造特性、结构的环境条件和制造质量对磨损速度有很大的影响，部件连接损伤也会加大桥梁出现疲劳裂纹的概率。

锈蚀损伤引起的裂纹是钢桥中最常见的病害现象。桥梁容易积水和积尘的地方以及构件间的焊接点容易发生锈蚀。钢桥投入运营后一般都有锈蚀损伤。这种损伤会引起桥梁裂纹，降低载重等级，在锈蚀和循环应力的共同作用下甚至会导致锈蚀疲劳裂纹的产生。

疲劳损伤引起的裂纹较为复杂。当桥梁承受随时间变化的动载时，部件会在脉动应力作用下在桥梁构件的缺陷处萌生裂纹。当循环次数增加到一定程度时，部件便会破坏而失去承载能力，使桥梁发生不可逆转的破坏。疲劳是一个十分复杂的过程。从微观到宏观，疲劳破坏受到众多因素的影响。对材料和构件静力强度影响很小的因素，对疲劳的影响却非常显著，如桥梁构件的表面缺陷、应力集中等。

机械损伤引起的裂纹常产生于超限货物运输时对桥梁杆件的撞击，在桥梁制造和架设过程中也可能产生这种裂纹。机械损伤有各种各样的损坏，如个别杆件整根断掉或部分断裂，杆件局部或整体翘曲、击穿、压陷等。对有机械损伤的杆件要仔细检查，针对具体情况单独确定损伤的严重程度。对受碰撞损伤的杆件，其碰撞部位附近容易出现裂纹。

2. 结构材料强度不足

结构材料强度不足也是较为常见的桥梁结构病害。对于混凝土桥而言，混凝土结构内部可能出现有疏松区、空洞，预应力管道压浆不饱满等情况。对于钢桥而言，主要是锈蚀病害。

混凝土的缺陷主要是由混凝土施工质量差引起的，它表明了混凝土存在潜在的性能弱点，对桥梁结构的耐久性影响较大。如表层混凝土剥落会导致内部钢筋锈蚀，继而引起混凝土更大面积的锈胀开裂，长期作用会降低截面刚度、减小钢筋的有效直径。对于预应力钢筋混凝土桥，如果预应力筋锈蚀后果将更严重。再如，横隔板混凝土开裂、剥落、钢筋外露锈蚀，会使结构横向刚度降低，加速桥梁结构破坏。

材料原因、施工原因导致的缺陷对混凝土结构而言是先天的,结构损伤往往从这些结构薄弱的部位产生,影响混凝土结构的安全性、适用性和耐久性。但缺陷并不是不可避免的,针对缺陷产生的原因,只要认真执行相关规范和规程,在设计、施工和材料等方面采取一系列措施,混凝土结构的质量和性能是有保证的。

对于钢桥而言,桥梁用钢不能满足国家规范的要求,不仅仅是因为强度不足,还有可能是韧性、冷脆性等不满足国家相关规范要求。钢材的缺陷包括夹层、裂纹、非金属夹杂和明显的偏析等。钢构件焊缝缺陷包括裂缝、焊瘤、烧穿、弧坑、气孔、未焊透、夹渣、咬边、未熔合、焊缝尺寸不合要求以及焊缝形成不良等。桥梁材料强度不足时材料发生屈服,桥梁结构破坏。尤其是对高速铁路桥梁而言,列车垃圾、废水及废气等长期排放到桥梁周围,极易引发桥梁锈蚀病害。材料锈蚀后容易发生脆断,引起桥梁结构整体或局部破坏,损失巨大。

3. 桥墩偏移和倾斜

桥墩位于桥梁上部结构与基础之间,并将上部结构的荷载传递给基础。桥墩的稳定性和承载力很大程度上决定了桥梁的耐久性。桥墩常见的病害有混凝土开裂、倾斜变位、剥落、空洞、材料老化等。其中,偏移和倾斜是桥墩的主要病害。桥墩的倾斜直接影响上部结构受力,特别是对于山区的高墩大跨或弯桥、斜桥等异形桥梁,桥墩的微小位移或倾斜都有可能导致上部结构的破坏。

具体来讲,桥墩偏移和倾斜的主要原因有以下几点。

(1) 设计或施工时基础埋置深度不够,或基础置于不良地基上(如软土地基),或基底持力层压缩性虽然较小,但其层厚较薄或不均匀,甚至还下伏于较深厚的软弱下卧层。

(2) 原设计跨径普遍较小,极大地压缩了河床过水断面,导致桥孔通水不畅,局部冲刷增加,加速了基础冲刷。

(3) 由于河道改变及水流的长期作用,位于弯道上的桥梁迎水面处桥面锥坡基础更易被冲空,导致基础变位、脱空,造成桥墩下沉、开裂,进而影响主体受力结构。

对于高速铁路桥梁来说,桥墩的偏移和倾斜会直接导致桥面轨道平顺性下降,使过桥列车运行振动加剧,产生较大的冲击作用,危及桥梁以及行车安全,严重时会导致桥梁断裂,与列车脱轨。

4. 支座病害

支座是连接桥梁上部结构与下部结构的重要结构部件。支座能将桥梁上部结构的反力和变形可靠地传递给桥梁下部结构,从而使结构的实际受力情况与计算的理论图式相符合。它在桥梁结构中非常关键。支座的损坏一般包括过大的剪切变形、开裂、局部脱空、全脱空、缺失。支座病害的原因大致如下:一是支座本身为不合格产品,强度低,承载力不足;二是在设计方面,支座的选择形式、布置方式不合理,支座边缘预留宽度不够,支座垫石混凝土强度等级偏低或垫石加强筋不足,固定用的螺栓、螺母强度不够等;三是在施工方面,安装支座时支座垫石、梁底面不平整或垫石顶面不是水平面,砂浆填充不密实,垫石内预埋钢板不稳固,与支座连接不牢,金属支座防腐、防锈处理质量不高;四是养护维修方面,滑动面、滚动面不干净,异物得不到及时清理,固定件松动,加固不及时,防水装置缺陷使支座或连接面浸水腐蚀,加速老化过程等;五是桥墩、台发生不均匀沉降、倾斜与上部结构移位,上部结构振动变位等直接影响支座的正常使用。表8.1为支座常见病害。

表 8.1 支座常见病害

支 座 类 型	常 见 病 害
简易垫层支座	油毛毡破裂、掉落、老化;墩台顶部混凝土开裂或压坏
橡胶支座	橡胶老化、变质;填充砂浆开裂、破碎;支座错位、脱空、变形严重
盆式橡胶支座	螺栓剪断;螺母松动
弧形钢板支座	滑动面、滚动面生锈,不能转动;固定支座的销钉剪断,活动支座的上下座板锈蚀;支座不平或积水;垫板翘起、扭曲、断裂
摆柱式支座	摆柱混凝土剥落、露筋;支座螺母松动或螺栓脱落

5. 结构自振频率超限

若结构自振频率过低,在列车通过桥梁时,桥梁会与列车发生共振,使得桥梁结构受力远远大于设计值,最终导致结构裂缝等病害进一步加剧,威胁铁路运营安全。结构自振频率超限通常是由桥梁结构刚度不足造成的,同时还与通过桥梁的列车型号、运行速度及列车编组等因素有密切联系。通常采用增大桥梁边界刚度的方法,改善桥梁结构的动力特性,从而降低共振的可能性。此外,设计高速铁路桥梁时,应当留有充分的安全储备,从整体上把握桥梁结构的强度、刚度和稳定性。当设计不合理或设计细节不完善时,没有充分考虑桥梁实际应用场合与周围环境条件,高速铁路桥梁在使用中会很快出现各种病害,造成结构承载力不足,甚至发生质量事故。

6. 特殊灾害引起的桥梁损伤

桥梁遭受的特殊灾害包括:地震、洪水、强风、漂浮物撞击等自然灾害;超载列车行驶、车辆意外撞击、火灾、爆炸等人为灾害。这些特殊灾害均能造成桥梁结构的损伤,甚至桥梁倒塌。从现有的调查统计资料来看,洪水、地震、意外撞击和超重列车通过是造成高速铁路桥梁破坏事故的主要原因。人为灾害中,超载列车长期作用,造成桥梁结构的损伤累积。自然灾害对桥梁结构的破坏往往是灾难性的:洪水造成的桥梁破坏是最普遍的,主要体现在对下部结构的冲刷;地震对桥梁的各个部件都有可能造成破坏;强风在特定场景中也会对桥梁造成不可逆转的破坏;泥石流与滑坡都会直接吞没桥梁或者挤推桥墩移位,造成桥梁压屈破坏。

8.1.2 高速铁路桥梁病害处理措施与桥梁养护

1. 病害处理措施

(1) 桥梁裂缝病害处理。

重载列车的通过可能会使桥梁产生竖弯曲裂缝和斜裂缝。对于混凝土桥梁来说,裂缝的产生大致有以下几个类型:由荷载引起、由温度变化引起、由收缩引起、由地基变形引起、由施工质量引起。对混凝土的空洞、蜂窝、麻面、剥落等应先将松散部分清除,再用高强混凝土、水泥砂浆修补;若梁体露筋或剥落,应先将松动的保护层凿去,清除钢筋锈迹,后修复保护层;梁体的横、纵向连接构件开裂、断裂、开焊,可以采取更换、补焊、帮焊等措施修补。当裂缝宽度在限值范围内时,可进行封闭处理,一般涂环氧树脂胶;当裂缝宽度超过限值时,采用压力灌浆法灌注环氧树脂胶或其他灌缝材料。裂缝发展严重时,应动态观测,查明原因,及时加固处理;当裂缝已严重影响行车安全时应及时停止通行,对桥梁进行修复。

桥梁砖石砌体的裂缝,一般是由低级基础沉降和砌体灰缝沉降引起的沉降裂缝,部分是砌体不均匀受热,温差较大引起的温度裂缝,少部分是砌体强度不足引起的裂缝。维修时,首先要对表面集料暴露部分进行修补,将暴露的集料去除,再用细集料混凝土填塞捣实修补。对表层空洞、剥落等缺损,先将松散部分清除,再用高强度混凝土、水泥砂浆进行修补。

对桥梁裂缝也可以进行分级处理,具体措施如表 8.2 所示。

表 8.2　桥梁裂缝分级处理措施

预警级别	级别描述	处理措施
一级	特别严重	对于影响结构承载能力的较大裂缝,先要计算裂缝对承载能力的影响,然后进行下一步的粘贴钢板加固、体外预应力加固和其他加固;当裂缝已严重影响行车安全时应停止通行
二级	严重	对于裂缝较多的梁体,一般采用碳纤维布封闭加固或混凝土封闭加固的方法
三级	较重	对小裂缝以及不影响承载能力的裂缝进行灌封处理
四级	一般	正常巡检,关注裂缝宽度变化

(2) 桥梁材料病害处理。

材料自身强度不足或材料自身缺陷与环境因素相互作用,导致桥梁结构损坏。例如,桥梁混凝土结构内积水,使腐蚀介质与桥梁材料作用,加速桥梁材料病害,破坏桥梁结构。常见的材料病害有以下几种:一是化学侵蚀,主要有溶出性侵蚀、溶解性侵蚀、膨胀性侵蚀,化学侵蚀会导致混凝土胀裂松散,降低桥梁强度;二是碱集料反应,主要是混凝土中的碱与具有碱活性的集料发生反应,导致桥梁材料退化,强度降低;三是桥梁材料的冻融作用,桥梁处于低温环境时,桥梁材料内部存留的水分在冰冻时体积膨胀,导致桥梁开裂。

桥梁材料病害大多是不可逆的,处理比较麻烦,没有成熟的经验。因此,对于此类病害以预防为主,其防治方法主要有以下两种。

①改进混凝土成分,提高混凝土密实度,减少材料渗透性,减缓碳化及氯离子的作用,提高桥梁材料抗腐蚀能力。具体方法有:在混凝土中掺入硅灰,增强材料对氯离子的抵抗力;磨细粉煤灰水泥,提高抗侵蚀能力;采用加气混凝土,在气温较低时,减轻冻融作用造成的破坏。

②采用电化学处理法,通过电力场作用,碱化物质从一个临时的阳极源输入

碳化区,降低氯化物含量,提高已经碳化混凝土的 pH 值,使钢筋重新钝化,强化桥梁结构,从而降低混凝土材料的病害程度。

(3) 桥梁结构锈蚀病害处理。

桥梁结构钢筋和钢板发生锈蚀后,锈皮会吸收水分发生膨胀,从而引发更为严重的桥梁病害,导致桥梁材料黏结力减弱,承载能力降低。锈蚀使钢筋截面减小,容易产生应力集中,增加材料脆性。当桥梁预加应力钢筋锈蚀后,高应力作用会加快锈蚀,即所谓应力腐蚀现象,加速桥梁结构损伤。由此可见,桥梁结构钢筋锈蚀对桥梁的危害十分严重。

当发现桥梁钢筋发生锈蚀时,锈蚀钢筋必须彻底除锈。对于锈蚀严重的需要补焊钢筋,弥补钢筋锈损,尽早浇筑混凝土,用混凝土包裹保护。当结构物表面混凝土脱落,裸露钢筋发生锈蚀时,锈蚀钢筋也必须彻底除锈,同时灌注混凝土,并在混凝土达到一定强度后在其表面粘贴钢板或碳纤维布,弥补钢筋截面损失。当保护层混凝土已全面碳化,达不到防锈效果时,采用 XYPEX(赛柏斯)浓缩剂浆料涂刷封闭混凝土毛细孔,隔离水及腐蚀性物质,防止钢筋继续锈蚀。可以在混凝土表面涂渗入渗透型阻锈剂,防止钢筋锈蚀。在混凝土浇筑过程中严格按照施工规范操作,精细化施工,防止海水、化工用水进入模板。

为增强钢筋的抗腐蚀能力,市场上出现了不锈钢钢筋及环氧树脂涂层钢筋等一系列钢筋新品种。镀锌钢筋、包铜钢筋已很少使用,合金钢钢筋(耐蚀钢筋)在桥梁工程中得到一定发展,不锈钢钢筋及环氧树脂涂层钢筋得到了较为广泛的工程应用。表 8.3 为桥梁结构锈蚀病害分级处理措施。

表 8.3 桥梁结构锈蚀病害分级处理措施

预警级别	级别描述	处 理 措 施
一级	特别严重	列车停运,对耐久性不达标的梁体和桥墩进行大修和更换
二级	严重	加强结构排水通风,清理泄水孔,做好关键性钢架结构和梁体之间的密封处理,避免水分进入钢架结构,涂抹表层涂层和固化剂,延缓钢筋锈蚀和混凝土腐蚀
三级	较重	密切关注钢结构和混凝土的锈蚀、腐蚀情况
四级	一般	正常巡检钢结构和混凝土的锈蚀、腐蚀情况

(4) 桥梁墩台病害处理。

高速铁路桥梁墩台结构一般采用混凝土或钢筋混凝土墩台,保证桥梁和轨道结构安全、舒适、耐久和良好的动力性能。由于高速铁路设计桥梁活载小,在结构受力上,无须采用大体积重力式桥台,而是大量采用一字形桥台或空心桥台。常见的墩台病害主要有裂纹、腐蚀、倾斜、下沉等。

墩台发生局部损坏病害时,在进行彻底整治前可设置拉杆、钢轨箍或排架作临时加固或减载。一旦桥墩发生沉降或产生位移病害,首先要对桥墩及其支座、梁体结构进行全面检查,判断是否会引起其他病害,同时查明病害成因,对桥墩沉降、位移情况进行监测,确定无发展变化后再进行加固处理,对线路变位进行纠偏整治。桥墩变位分级处理措施如表8.4所示。

表8.4 桥墩变位分级处理措施

预警级别	级别描述	处 理 措 施
一级	特别严重	列车停运,桥墩偏移较大时需要进行纠偏,对不均匀沉降的桥墩进行支座调整,保证轨道处于规范规定的阈值内,对受到极大冲击的桥墩进行维修和表层保护
二级	严重	列车减速50%或者列车载重降低50%,对桥墩变形进行监测比较
三级	较重	密切关注桥墩的结构响应状况,对发生恶化的指标实时监测,必要时可做列车减速处理
四级	一般	正常巡检墩身和桥墩的变形及位移,监测河流流速和凌汛变化

(5) 桥梁支座病害处理。

桥梁支座是桥梁结构的重要组成部分。其在桥梁工程造价中所占的比例较小,工程技术人员对其重视程度不够,造成桥梁支座病害屡见不鲜。设计单位、施工单位均应提高对桥梁支座的重视,从源头防止、减少桥梁支座病害的发生。桥梁支座的破坏原因具有一定的差异性,因此应根据支座的实际破坏情况,提出相应的破坏处理措施。

支座病害主要表现为横向位移超限和支座损坏较为严重,采用更换板式橡胶支座和增加梁端限位装置的方法完成病害整治。通常情况是先将支座锚栓铲除,然后重新埋设。但是这种方法不能根治病害,效果不是太理想。可以采取以下措施。

①首先必须保证固定支座无失效变形,支座的倾斜度在允许范围之内。

②将桥面应力放散,确保桥梁和支座处于正常位置,通过对温度的测量,在

温度的变化范围内计算支座的正确位置。

③铲除锚栓后重新固定支座,向活动面注入钙基脂,使支座活动更加灵活,进而清除此种病害。

支座维护更换应在列车运行的天窗时间内完成,保证安全。表8.5为桥梁支座调整分级处理措施。

表8.5 桥梁支座调整分级处理措施

预警级别	级别描述	处理措施
一级	特别严重	更换板式橡胶支座,增加梁端限位装置,同时对梁体和桥墩结合部分进行检查,防止应力过大造成预留伸缩缝顶死,螺栓断裂,梁体倾斜严重等安全事故
二级	严重	更换板式橡胶支座,增加梁端限位装置,保证支座安全
三级	较重	人工调整支座位移,保证支座位移处于安全范围内,不至于损坏
四级	一般	正常巡检支座位移变化

(6) 桥梁加固处理。

重载作用下预应力混凝土梁会出现挠度过大的情况,还伴随着振动加剧、梁体开裂和钢筋锈蚀等一系列问题,所以应该从提高承载能力和抗裂性能方面对桥梁进行加固。针对不同梁型采用梁体裂缝处理等多种加固方法,提高梁体竖向刚度,改善桥梁结构的受力情况,提高承载能力,大幅降低恒载、活载作用下的梁体应力,减小活载作用下的挠度,满足重载运输的要求。表8.6为桥梁梁体加固分级处理措施。

表8.6 桥梁梁体加固分级处理措施

预警级别	级别描述	处理措施
一级	特别严重	列车停运,对桥梁梁体进行大修、更换
二级	严重	列车减速50%行驶,对梁体的裂缝、自振、挠度进行整体评估之后采取合适的加固措施进行加固
三级	较重	密切关注梁体结构的指标响应状况,振动、裂缝过大时采取一般减振、灌封处理
四级	一般	正常巡检,关注梁体裂缝、振动和挠度变化

2. 桥梁养护

随着铁路交通的迅猛发展,高速铁路桥梁养护的好坏关系到铁路运输的安全、畅通与否。铁路运输对桥梁通行能力和承载能力的要求越来越高,许多桥梁破损现象日趋严重。在这个运营状况下,加强对高速铁路桥梁的养护与维护管理工作,对桥梁病害及时处理,预防桥梁病害发生和进一步扩大,是桥梁养护管理的重要内容。

(1)桥梁养护存在的问题。

桥梁的养护、预防性养护以及维护管理工作仍存在很多问题。

①对桥梁养护的重要性认识不足,诸如桥梁排水系统清理、结构裂缝等缺陷的处理工作没有认真落实,导致桥梁病害进一步加剧。

②桥梁构件损坏后维修不及时,深层次的维修与加固工作(如对桥梁结构性病害的处理)开展得不多。

③部分桥梁施工质量不高,在桥梁投入运营后,出现变位、沉陷空洞、裂缝等病害,养护中没有及时弥补缺陷、治理病害,造成混凝土剥落、钢筋外露锈蚀、支座失去活动能力等。这类"小病"不及时处理可能发展成"大病"。还有部分桥梁梁板在建造时由于混凝土保护层的强度、厚度不够,在养护中又没有得到很好的处理,桥梁出现结构性裂缝,露筋现象严重。

桥梁的日常检查、检测及技术评定工作不到位,没有及时对桥梁使用状况进行综合有效的评价,没有及时掌握桥梁的技术状况,以确定桥梁安全性和结构的稳定性。在桥梁日常管理中,部分桥梁资料不完整,桥梁技术状况不清楚,某些旧桥甚至没有技术档案等,需要强化桥梁日常养护管理措施。

(2)桥梁养护内容。

桥梁日常养护是指为了保持桥梁及其附属构造物的正常使用而进行的预防性养护和日常保养,使桥梁保持良好的状态。本节从以下几方面介绍桥梁的养护要求。

①桥梁面应定期清扫,排除积水,清除杂物积雪等,保持桥梁清洁。当出现小病害时,及时进行修补,保持桥梁的完整性。

②对桥梁伸缩缝的日常保养是很重要的环节,应经常清除缝内积土、垃圾等杂物,若有损坏或者功能失效的应该及时修理或更换;经常检查边梁与桥面铺装连接处是否有损坏、裂缝、渗漏等现象,一经发现及时修补,以免影响伸缩装置与梁、板间的锚固强度;经常检查伸缩装置顶面是否平整,如出现异常不平现象,应

进一步检查滑动承压支座或滑动压紧支座是否有损坏,如果损坏应及时进行更换;在日常养护时,发现伸缩装置各缝间出现过大的不均匀位移时,要及时检查位移控制系统构件是否损坏,如发现有零部件损坏也应及时进行更换;另外应定期进行防锈处理,以保证伸缩装置正常使用。

③桥梁标志、标线和交通安全设施的日常维护。桥梁标志和标线是促进桥梁交通安全、提高运输效率的基础设施,桥上的交通标志应该齐全、醒目、牢固,标志板应保持整洁、无裂纹和残缺,若有损坏应及时维修更换。用于桥梁观测的标点、传感器、接线等应保持完好。

④钢筋混凝土及预应力混凝土梁桥桥跨结构的主要缺陷有表层损坏、裂缝、蜂窝及锈蚀等。设计标准低、结构布置不合理、施工质量差、荷载因素影响等致使桥梁结构受到破坏,桥梁承载能力和通过能力不足,影响正常使用。钢筋混凝土及预应力混凝土梁桥日常养护维修内容包括清除表面污垢,修补混凝土空洞、破损、剥落、表面风化以及裂缝,对预应力锚固区的破损及开裂进行修补,清除暴露钢筋的锈渍,恢复保护层,处理各种横、纵向构件的开裂、开焊和锈蚀。

3. 桥梁健康管理

桥梁养护也要借鉴人体预防医学护理思路,将每一座桥梁当作护理对象,对桥梁进行全面检查,对病害桥梁进行维修改造,使桥梁质量提升的同时,对高速铁路桥梁实施"健康管理"。桥梁养护工作的重点放在加强预防性、经常性、周期性、专业性养护上,提高桥梁的结构稳定性,提升养护水平,确保高速铁路桥梁安全畅通。

桥梁养护工作中,要全面加强桥梁的日常巡查、经常检查、定期检查、特殊检查。委托桥梁专业检测机构对桥梁进行定期检测,根据桥梁定期检查结果,依据相关桥梁技术状况评定标准,科学准确评定桥梁分类,及时更新完善桥梁技术档案。桥梁技术档案包括桥梁基础资料、检查资料、特殊情况资料、管理资料等。实行分级专人负责制,不断完善桥梁技术数据,加强安全和保密工作,重要的技术资料原件应存放在本单位档案室。桥梁技术档案表应按养护规范填报,以保证桥梁技术档案的真实、完整、安全。

实施重点桥梁重点监控管理,加强现场监控,做好监控记录,做到及时发现问题,及时采取管制措施,及时进行病害处理,实现桥梁安全、健康。对桥梁微小病害采用新技术、新工艺及时处理,及时排除隐患。对于有疑问或较大病害的桥梁应及时委托桥梁专业检测机构定期检查。

8.2 桥梁综合接地施工

8.2.1 高速铁路综合接地的必要性

高速铁路是现代化铁路事业快速发展的衍生物。列车高速行驶在高压接触网产生的电磁场中,并产生高压电流,可能对列车内部和周围环境的信号设备产生较大的影响,为高铁运营带来不同程度的安全隐患。为了确保列车行驶安全和人身安全,高速铁路工程建设采用综合接地系统,将列车高速行驶中产生的电流释放,利用贯通接地钢筋和接地线引入地面,实现电磁防护的目的。

8.2.2 综合接地材料数量和质量

(1) 接地钢筋。

因为接地钢筋是列车高速行驶中释放产生的电流的主要途径,所以高速铁路桥梁综合接地系统中的钢筋材料选择同一类型的 HRB335 钢筋。在钢筋进入施工现场前做好材料的审查工作,钢筋应有出厂合格标识和产品编号。钢筋进入施工现场后将其统一存放在棚中,下垫上盖,避免钢筋受到客观因素的影响,使其符合施工标准。

(2) 接地端子。

在高速铁路桥梁工程施工中,需要严格遵循施工图来确定每个部位的端子数量,避免接地端子的数量出现漏洞。每个桥墩设置 2 个接地端子,通信基站和自耦变压器下部均设置 1 个端子,每个孔箱梁设置 8 个接地端子。根据设计要求确定接地端子的总数量,同时需要对端子质量予以高度关注。其中最为典型的就是防撞墙侧面预留端子,这种设计是为了避免列车轨道出现闪络现象。轨道两旁的设备和电路均需要使用此端子来实现接地目的。在预埋时做好位置、限界和标高的测量工作。只有各项工作充分符合设计要求,才能发挥综合接地系统功能,确保列车行车安全。

(3) 贯通地线。

高速铁路桥梁工程施工中,铁路两端电缆槽敷设贯通地线,敷设数量需要根据工程建设要求确定,保证地线具有一定的松弛度,避免后续使用中客观因素影响导致线路出现变化,影响高速铁路正常通行。

(4) 连接器。

高速铁路桥梁接地线的连接方式尤为关键。当前贯通地线的连接方式主要包括两种：一种是铜质C形连接器，另一种是以铜质材料为主的L形连接器。在地线连接中需要考虑5%余量，确定连接器的总数量满足工程设计要求。

8.2.3 桥梁综合接地施工要点

1. 综合接地施工总体要求

高速铁路桥梁综合接地要求综合贯通地线各点等电位连接。综合接地系统由贯通地线、接地装置(或接地极)、引接线、接地端子以及接触网专业接地装置构成，综合接地电阻不大于1Ω。

桥梁接地工程按照土建施工顺序进行安排，分为下部结构、梁体和桥面系。下部工程主要包括桩基、承台、墩身的接地钢筋的预埋和焊接，接地端子的预留。此部分与土建施工同时进行。

梁体工程主要包括接地钢筋的预埋和焊接、接地端子的预留、接触网支柱基础和拉线基础的预埋。此部分与梁体钢筋施工同步进行。

桥面系工程包括接地钢筋的预埋和焊接、接地端子的预留、接触网支柱基础的上部浇筑和电缆槽的浇筑。此项施工项目与桥面系施工同时进行。

2. 桥梁下部结构综合接地

(1) 钻孔桩接地钢筋施工。

每根钻孔桩接地钢筋采用桩身通长的结构钢筋代替，在加工桩基础钢筋笼时，选取桩基础钢筋笼的一根钢筋作为桩基础接地钢筋，要求此钢筋通长，不够长时必须采用双面搭接焊连接，并在桩基顶端做好标记。

(2) 承台接地钢筋施工。

进行承台钢筋绑扎时，选取承台底层钢筋，在每根桩位处纵、横向布置钢筋接地网，底层纵向钢筋与桩基接地钢筋焊接，采用直径为16 mm的钢筋双L形焊接。焊接底层钢筋形成接地网，测试接地电阻是否符合要求。如接地电阻不合格，可采取多焊桩基钢筋与底层钢筋连接进行补救，直至测试接地电阻满足要求。

(3) 墩身接地钢筋接地端子施工。

进行墩身钢筋绑扎时，在设计有通信基站、自耦变压器等的位置，用直径为

16 mm 的钢筋横向 L 形焊接桥墩左侧接地钢筋,引出一接地端子并使其与墩身模板平齐,以确保拆模后墩身外露,并做好喷涂标记,以便后续通信基站、自耦变压器所综合接地找出使用。桥墩顶部有 2 个接地端子,与桥墩接地钢筋连接。控制好墩顶两个接地端子的预留高度,接地端子要高出墩顶混凝土表面 3~5 mm,用特制的盖子扣住,或用黄色胶带纸粘贴包裹牢固,确保端子里面不进水泥浆或生锈。浇筑承台、墩身混凝土前,必须测试所施工部位的综合接地电阻值,综合接地电阻值小于 1 Ω 方可浇筑混凝土。

每座桥台顶面均设 2 个接地端子,以确保每座结构物都纳入综合接地系统,对应的箱梁两端底部均设 2 个接地端子连接。

3. 箱梁综合接地

(1) 箱梁接地钢筋。

按照箱梁综合接地钢筋布置图施工,绑扎顶板、底腹板钢筋时在接地钢筋上用红油漆标识,确保接地钢筋搭接无误。接地钢筋单面搭接焊焊缝长度≥200 mm、双面搭接焊焊缝长度≥100 mm。防撞墙内每隔 2 m 预设一根 L 形防闪络接地钢筋。

在梁体接地钢筋全部焊接和预留完成后,浇筑前应进行电气回路测试,保证接地钢筋各处电气连续性。贯通箱梁的钢筋任意一点的接地电阻值不大于 1 Ω。

(2) 接触网基础。

根据设计要求,预埋接触网支柱螺栓时重点控制位置、标高、限界、螺栓垂直度误差、扭面、外露螺纹高度。综合接地电阻值必须符合设计要求,满足使用功能。采用定位模具控制螺栓间距,以确保螺栓孔径不大于 40 mm、孔距对角线差不大于 1.5 mm。焊接后的接触网基础预埋件放置于箱梁钢筋内,固定基础螺栓本体,基础网预埋件底层钢板与箱梁接地钢筋焊接。为保证焊接质量,单面焊接长度为 200 mm,双面焊 100 mm,焊接厚度至少为 4 mm。浇筑混凝土前,套上标准检查板进行螺栓间距复核,并检查基础限界、标高、螺栓垂直度等是否符合设计要求。为防止基础在浇筑的过程中出现螺栓偏移,应对底层钢板或螺栓进行固定,将基础后排两组螺栓用临时钢筋点焊连接到制梁模具上。

(3) 箱梁接地端子。

简支箱梁共设有 8 个接地端子。在梁端底部设 2 个接地端子,与桥墩上部接地端子相对应;在梁面电力电缆槽内上下行各设 1 个接地端子,计 2 个;防撞墙轨道板接地端子上下行各设1个，计2个；护栏、声屏障墙底部上下行各设1个接地端子，计2个。预制箱梁时在梁底和电力电缆槽内预埋4个接地端子，其他4个接地端子在防护墙、竖墙施工时埋设。

梁底接地端子采用直径为20 mm的钢筋自桥面沿腹板向下引出，距梁端850 mm，小里程侧设置2个接地端子。最后一榀箱梁大小里程各设2个接地端子，确保桥台也纳入综合接地系统。梁底浇筑时，梁底接地端子采用螺栓定位在底模上，脱模后接地端子与梁底面齐平。桥面电力电缆槽底接地端子距梁端850 mm，由箱梁顶板内兼做横向接地的钢筋焊接引出。浇筑混凝土时采用定位钢筋控制标高、位置，接地端子顶面高出梁面42～45 mm。

4．桥面系综合接地施工

（1）防护墙接地钢筋。

按照防护墙划分施工单元，防护墙每单元内2 m设一根L形防闪络接地钢筋。注意，该钢筋不需要与结构钢筋焊接，遵照设计要求与贯通接地钢筋搭接满焊，顶部与横向分布筋可靠焊接。

（2）防护墙接地端子。

防护墙内侧接地端子距梁端850 mm，由箱梁防护墙内预留的接地钢筋焊接引出。防撞墙侧面预留的接地端子是给轨道板防闪络接地使用的，并且轨旁设备、轨道电路的综合接地均要使用此接地端子，预留时控制好位置和标高，拆模后使接地端子与混凝土表面平齐，使其符合设计要求，满足使用功能。

（3）竖墙顶面接地端子距梁端850 mm，由箱梁竖墙A内预留的接地钢筋焊接引出。

竖墙A顶面接地端子是为声屏障、桥梁栏杆等其他设施预留的，此端子不得漏设、错设，必须满足使用功能。

8.2.4　桥梁各部位综合接地间的连接

墩梁之间的连接采用2根接地钢缆，要求压接紧密，以确保接地电阻值满足要求。贯通地线间的连接采用C形连接器，压接时所用压接钳的压接力应不小于12 t。贯通地线与箱梁间的连接采用L形连接器，压接时所用压接钳的压接力应不小于12 t。

第 9 章 高速铁路桥梁工程标准化工艺工装

9.1 桩基施工标准化工艺工装

9.1.1 护桩设置工艺

1. 传统工艺的劣势

传统桩基施工仅在护筒埋设时核对桩基中心点位,钻进过程中施工技术人员、钻机操作手无法随时复核桩中心点位,地质变化、钻杆过长引起钻头摆动,可能会造成钻头中心与桩基中线无法重合,进而可能引起桩身偏位,超出验标要求。

在施工过程中,因受到各种机械设备的扰动造成护筒偏移,孔深较大,钻杆的抖动造成孔位偏移,在未设置护桩的情况下,每次复核桩位必须由测量人员重新放样拉线,进而造成人力资源的浪费,复核时段也会受到限制。

2. 新工艺工装使用

该项护桩设置工艺施工流程为:施工准备→桩位放样→确定桩中心点→拉线设置护桩→护桩设置。具体操作方法如下。

孔位中心测量放点完成后,采用不伸缩细线从孔位中心点沿顺桥向、横桥向拉设形成十字交叉点,同时在细线四个方向沿护筒边缘向外 2 m 设置事先加工好的护桩,护桩十字中心要正对桩位。护桩安装牢固后,安设防护笼。

护桩应提前加工完成,基础采用长度为 50 cm、直径为 100 mm 的钢管,每一根钢管居中插入 1 根直径为 20 mm 钢筋,其中钢筋一端超出钢管端头 20 cm,并采用混凝土填充密实;防护笼采用 5 cm×5 cm 方钢焊接加工而成,尺寸为 50 cm×20 cm×20 cm(高×长×宽);加工完成之后涂刷红白相间油漆,以保证位置醒目。

护桩定位必须精确,安装牢固,距离孔口不得小于 2 m,外露 4 根直径为 20 mm 的钢筋必须高于护筒顶面 20 cm,四点拉线呈一个平面,用于孔位复核,防护笼居中防护护桩,防止在施工过程中其他机械设备破坏护桩。

护桩设置实施效果如图 9.1 所示。

图 9.1　护桩设置实施效果

3. 该工艺工装的优势

现场技术人员、钻机操作手可随时对桩位进行复核,确保钻进过程中钻头偏位满足规范要求,且该定位桩工装可循环重复利用。

9.1.2　钢护筒导向架工装

1. 传统工艺的劣势

水上钻孔桩施工时需要插打钢护筒,钢护筒垂直度和倾斜度能否满足要求,直接关系到桩基的成桩质量。传统的钢护筒导向架采用正方形框架结构,在导向架顶面焊接 4 根槽钢进行控制,精度控制难度大。同时,焊接增加了碳排放,不利于环境保护。插打钢护筒时,没有导向轮固定,平面位置和垂直度误差较大。

2. 新工艺工装使用

钢护筒导向架工装施工流程为:测量放样→安装导向架→调整导向架中心位置→安装钢护筒→粗调钢护筒→通过导向轮精调钢护筒→插打钢护筒。具体做法如下。

钢护筒导向架由导向框、导向轮组成。

导向框长 6 m,宽 4 m,高 2 m,内侧平面采用八角形设计,更贴合钢护筒,用来进行平面位置粗调;导向框与钻孔平台进行固定,限制导向架竖向位移,提高抗倾覆性能。导向架设置双层可调导向装置,可确保垂直度、平面位置满足要求。

导向轮由尼龙轮、定位箱、止推箱组成。导向架顶部与底部沿四角位置设置 4 台导向轮,导向前端设置限位箱,限位箱前端设置尼龙轮,尼龙轮与钢护筒之间设置空隙,钢护筒初步吊装进入导向架后,通过导向轮上的伸缩装置调整护筒的平面位置与垂直度,进行护筒的精确定位及调整。定位箱与止推箱之间打磨光滑,且在定位箱与止推箱间加润滑油,可保证定位箱在止推箱上进行滑动从而定位钢护筒。

用吊机将导向架按照设计位置放置于孔位处,并进行导向架初定位。测量放样,调整导向架,使得钢护筒插打平面位置偏差控制在 50 mm 范围内,倾斜度控制在 0.5% 范围内。

3. 该工艺工装的优势

通过对导向架的改进,将导向架内侧改为八角形设计,能够更好地贴近钢护筒,有利于钢护筒平面位置调整;在导向架四角位置增设可伸缩导向轮,解决了钢护筒垂直度精度低的问题,如图 9.2 所示。

图 9.2　改进后的钢护筒导向架

9.1.3　桩基孔口门式护栏

1. 传统工艺的劣势

在钻孔桩施工过程中,孔深越大,孔口周边的安全风险越大。在钻孔桩施工过程中,对孔口未进行防护或采用钢管栅栏防护,钢管栅栏防护安装工作量大,且因地形限制,无法达到预期效果,防护面积过大,影响作业人员施工。

2. 新工艺工装使用

桩基孔口门式护栏施工流程为:根据孔口确定工装尺寸→制作加工技术交底→加工工装→工装安装。具体操作方法如下。

该工装采用 3 cm×1 cm 方钢卷制成比孔口直径大 30 cm 的两个圆圈,在两个圆圈方钢之间采用同型号方钢焊接成型,方钢间距为 20 cm,高度为 1.2 m。为方便泥浆管通过该工装,在底部设置 50 cm×50 cm 的单开门。

在使用时只需要将该工装居中放置在孔口外缘,就可以实现孔口防护。可开式小门专为泥浆管设计,避免了以往钻孔桩施工过程中未对护筒口进行有效防护而存在的安全隐患。

工装加工效果如图 9.3 所示。

图 9.3　工装加工效果

3. 该工艺工装优势

通过对该工艺工装的应用,可以对孔口四周进行防护,以保证孔口周边安全。同时,该工艺工装制作简单、安装轻便、可重复使用、实用性强、成本较低。

9.1.4 桩基检测综合工装

1. 尖锤、平锤检测工装

传统施工中,成孔口采用单根钢筋头进行测试,钢筋较短,不能测试至孔底,过长下放后有可能倾倒,不能准确地反映实际成孔孔深,很大程度上无法保证设计桩长。尖锤、平锤可满足要求,具体如下。

尖锤:孔深测试锤端部配备 4 kg 成品锥形线坠,后部加焊钢筋,整体质量满足规范要求的 4~6 kg。尖锤如图 9.4 所示。

图 9.4 尖锤

平锤:采用 3 根直径为 20 mm 的钢筋并焊,端头焊接直径为 15 cm 的钢板,制作简单。平锤如图 9.5 所示。

图 9.5 平锤

平锤端头受力面较大,不易穿透沉渣层,可准确地测出孔底沉渣厚度,确保桩基成桩质量。

2. 取浆桶取样工装

取浆桶取样工装可以准确提取孔内任何深度的泥浆。

取浆桶采用直径为 160 mm 的钢管,切割 200 mm 长,上下采用钢板焊接进行封闭,顶部预留直径为 50 mm 的圆孔,下口封闭前将直径为 100 mm 的钢板置入内部,小钢板顶部设置吊点,用钢丝绳固定。取浆桶如图 9.6 所示。

图 9.6 取浆桶

经过多次试验数据分析,钻孔桩顶部泥浆密度与底部泥浆密度差异较大,以往施工泥浆测试均在孔口取浆,导致孔底部分泥浆无法测试,不利于桩基成桩质量控制。采用取浆桶后,可将其下放至孔内任何深度进行取浆。

3. 取样勺工装

勺部采用钢筋焊制成网状结构,网格大小根据渣样尺寸确定,勺柄长度为 1.5 m,并涂刷油漆保护,如图 9.7 所示。

采用取样勺工装可以节省体力,方便作业人员随时提取渣样。

4. 泥浆指标测试台

泥浆指标测试台主要用于放置泥浆三件套(mud three sets,是一种用来测量泥浆黏度的用具,由一只装有 200 目筛网的滤筒、与滤筒直径相应的漏斗及一只具有 0~100% 刻度的玻璃测管组成),避免泥浆三件套摆放随意、操作不便、测试不准。

泥浆指标测试台采用钢管焊制,顶面采用铝铁皮进行封面,尺寸为 1.2 m×0.4 m×0.75 m(长×宽×高),上面放置泥浆三件套,形成高度适中、顶面平整

图 9.7 取样勺

的操作面,方便技术人员准确测定泥浆指标。

采用泥浆指标测试台可达到文明有序、操作方便、测试准确的使用效果。

5. 渣样架工装

渣样架采用方钢与薄铁皮焊接而成,主框架采用 3 cm×6 cm 方钢焊接制作,渣样槽采用 2 mm 厚薄铁皮焊接而成,单个尺寸为 10 cm×20 cm,一般设置 10 排,每排放置 4 个渣样槽(具体数量可根据现场实际情况增加或者减少)。在渣样架顶部设置弧形挡雨台,防止雨水破坏渣样。

该工装可以提醒现场技术人员严格按照设计要求提取渣样,同时严格按照施工顺序存放每一个桩的渣样,避免混放、丢失,还能有效避免雨水冲刷,便于设计单位进行现场地质核查。

6. 实施效果

桩基检测综合工装的使用规范了现场施工桩基检测的手段,有利于保证和提高桩基施工质量,同时桩基施工场地标准化布置,有利于施工顺利进行。

9.1.5 电阻率沉渣厚度检测工艺

1. 传统工艺的劣势

在钻孔桩施工过程中,由于施工工艺和施工环境的影响,成孔后桩底往往会形成具有一定厚度、力学性质相对较弱的沉渣,在桩身和原状土之间形成了一层软弱地带,影响桩端承载力,从而使钻孔灌注桩的承载力及沉降量无法达到设计要求。传统工艺采用重锤法测量沉渣厚度,首先测量钻孔平台的高程,计算转杆的总长,将绳尺徐徐放至孔底后上下掂几下,确保测锤到达底部,转杆总长减去绳尺的读数就是沉渣厚度。这种方法存在较多的人为因素,很难得到精确的测试结果。

2. 新工艺工装使用

电阻率沉渣厚度检测工艺施工流程为:钻孔桩成孔→设备组装→桩位信息设置→探头缓慢下放至孔底→沉渣厚度信息采集→数据分析。具体操作方法如下。

先将手动绞车放置于平地,孔口架放置于孔口槽钢或者方木上,并用重物压住,防止其被拉动,如图9.8所示。将沉渣探头拉出,从孔口架测试位置缓缓下降至孔底部,随后将绞车电缆穿过滑轮并绷紧,此时电缆处于受力状态,接好手动摇杆。将采集线缆一端插入主机超声接口,另一端插入手动绞车侧面的沉渣接口,并将深度计数器连接线的一端插入主机"H"接口,另一端插入孔口架上的

图9.8 电阻率沉渣厚度检测工艺示意图

滑轮接口。将主机开机,点击电阻沉渣检测,设置基本信息及钻孔信息。依次点击采样、新存、输入孔号、确定,使用摇杆缓慢匀速向上提升沉渣探头,主机屏幕会自动显示沉渣情况,采集完成后进行保存并进行数据分析。

3. 该工艺工装优势

该工艺工装能实时显示沉渣厚度,测量精度能够达到毫米级,对指导成孔施工具有重大意义,对深度大、沉渣厚度控制要求比较高的桩基很有帮助。同时,该工艺工装有效避免了传统施工方法的人为误差,使沉渣厚度检测精度达到 1 mm。

使用电阻率沉渣厚度检测工艺可区分薄层的电阻率差异,电脑自动生成电阻率-深度曲线图,如图 9.9 所示。根据曲线图中的突变点可以确定沉渣的分界位置。

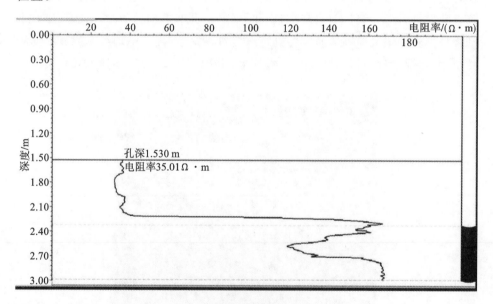

图 9.9 电阻率-深度曲线图

9.1.6 桩基导管存放架工装

1. 传统工艺的劣势

桩基施工工序较多,且每一道工序都需要大量的工机具投入。导管作为钻孔桩施工重要的部件,是成桩施工不可缺少的部分。导管数量较多,部分钻孔桩施工场地限制,无法满足众多工机具同时存放的要求,从而显得现场布置凌乱。

2. 新工艺工装使用

桩基导管存放架工装施工流程为:调查导管长度及数量→制作加工技术交底→Ⅰ20工字钢下料→加工制作→涂刷油漆防锈→运至施工现场→导管架导管存放。具体操作方法如下。

桩基导管存放架采用4根Ⅰ20工字钢作为竖梁,6根Ⅰ20工字钢作为横梁焊接成型,其中竖梁底部预留15 cm与第一圈横梁焊接,第二道横梁与第一圈横梁间隔1 m并与竖梁焊接,竖梁上部距顶端20 cm处打孔,孔径为450 mm,用于吊运过程中穿束钢丝绳。横梁与竖梁尺寸根据现场存放导管的长度和数量确定。焊接完成后,横梁涂刷黑黄相间油漆(油漆颜色根据现场总体标准化布置需要进行选择)。加工过程中注意焊接质量,以保证导管架的稳定性。

根据现场实际情况,将导管存放架放置于平整、稳定的地面,用于导管存放和冲洗。在运输时只需要将钢丝绳穿过吊装孔即可实施吊运。

3. 该工艺工装优势

该工艺工装可以提供桩基施工过程中导管的存放和吊运空间,做到导管摆放有序,方便吊运、冲洗和使用,同时提高现场施工标准化水平,为施工带来便利。桩基导管存放架使用效果如图9.10所示。

图9.10 桩基导管存放架使用效果

9.1.7 桩基钢制泥浆箱及泥沙分离机施工工艺

1. 传统工艺的劣势

传统钻孔桩施工泥浆池需要依据地形及桩基容积量确定泥浆池的大小，反斗挖掘机取渣环节中钻渣与泥浆无法分离，导致钻渣清运工效降低。同时，泥浆滴漏造成现场泥浆横溢，给现场文明施工及环境保护带来影响。挖掘机清理钻渣时极易损坏泥浆池隔渗防护，造成泥浆下渗，污染地下水体。在二次清孔过程中，由于泥沙不能有效分离，增加了沉渣过厚的可能和塌孔、卡钻风险。

2. 新工艺工装使用

桩基钢制泥浆箱及泥沙分离机施工工艺流程为：调查导管长度及数量→制作加工技术交底→Ⅰ20工字钢下料→加工制作→涂刷油漆防锈→运至施工现场→导管存放。具体操作方法如下。

泥浆箱采用槽钢、钢板焊接而成(尺寸根据泥浆量确定，一般可取 6 m×2 m×1.5 m)。泥沙分离机型号分为两类：一般型，双层滤网；简易型，单层滤网。可根据施工条件综合选择。

一般每个钻孔墩位配置钢制泥浆箱两个，两个箱体共用一个泥沙分离机。使用过程中，根据泥浆的含砂率确定泥沙分离机的开闭时机，并注意及时清理分离出的钻渣。

3. 该工艺工装优势

与传统泥浆池沉淀钻渣相比，泥沙分离机能快速地分离出泥浆中的钻渣，提高清孔效率，避免沉渣过厚和塌孔、卡钻风险。分离出的钻渣集中存储至泥浆箱，在提高取渣效率的同时，减少取渣和运输过程中泥浆的滴漏污染及传统泥浆池渗漏污染。另外，钢制泥浆箱及泥沙分离机布置灵活，占地面积小，且能周转利用。泥沙分离机使用效果如图 9.11 所示。

图 9.11　泥沙分离机使用效果

9.1.8　装配式泥浆池工装

1. 传统工艺的劣势

国内铁路钻孔桩施工所用泥浆池大多采用基坑＋土围堰、基坑＋铺彩条布、基坑＋砖砌砂浆抹面护壁、基坑＋混凝土护壁等。

基坑＋土围堰泥浆池对地质情况要求较高，适用于坚硬地层区段。本标段范围内土质较为松散，若采用该类泥浆池容易造成池壁及隔挡坍塌，泥浆在泥浆池内起不到三级沉淀的作用，泥浆质量很难控制。

基坑＋铺彩条布泥浆池主要通过彩条布对池壁进行保护，适用于单桩基础。群桩基础在掏渣过程中易对彩条布造成损坏，损坏后更换困难，不符合铁路标准化要求。且彩条布不可回收，不利于环保。

基坑＋砖砌砂浆抹面护壁泥浆池工效低，材料浪费多，人工成本高，砖和砂浆都无法周转，不利于环保；对地层要求高，在使用过程中护壁地基软化造成泥浆池砖砌护壁不均匀沉降、开裂，且在掏渣过程中也易对泥浆池护壁造成破坏。

基坑＋混凝土护壁泥浆池工效低，材料浪费多，人工成本高，混凝土无法周转，不利于环保，且掏渣过程中混凝土护壁也容易损坏。

2. 新工艺工装使用

装配式泥浆池工装施工流程为：根据现场需求设计泥浆池→出具设计图纸→工厂化加工→基坑开挖→装配式泥浆池安装→悬挂标识牌→联合验收。具体操作方法如下。

(1) 设计结构尺寸。

装配式泥浆池结构尺寸根据现场地理位置、两墩间场地及单根桩基混凝土方量进行设计，原则上泥浆池容积不少于单根桩基混凝土方量两倍，确保施工过程中泥浆充分沉淀、循环。

(2) 设计加工。

装配式泥浆池由壁板、中间隔挡组成，应由有资质的单位检算、出图，所有壁板、隔挡可采用工厂化加工。泥浆池壁板间、中间隔挡与壁板间均采用螺栓、插销或焊接连接，中间隔挡从泥浆池中间顶部直接插入至泥浆池底部，便于拆卸和组装，可循环利用。围栏采用组合式围栏，高度和长度按照现场实际情况而定，围栏与泥浆池池壁采用钢承插连接。

(3) 泥浆池安装。

每两个墩之间设置一个装配式泥浆池，基坑开挖平面尺寸按照泥浆池尺寸确定，每侧边大50 cm，开挖深度比泥浆池深度低20 cm，确保泥浆池露出原地面20 cm。泥浆池安装采用汽车吊现场吊装，人工配合进行安装，起重吊装作业时现场配备起重工统一指挥。泥浆池壁板安装完成后，在外侧四周及时用土填实，防止出现人员或设备陷入；池壁板安装完成后应及时进行围挡安装并挂设安全警示标牌。泥浆池整体效果如图9.12所示。

图9.12　泥浆池整体效果

(4) 泥浆池验收。

装配式泥浆池安装完成后,质量管理部、安全环保部、工程管理部组织内部联合验收,合格后方可使用。

3. 该工艺工装优势

装配式泥浆池工装通过工厂化加工、现场拼装,实现循环利用,节约施工成本,便于现场施工,安全可靠,达到绿色环保要求,为提高桩基施工质量提供有力的保证。

(1) 提高桩基施工质量。

装配式泥浆池防止钻进过程中泥浆冲刷泥浆池池壁,保证了泥浆沉淀、循环,提高了泥浆性能指标,确保了桩身质量。

(2) 降本增效。

装配式泥浆池采用钢板加工、拼装,壁板间采用螺栓或插销连接,便于安拆,施工效率提高,且较常规混凝土护壁、砖砌砂浆抹面护壁泥浆池大大节约成本。

(3) 绿色环保。

装配式泥浆池材料全部采用钢材,可周转使用,绿色环保,提高标准化水平,有利于现场环水保管理。

(4) 安全可靠。

装配式泥浆池围栏采用组合式围栏,围栏与池壁板间采用钢承插连接,保持线性及高度统一。施工过程中围栏安拆方便,与池壁板间连接牢固,起到良好的防护作用,安全可靠。

9.1.9 超声波成孔检测工艺

1. 传统工艺的劣势

传统工艺采用笼式检孔器进行检孔,现场需要起吊设备配合,且笼式检孔器体型大、重量大,运输挪移十分不便,多次运输易造成探笼变形,导致检孔数据不准确。笼式检孔器还经常需要重新制作,浪费材料。

2. 新工艺工装使用

超声波成孔检测工艺施工流程为:安装孔口超声波检孔仪滑槽→吊装超声波检孔仪→量测→数据分析检孔情况。具体操作方法如下。

仪器到场后检查仪器参数及功能是否正常,将仪器架设在待检的孔位上,设置检桩程序后将探头正对孔位中心下放,根据探头下放过程中的探孔数据进行观测检查。待探头完全到达孔底后,可根据检孔信息判断垂直度、孔径、孔深等,仪器也会形成孔径图,直观描述成孔状态。

3. 该工艺工装优势

施工阶段的成孔检测不仅可以指导施工过程,而且可以为成桩检测提供重要参数,因此成孔质量检测是桩基检测中重要的组成部分,其重要性是成桩验收检测无法取代的。该工艺工装能够准确测出孔的垂直度、孔径,对大直径桩基及风险高的桩基很有帮助。

9.1.10 智能数控钢筋笼成型焊接生产线工艺

1. 传统工艺的劣势

钢筋笼成型焊接加工工艺复杂且人工难以操作。传统半自动钢筋笼滚焊机需 4 人操作,平均每 75 min 能够加工一节双主筋钢筋笼,效率很低。

2. 新工艺工装使用

智能数控钢筋笼成型焊接生产线工艺施工流程为:施工准备→上料→两侧盘对接→主筋骨架焊接→正常焊接→终止焊接→切断箍筋→升液压支撑→松加强筋→分离固定盘→卸笼→降下支撑架→移动盘归位。具体操作方法如下。

智能数控钢筋笼成型焊接生产线主要通过自动上料,钢筋笼骨架成型焊接,螺旋筋绕筋点焊完成钢筋笼制作。中间圆柱形支撑结构采用承插式套管,便于分离、合龙。每次将 6 个加强圈分别放置在各个支撑架上,由自动上料装置将主筋依次推送至钢筋加强圈上并压紧,通过底部可升降滚筒,由 8 台焊接机械臂负责自动施焊。

3. 该工艺工装优势

智能数控钢筋笼成型焊接生产线可代替人工加工,将复杂且人工难以操作的加工工艺简单化,在人工辅助基础上由自动化生产装备实现主筋上料、箍筋调直缠绕、箍筋与主筋焊接等工序的自动完成,极大提高加工效率和产品品质,且占用空间小,节约生产空间。

智能数控钢筋笼成型焊接生产线仅需 1 人操作,平均每 50 min 可以加工一节双主筋钢筋笼。作业人员同比减少75%,生产效能提升1.5倍。智能数控钢筋笼成型焊接生产线螺旋筋在绕筋过程中整盘放线,与主筋间实施拉紧作业,相比以往可节省1.5%螺旋筋,降低了施工成本。智能数控钢筋笼成型焊接生产线如图9.13所示。

图9.13 智能数控钢筋笼成型焊接生产线

9.1.11 钢筋笼滚焊机主筋托盘一体化设备微创新

1. 传统工艺的劣势

市场上供应的滚焊机存在一个通病,钢筋笼变径需要人工调整托盘,降低了钢筋笼加工质量和效率。由于直径、间距调整较为困难,需要不断地去调整精度,直到满足设计要求。调整托盘存在两个不可控因素:第一是主筋间距不可控;第二是调整主筋托盘时,控制钢筋笼直径不精确。

2. 新工艺工装使用

钢筋笼滚焊机主筋托盘一体化设备微创新施工流程为:施工准备→主筋、内箍筋制作→主筋上料、穿筋及固定→箍筋焊接→分离固定盘、移动盘→卸笼→内箍筋焊接→安装垫块、声测管→钢筋笼制作完成。具体操作方法如下。

滚焊机托盘经过改进后,形成一个整体式的胎架,由一块2 cm的钢板经过车床整体加工而成。托盘的孔眼大小、孔眼间距严格按照设计图纸尺寸加工,可用于直接加工几种常用的钢筋笼,不用频繁更换托盘。如果需要更换其他直径的托盘也非常简便,只需要拆装螺丝整体卸装就可以完成。

3. 该工艺工装优势

该工艺工装对滚焊机托盘进行了改进,形成一个整体式的胎架,在滚焊机端头设置限位钢板,可以直接加工几种常用的钢筋笼,彻底解决了滚焊机更换托盘效率低、调整精度不可控等诸多问题。具体而言,该工艺工装首先提高了主筋间距和钢筋笼直径的精度,有效保障了钢筋笼的质量;其次降低了更换托盘的频率,节省了设备更换托盘的时间,提升了钢筋笼制作效率,正常情况下 3 人一班,采用二氧化碳保护焊配合滚焊机作业,20 m 钢筋笼成型耗时 90 min。微创新滚焊机托盘架如图 9.14 所示。

图 9.14　微创新滚焊机托盘架

9.1.12　钢筋笼箍筋卡具工装

1. 传统工艺的劣势

传统的钢筋笼箍筋安装采用的方法是在钢筋笼主筋上做标记,随后作业人员沿着标记位置缠绕箍筋,无法对钢筋笼箍筋按照间距进行定位检查,部分作业人员凭借经验,不在主筋上做标记,导致箍筋间距或大或小,间距不均匀,无法满足设计要求。

2. 新工艺工装使用

钢筋笼箍筋卡具工装施工流程为:钢筋笼主筋制作成型→箍筋缠绕主筋→

安装钢筋笼箍筋卡具→围绕主筋旋转卡具→箍筋间距均匀定位。具体操作方法如下。

卡具采用 3 mm 厚钢板,切割成宽 5 cm、长 100 cm 的长方形,间隔 20 cm 开 2 cm×2 cm 的正方形孔(根据钢筋笼箍筋间距确定),顶部采用直径为 8 mm 的圆钢弯成弯钩状,方便悬挂。

3. 该工艺工装优势

该工艺工装不需要在钢筋笼主筋上标记箍筋的间距位置,有效解决了钢筋笼箍筋间距不准确的问题,提高了钢筋笼箍筋加工精度,减少了作业时间。

9.1.13 钢筋笼两节对接小套筒工装

1. 传统工艺的劣势

传统工法钢筋笼的主筋由人工穿过固定旋转盘相应模板圆孔至移动旋转盘的相应孔中进行固定。把盘筋(绕筋)端头先焊接在一根主筋上,然后通过固定旋转盘及移动旋转盘转动把绕筋缠绕在主筋上,同时进行焊接,一节钢筋笼加工完成后加工下一节。

传统钢筋笼加工过程中使用滚焊机托盘固定主筋进行连接加工,可能出现上下节钢筋笼主筋不能对齐的现象,现场上下钢筋笼主筋连接时调整困难,加大施工难度,并且不能保证主筋接头质量。

2. 新工艺工装使用

钢筋笼两节对接小套筒工装施工流程为:加工钢筋笼主筋配套钢管→上一节钢筋笼滚焊加工完成→加工下一节钢筋笼→主筋利用小套筒工作对接→拆除小套筒。具体操作方法如下。

根据钢筋笼最大主筋尺寸选择 20 cm 长直径合适的钢管,中间切割留眼,两侧焊接螺帽,拧上螺丝。滚焊机在下一节钢筋笼加工时使两节钢筋笼主筋分别对穿接触紧密,上紧螺丝,使每根主筋对齐螺丝固定,加工完成后拆除对接小套筒新工装。两节钢筋笼每根主筋临时固定、一一对应,运至施工现场后对接方便,减少主筋偏位现象,连接质量高。

3. 该工艺工装优势

该工艺工装操作简单,减少了现场对接主筋难度,确保了钢筋笼主筋连接质量。对接小套筒工装如图 9.15 所示。

图 9.15 对接小套筒工装

9.1.14 桩基钢筋笼保护层垫块改进工艺

1. 传统工艺的劣势

根据图纸要求,钢筋笼保护层需要设置间距不大于 2 m,环向不少于 4 个,呈梅花形布置的垫块。使用传统工艺加工钢筋笼时,将垫块传于主筋,该工艺钢筋笼垫块易破损脱落,增加施工成本。

垫块随钢筋笼出厂前安装在钢筋笼上,运输及吊装过程中易脱落碎裂,导致到场钢筋笼无法直接使用,造成成本增加。

2. 新工艺工装使用

桩基保护层垫块改进工艺施工流程为:钢筋笼加工成型→钢筋笼运至现场→保护层垫块安装→钢筋笼吊装安放。具体操作方法如下。

钢筋笼垫块强度不得低于桩基混凝土强度,出场时缺口提前制作完成,同时根据缺口尺寸定制卡扣。

钢筋笼在孔口安装时,将缺口的圆形垫块安装到钢筋上,将卡扣卡入缺口,形成完整的圆形垫块。

3. 该工艺工装优势

该工艺工装做到了垫块与钢筋笼的分离运输,避免了运输碰撞导致的垫块脱落碎裂现象。针对钢筋笼垫块容易压裂、掉落的问题,采用有缺口的新型圆形水泥垫块(带卡扣),将钢筋笼运输至现场后再进行垫块安装,完全避免了垫块压裂的情况,节约施工成本,保证了垫块施工质量。

9.1.15 钢筋笼可拆卸十字支撑筋工艺

1. 传统工艺的劣势

桩基钢筋笼(直径 1.5~2 m)加工完成后,由于自重较大,且运输颠簸,造成钢筋笼变形,无法保证桩基钢筋笼的质量及保护层厚度。

传统工艺大多采用十字焊接或三角支撑焊接,拆装耗时长,材料无法循环利用。

2. 新工艺工装使用

钢筋笼可拆卸十字支撑筋工艺施工流程为:根据钢筋笼加强筋直径提前备料制作十字支撑筋→钢筋笼制作完成→安装十字支撑筋→运输至现场→钢筋笼孔口安装→拆卸十字支撑筋回收。具体操作方法如下。

十字支撑筋采用与钢筋笼主筋同型号的钢筋制作,长度 L_1,按照加强筋外侧直径加工,两侧端头卡槽内侧长度 L_2,按照加强筋内侧直径加工,如图 9.16 所示。加工完成后每个加强筋处采用两根十字支撑筋进行十字卡槽支撑。该工艺成本低,实用性强,便于拆卸,操作简单,可重复利用。钢筋笼加工完成后,用十字支撑筋内部支撑钢筋笼,有效解决钢筋笼形变问题。

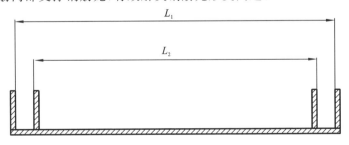

图 9.16 钢筋笼可拆卸十字支撑筋

3. 该工艺工装优势

该工艺工装可确保钢筋笼存放及运输过程中的稳定性,且在钢筋笼孔内安装时能快速拆卸、回收、循环利用,减少拆装时间,提高桩基成桩质量。该工艺工装有效解决了以往传统焊接十字支撑筋拆卸时间长,且拆卸后支撑筋无法继续利用的问题,缩短了钢筋笼加工安装时间,大大缩短了工序施工时间。安装使用效果如图9.17所示。

图9.17 安装使用效果

9.1.16 桩头钢筋采用EPE保护套管工艺

1. 传统工艺的劣势

根据设计图纸要求,桩头必须保证伸入承台10 cm,且确保桩头混凝土无明确破损,桩头表面平顺。因超灌桩头混凝土需要凿除,常规未使用EPE(expandable polyethy-lene,可发泡聚乙烯)保护套管,桩头钢筋与超灌混凝土形成很好的握裹力,造成凿除超灌混凝土极其困难。作业人员采用风镐等进行凿除时,受力不均匀,导致桩头破损严重。

桩头凿除后桩头表面不平顺,存在部分破损,桩头钢筋受力不均,导致部分桩头钢筋扭曲或折断,作业人员在凿除桩头过程中效率较低。

2. 新工艺工装使用

桩头钢筋采用EPE保护套管工艺施工流程为:钢筋笼制作完成→根据超灌

深度确定 EPE 保护套管长度→安装 EPE 保护套管→固定 EPE 保护套管。具体操作方法如下。

EPE 保护套管由厂商定制加工成型,现场根据钢筋笼主筋图纸进行剪切下料。

在钢筋笼制作完成后,根据桩基钢筋笼长度及孔深,确定超灌高度,在钢筋笼顶部主筋位置伸入承台部分采用 EPE 保护套管保护,并用扎带将 EPE 保护套管两端扎紧,避免泥浆及混凝土流入套管,污染钢筋。

在运输和吊装钢筋笼时,注意用 EPE 保护套管,避免磕碰造成的损伤。桩头破除后,取出 EPE 保护套管,对钢筋进行预弯。

3. 该工艺工装优势

该工艺工装有效避免了对钢筋主筋的伤害,基本做到主筋"零损伤"。同时,该工艺有效地分离钢筋和桩头混凝土,提高桩头破除的施工效率。

9.1.17 钢筋笼弧形存放架工装

1. 传统工艺的劣势

传统工艺一般使用枕木或工字钢进行钢筋笼支垫。该方法对场地平整度要求高,部分工地现场直接将其放置于地面上,不但使钢筋笼因受力不均产生变形,而且会对钢筋笼造成污染。

传统施工时,将钢筋笼运输至现场,采用枕木或者工字钢进行垫设。枕木垫设单层高度不足,双层又极易滑落。20 号槽钢单根较重,不利于现场搬运,易导致钢筋笼变形甚至被泥土污染,现场文明施工效果差。

2. 新工艺工装使用

钢筋笼弧形存放架工装施工流程为:根据钢筋笼尺寸绘制图纸→购买材料、下料→焊接加工→成型。具体操作方法如下。

根据钢筋笼直径设置存放架宽度,下设 10 号槽钢,竖向焊接 2 cm 厚钢板,将其摆放在平整的场地上,钢筋笼就位后采用彩条布覆盖。

3. 该工艺工装优势

该工艺工装针对传统施工存在的问题,对钢筋笼存放架垫设高度及整体质量进行了调整,整体质量为 35 kg,两人可移动。闲置时可人工搬运,不占用空间,同时可以保证钢筋笼不变形,现场文明施工效果好。现场实际使用效果如图 9.18 所示。

图 9.18　现场实际使用效果

9.1.18　钢筋笼吊装工装

1. 传统工艺的劣势

传统钢筋笼在吊装过程中,采用钢丝绳或吊带穿过汽车吊大钩,采用两个吊点进行起吊。由于两个吊点不能均匀托起钢筋笼,同时部分钢筋笼质量较大、重心不稳,导致钢筋在吊装过程中呈倾斜状态,且不断晃动,无法保证钢筋笼竖直进入孔内或与相邻钢筋笼的连接质量,增加了吊装钢筋笼的风险。

2. 新工艺工装使用

钢筋笼吊装工装施工流程为:钢筋笼吊装工装加工→钢筋笼现场存放→钢筋笼吊装→钢筋笼连接。具体操作方法如下。

与采用吊钩起吊钢筋笼相比,该工装可以将钢筋笼平均分配为四个起吊点,使钢筋笼起吊竖直、平稳,相邻节钢筋笼接头顺直对中,既保证了钢筋笼主筋的连接质量,又保证了吊装钢筋笼过程的安全。

采用 10 号槽钢制作吊架,吊架尺寸根据钢筋笼直径确定。吊架成正方形焊接成型,中间采用工字钢十字交叉焊接,形成稳定吊架结构。吊架四个端点焊接圆形吊孔,上部采用钢丝绳两两连接,下部各下垂四根独立的钢丝绳,端部固定吊装卡扣,下部四根钢丝绳长度比钢筋笼顶部钢筋长 1 m。加工完成后刷红色或黄色油漆。

在吊装前,首先将顶部吊绳挂在汽车吊的大钩上,下部四根钢丝绳采用卡扣与钢筋笼环形主筋连接。注意四个吊点与钢筋笼环形主筋呈四等分,四点形成稳定吊点。固定牢固后,随汽车吊提升钢筋笼,以保证钢筋笼竖直起吊,进行吊装作业。

3. 该工艺工装优势

在吊装过程中,采用四个均匀吊点保证了钢筋笼在吊装过程中竖直、平稳,避免了晃动带来的风险。相邻两节钢筋笼在连接过程中始终保持平行,能够保证钢筋笼主筋连接在同一轴线上,提高了连接质量。钢筋笼吊装效果如图 9.19所示。

图 9.19 钢筋笼吊装效果

9.1.19 桩基钢筋笼居中定位卡具工装

1. 传统工艺的劣势

根据验标要求,桩基钢筋笼钢筋保护层厚度不小于设计值。设计图中要求钢筋笼均匀对称于桩孔,混凝土净保护层厚度不得小于 70 mm。传统桩基钢筋笼吊装施工方法为直接将钢筋笼吊放至孔桩内部,依靠圆饼形垫块或耳筋对钢筋笼中心位置进行定位。

由于桩基钻孔直径一般比设计直径大,地质等原因使个别桩孔易出现单边扩孔或塌孔等问题。钢筋笼仅依靠两根吊筋固定在护筒顶部,在清孔和灌注过程中,容易出现因钢筋笼中心位置偏位过大,桩头破除后钢筋笼位置不居中的问题,保护层厚度不能保证所有方向均满足设计厚度不小于 70 mm 的要求。

2. 新工艺工装使用

桩基钢筋笼居中定位卡具工装施工流程为:安装固定架于护筒上→吊放钢筋笼→调节吊装标高→灌注混凝土→清洗循环使用。具体操作方法如下。

桩基钢筋笼居中定位卡具根据设计桩基直径,采用 0.3 cm 厚、5 cm 高钢板焊接成圆形卡具,外孔直径较护筒内径小 2 cm,内孔直径与桩基直径相等,内孔卡轮尺寸长度为 15 cm,在圆形卡具内等分布置四个限位滚轴。工装加工大样如图 9.20 所示。

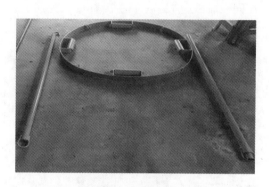

图 9.20　工装加工大样

钻孔前,根据测量标高计算原地面至承台底的高度,确定虚桩高度。埋设护筒时,对钢护筒进行加长处理,保证钢护筒底部低于承台底 50 cm,确保桩孔成规则圆形。

钢筋笼吊放前,使用挂钩先将环形支架固定在护筒顶部,再进行钢筋笼吊放作业。钢筋笼吊放时,首先将底节钢筋笼对准定位支架中心位置,再逐节吊放钢筋笼。吊放过程中,通过环向定位器上设置的四个限位滚轴,对钢筋笼中心位置进行控制。钢筋笼下放至最后一节时,根据设计桩顶和护筒顶标高,计算出定位支架需要下放的深度,使用挂钩和调节吊杆将定位支架同钢筋笼一同下放至设计桩顶位置,并将其悬挂固定在护筒顶部。钢筋笼和定位支架下放到位后,进行桩基混凝土浇筑,待混凝土浇筑至控制装置位置时将其提出,清洗干净,循环使用。

3. 该工艺工装优势

该工艺工装具有定位快速准确、操作简便、可循环利用等优点。钢筋笼在吊放过程中被限制在孔位中心处,有效解决了钢筋笼偏位不居中的问题,确保了桩基钢筋笼混凝土保护层厚度达到设计及验收要求。实施后效果如图9.21所示。

图 9.21 实施后效果

9.1.20 钢筋笼下放临时固定工装

1. 传统工艺的劣势

传统的桩基由两根扁担穿插吊筋放置在护筒顶部。由于钢护筒直径大于桩孔直径,钢筋笼安装过程中多节钢筋笼连接在一起,钢筋笼与孔位中心对中困难,导致钢筋笼下放不准确,存在钢筋笼偏位现象。

2. 新工艺工装使用

安装钢筋笼过程中,通过钢筋笼的加劲圈将钢筋笼吊挂在插杠上,从而将钢筋笼重量通过本工装均匀传递至钻孔平台,完成钢筋笼的吊挂安装。钢筋笼下放过程中工装使用方法如下所述。

(1) 钻孔桩钻进完成后,将钻机等钻孔设备从孔口撤离,将工装平稳对称地固定在孔口,不平稳处采用钢板抄垫,确保受力均匀。

(2) 使用吊车分节吊装钢筋笼,通过钢筋笼的加劲圈将钢筋笼分节处固定在工装插杠上,通过加劲圈与插杠的接触位置确认钢筋笼是否对准孔位中心,起吊下一节钢筋笼,使其与已固定钢筋笼完成钢筋及声测管对接。

(3) 下放已对接钢筋笼节段,重复上述步骤直至钢筋笼下放至设计标高。

(4) 根据钻孔平台及本工装高程提前计算钢筋笼吊筋的具体长度,最后将吊筋吊挂在插杠上,孔位清孔完毕后将其作为混凝土浇筑的基础平台,防止钢筋笼下沉或上浮。

将钢板做成箱型组合结构(外侧不封闭),刚度大,使用方便安全,可重复利用。一个钢筋笼下放时一次就位,6～8个插杠均匀布置,受力合理。将其分为两个半圆,便于加工及运输。现场使用时采用 M22 螺栓拼装连接,同时本工装可作为操作平台。工装使用示意如图 9.22 所示。

图 9.22 工装使用示意

3. 该工艺工装优势

该工艺工装有效解决了钢筋笼下放偏位的问题,钢筋笼下放定位准确,提高钢筋笼下放的施工效率。

9.1.21 桩基桩头超灌检测工艺

1. 传统工艺的劣势

采用传统工艺控制超灌高度时首先以混凝土设计量为基础经验,预估混凝土顶面的超灌高度,再用捞渣勺进行验证。过程中极易造成超灌高度过高的现象,导致混凝土浪费。

2. 新工艺工装使用

桩基桩头超灌检测工艺施工流程为:仪器校定→仪器安装→下放→混凝土灌注→报警→停止灌注→拔出传感器。具体操作方法如下。

选用适量扎带将传感器固定在桩顶标高位置的钢筋上,稳流叶片应安装于高于设计标高3～5 cm处。完成后需要将线缆固定在锚筋顶端,防止下放时缠绕在锚筋上。传感器安装完成后,按下主机开机按钮,进行开机操作,开机自检,依次亮起红、黄、绿灯。蜂鸣器连响三声后,主机运行灯持续闪烁。钢筋笼应缓慢下放,以便跟上放线速度,避免传感器脱落。钢筋笼在下放时可能会出现旋转的情况,导致线缆缠绕在吊筋、声测管上,此时需要注意传感器实时位置。钢筋笼下放好后,轻轻将线缆拉直。确保线缆处于垂直状态,使用扎带将其固定在机台安全位置,以免松落。混凝土到达标高位置时,告警灯闪烁,蜂鸣器长鸣发声,即可停止浇筑混凝土。传感器如图9.23所示。

图9.23 传感器

3. 该工艺工装优势

(1) 经济价值:以常规建筑,桩深8～12 m,平均超灌2 m,混凝土400～500元/m³为例,平均每千根桩可节约70万～140万元(含混凝土浪费费用、敲桩截桩费用、废料处理费用);通过超灌检测仪进行反复多次校准和纠偏;确保浇灌高度的准确,也可以避免与土方单位后期扯皮,避免项目延期造成的处罚成本。

(2) 管理价值:革新工艺工法,由传统向智能施工迈进;实现工地现场施工效率的全面提升;管理层实时全局了解施工进度、提高管理效率。

(3) 社会价值:有效避免废料处理对环境产生的影响,节能环保;对建筑工程领域现场智慧化推进产生深远影响。

9.1.22 钢板桩插打导向定位工装

1. 传统工艺的劣势

传统的钢板桩插打工艺采用单根工字钢导向施工,利用单根普通工字钢做导向架,钢板桩靠着工字钢一侧插打。这种形式的施工方法存在一定缺陷,钢板桩插打时容易受土的挤压变形,带动相邻的钢板桩倾斜,从而造成钢板桩无法打入或出现跟桩的现象,钢板桩精确定位效果差。

2. 新工艺工装使用

钢板桩插打导向定位工装施工流程为:在钢板桩插打过程中,先由测量人员放出导向架端部钢板桩中心位置,使用打桩机插打首根钢板桩至距原地面 50 cm,在吊耳处使用钢丝绳将导向架吊装至钢板桩位置,使工字钢中心对准钢板桩中心,定位完成后插打其余钢板桩,导向架内钢板桩插打完成后按上述施工步骤继续施工。

该工装采用 2 根长 12 m 双拼 25 工字钢做插打导向限位,间距 40 cm,采用四根长 70 cm 25 工字钢做吊耳,吊耳中间使用 25 工字钢定位,底部工字钢开槽 2 cm 固定钢板桩,两端开槽在同一方向。

3. 该工艺工装优势

该工艺工装有效弥补了钢板桩定位精度差的缺点,提高了钢板桩的定位插打精度,确保钢板桩插打线型顺直。

9.1.23 桩基桩头环切施工工艺

1. 传统工艺的劣势

根据设计图纸要求,桩基桩头必须保证伸入承台 10 cm,且确保桩头混凝土无明确破损,桩头表面平顺。传统工艺直接使用风镐沿桩头标高面进行凿除,无法保证桩头混凝土完整无破损,同时桩头伸入承台的高度也得不到保证。

2. 新工艺工装使用

桩基桩头环切施工工艺流程为:测量放线→环向切割→开槽→剥桩头→桩

头切断→起吊桩头→桩顶修整找平。具体操作方法如下。

为了确保桩身不受损害及桩头伸入承台10 cm,首先测量桩头设计标高,沿桩顶标高上10 cm处环切,深度为3~5 cm。第二道环向切割线的标高标记点距第一道环向切割线15 cm,同时采用红色油漆进行标识,沿着标识线进行切割,切割深度为5 cm,以免损坏桩基钢筋。之后使用风镐剥出桩头钢筋,再利用钢钎沿着桩截面方向截断桩头素混凝土,桩头整体吊出,取出保护钢筋的EPE保护套管。环切示意如图9.24所示。

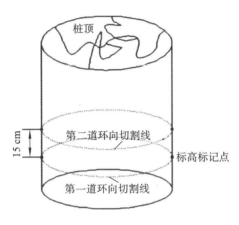

图 9.24 环切示意

3. 该工艺工装优势

该工艺工装使桩头破除的效率提高,桩头顶面平整、桩头混凝土及钢筋无损伤,确保桩头混凝土完整。与传统方式相比,避免了破坏桩头混凝土,减小受力面积。

9.1.24 桩头钢筋定位工装

1. 传统工艺的劣势

桩头钢筋经过剥离后呈散乱状态,必须经过调整以满足设计要求。桩头呈喇叭状伸入承台,桩基钢筋的数量、角度和长度控制较为困难。人工调整桩头钢筋的效率较低。

2. 新工艺工装使用

桩头钢筋定位工装施工流程为:根据设计图纸确定尺寸→编制制作技术交底→工装制作→桩中心对中安装→工装定位。具体操作方法如下。

根据设计图纸确定桩头顶面和桩头喇叭钢筋弯钩位置的圆形尺寸,利用直径为 8 mm 的光圆钢筋制作支架,两层圆形钢架间距与设计图纸尺寸一致,同时在顶层钢筋上根据钢筋间距涂上红白油漆,在钢筋位置采用直径为 8 mm 的光圆钢筋焊接齿槽,方便主筋卡入槽内。

绑扎承台钢筋前,测量放出桩基中心点,将桩头钢筋定位工装固定支架与桩基中心点对中,根据该工装进行钢筋弯曲定位,弯曲完成后绑扎箍筋。

3. 该工艺工装优势

使用该工艺工装能够准确控制钢筋笼伸入承台钢筋的弯曲角度、位置、间距,在使用时只需要将工装对中桩中心放于桩位,调整钢筋进入卡具,既可以对桩头喇叭钢筋的数量、长度、角度实施精准定位,也可以减少作业人员的时间,提高效率。工装使用效果如图 9.25 所示。

图 9.25 工装使用效果

9.1.25 桩头钢筋弯折工装

1. 传统工艺的劣势

传统工艺的劣势如下:①套筒与桩基的直径需要基本匹配才能达到效果,套筒过大的情况下桩基松动,难以达到很好的弯曲效果;②手柄和套筒角度不合理,吊车向上拉伸到一定程度后钢筋无法继续弯折至90°。

2. 新工艺工装使用

桩头钢筋弯折工装施工流程为:测量→标记→钢筋弯折。具体操作方法如下。

桩头钢筋弯折工装主要由两部分组成:弯曲系统和液压泵站系统。弯曲系统包括弯曲卡槽、人性化提手、左右滑轮、活塞缸、液压筒、进油口、出油口。液压泵站系统主要有电机、溢流阀、手动开关、液压油表、液压油缸、机箱等。

液压系统主要提供整套机器运作的动力,将380 V交流电作为电源,一键启动,方便快捷。液压泵站系统通过特制高压油管连接弯曲系统,机器工作时液压油流经油管进入弯曲系统的液压油筒,液压油筒推动活塞运动,活塞带动活动杆和弯曲卡槽运动,对钢筋进行弯曲或调直。

3. 该工艺工装优势

该工艺工装有效解决了采用以往传统施工方法可能造成的钢筋损坏问题以及工效低下问题,一次弯折到位。桩头钢筋弯折工装不仅应用广泛,弯曲速度也是非常快的。桩头钢筋弯折工装完成一次弯曲或调直所需时间仅为4~5 s,因其重量轻,一个人手拿弯曲系统作业即可,且弯曲速度是人工弯曲的20倍以上,弯曲钢筋合格率可达98%以上。工装使用效果如图9.26所示。

图9.26 工装使用效果

9.2 墩台施工标准化工艺工装

9.2.1 承台、墩身钢筋预埋定位卡具工装

1. 传统工艺的劣势

桥梁承台、墩身主筋数量较多,作业人员在绑扎安装过程中,必须采用卷尺在四周主筋上标识间距,人工按照标记逐根安装钢筋,人为因素影响大、工效低;墩身钢筋利用内部脚手架临时固定,不符合脚手架搭设的相关规范。

2. 新工艺工装使用

承台、墩身钢筋预埋定位卡具工装施工流程为:设计图纸确定尺寸→编制加工技术交底→加工工装→工装试拼→工装使用。具体操作方法如下。

(1) 该工装一般采用 3 mm 厚、50 mm 宽、20 mm 深的钢板加工制作,可由 12 段拼装而成,中间直线段 4 段,中间凹槽圆弧段 2 段,两端圆弧段 6 段,段与段连接处在卡槽中间错开,加焊螺栓连接垫板,采用两个直径为 10 mm 的螺栓连接,然后根据墩身钢筋位置在卡具上设置与钢筋直径吻合的卡槽,加工完成之后涂刷油漆防锈。

(2) 在承台钢筋绑扎过程中,底层和顶层钢筋采用卡具定位,确保钢筋位置及间距满足设计要求;墩身预埋钢筋采用双层定位卡具进行固定。

(3) 各卡具节段采用螺栓连接牢固,各层卡具必须在同一水平面,确保卡具定位准确。

3. 该工艺工装优势

承台、墩身钢筋卡具的应用,在提高钢筋安装工效的同时,可有效控制钢筋的间距,提高定位精度,简化放样流程,避免人为疏忽造成"少筋"现象,同时加强了墩身预埋钢筋的稳定性,避免其在混凝土浇筑过程中移位。该工艺工装可循环使用,节能环保。承台、墩身钢筋安装分别如图 9.27 和图 9.28 所示。

图 9.27 承台钢筋安装

图 9.28 墩身钢筋安装

9.2.2 承台冷凝管安装定位施工工艺

1. 传统工艺的劣势

传统的冷凝管连接方式采用钢管接头,铁丝绑扎固定,在冷凝管与混凝土内钢筋交叉冲突时很难调整,且铁丝绑扎固定在混凝土浇筑时易脱落,导致冷凝管变形甚至断裂,影响内部降温的效果。

2. 新工艺工装使用

承台冷凝管安装定位施工工艺流程为:施工准备→根据方案布设冷凝管→冷凝管拐角连接→冷凝管固定。具体操作方法如下。

在承台钢筋绑扎过程中,将冷凝管提前放置在方案设计位置,在冷凝管转角处采用钢丝软管连接,接头部位使用抱箍与冷凝管固定牢靠。冷凝管连接完成后,每间隔 3~5 m 使用定制抱箍将其固定在设置的定位钢筋上,以免混凝土下料过程中的冲击造成冷凝管变形弯曲,影响水循环效果。

3. 该工艺工装优势

该工艺工装有效解决了冷凝管与钢筋位置冲突,冷凝管变形、脱落,导致循环水不通,甚至影响混凝土内部散热的问题,更好地减少混凝土表面裂纹,保证施工质量。该工艺工装通过使用软管连接、定制抱箍固定冷凝管的方式,保证冷凝管的定位精准牢固,达到内部水循环降低混凝土内芯温度的效果。

9.2.3 承台环切凿毛工艺

1. 传统工艺的劣势

传统凿毛方式的凿毛范围控制不准确,导致凿毛区域过小或过大:过小会影响承台与墩身混凝土的连接质量;过大会导致墩身模板立模不稳,引起漏浆,进而影响墩身混凝土质量。

2. 新工艺工装使用

承台环切凿毛工艺施工流程为:墩身截面放线→根据放样点弹墨线→沿墨线切割封闭→凿毛→清理凿毛杂物。具体操作方法如下。

由测量人员采用全站仪放样墩身边线,根据墩身边线用墨线在承台顶面弹出桥墩轮廓线。

沿轮廓线用小型切割机切出 3 cm 的环向竖直面,避免伤及承台钢筋。

在承台混凝土强度达到 10 MPa 后,对承台混凝土采用合金头凿毛机凿毛,凿毛时从切缝处向内凿,防止损坏切槽边缘,造成漏浆,影响外观;确保凿毛后混凝土表面无松散层及浮浆,清理混凝土废渣后采用鼓风机对承台面进行清理。

3. 该工艺工装优势

该工艺工装避免了承台凿毛范围过小或过大的问题,便于后续墩身模板安装,连接面质量得到有效控制,承台顶凿毛轮廓清晰,凿毛工效高,质量有保证。切割后效果如图 9.29 所示。

图 9.29 切割后效果

9.2.4 承台蓄水养护工艺工装

1. 传统工艺的劣势

混凝土浇筑后,验标要求混凝土养护必须满足芯部温度与表面温度、表面温度与环境温度之差均不大于 20 ℃的要求,以往对于承台大体积混凝土或邻近既有线等特殊地段承台混凝土,采用覆盖洒水的方式进行潮湿养护。覆盖洒水养护工艺需要人工不断洒水,特别是夏季高温时段,经常发生洒水频次不足、覆盖材料保护不到位的问题,难以保持混凝土表面湿润,极易出现裂纹等质量缺陷;覆盖的土工布在大风天气极易飘至既有铁路线路上,造成铁路安全事故。

2. 新工艺工装使用

承台蓄水养护工艺工装施工流程为:统计承台尺寸→承台浇筑收面技术交底→采购成品橡胶挡水台→安装→蓄水→拆卸循环使用。具体操作方法如下。

承台模板拆除完毕后,对承台侧面及时进行回填,回填土与承台顶面平齐。利用高度为 6 cm 的橡胶挡水带按照承台边沿尺寸进行铺贴,橡胶挡水带底部采用泡沫胶封堵,橡胶挡水带在承台面形成闭环。在混凝土养护过程中,根据温度情况,在橡胶挡水带内放入养护用水,并适时调整蓄水深度,保证养护蓄水量可一次达到养护期限。

3. 该工艺工装优势

该工艺工装在承台混凝土养护过程中无须进行续水、覆盖,承台混凝土表面始终浸泡在养护水中,且橡胶挡水带可重复使用,既保证了混凝土养护效果,又保证了邻近既有线等特殊地段的施工安全,且达到了装配式的效果。

9.2.5 墩身模板操作平台一体化技术

1. 传统工艺的劣势

传统墩身外侧采用钢管搭设双排脚手架,工人在脚手架上进行钢筋绑扎作业和模板安装作业,施工过程中经常存在脚手架搭设不符合要求、作业平台固定不牢的现象,且模板安装过程中,模板容易与支架发生碰撞,安全风险高。

传统墩身搭设脚手架,将其作为墩身施工作业平台,搭设和施工过程中存在很高的安全风险,且周转使用的过程中需要花费大量的人力物力,使用效率不高且不经济。

2. 新工艺工装使用

墩身模板操作平台一体化技术施工流程为:墩身模板制作→一体化操作平台制作→墩身模板安装→作业平台安装→通道爬梯安装→安全警示标识安装。具体操作方法如下。

在设计墩身模板时,考虑墩身模板操作平台,通过安全检算后实施。

墩身模板采用大块组合定型钢模板,在模板外侧设置施工平台,施工平台采用了三角角钢支架,用螺栓与模板进行连接固定。平台支架由∠10角钢焊接而成,支架间距1.0 m。作业平台宽1.0 m,由3 mm防滑钢板制作而成。平台外侧设置高度不小于1.2 m的刚性防护栏杆,防护栏杆底部焊接15 cm高的钢板作为踢脚板(防止小型材料掉落),踢脚板与平台支架涂刷黑黄警示漆。采用爬梯与上下作业平台进行连接,在爬梯及平台醒目位置悬挂安全警示标识。

3. 该工艺工装优势

与传统搭设钢管脚手架施工作业平台相比,该工艺工装施工更简洁、更安全,节约了大量施工时间。一体化作业平台在墩身连续施工段落只需要进行一次安装就可以连续周转使用,降低了墩身施工搭设作业平台的安全风险,且一体化作业平台随墩身模板安装一级一级搭设,在搭设上部作业平台的时候,下一级平台已经搭设完成,且做好了安全防护,降低了作业风险。另外,一体化作业平台可以减少墩身内部钢筋绑扎作业平台的搭设。在施工过程中,墩身钢筋绑扎作业可以与模板安装同时进行,绑扎一级钢筋,安装一段模板,拆模的过程中也为工人提供了更大的作业空间。

墩身模板操作平台一体化技术以模板为依托,模板与操作平台连接固定,减少了平台搭设时间和费用,避免临边防护设置不规范的问题,安全可靠,工效高。墩身模板一体化作业平台如图 9.30 所示。

图 9.30　墩身模板一体化作业平台

9.2.6　墩身顶帽钢筋制作胎具

1. 传统工艺的劣势

墩帽钢筋加工完成后,运输到现场进行墩帽钢筋绑扎。在现场找一块场地,将钢管搭设支架作为墩帽钢筋绑扎的固定支撑,墩帽钢筋运输至现场后钢筋摆放杂乱,顶帽钢筋相邻尺寸差异不大,现场安装墩身顶帽钢筋时经常放错钢筋位置,导致保护层厚度不一,墩帽钢筋绑扎质量不高。

2. 新工艺工装使用

墩身顶帽钢筋制作胎具施工流程为:胎具制作→墩帽钢筋绑扎→墩帽钢筋成品吊运→现场吊装。具体操作方法如下。

按照墩帽的尺寸确定胎具外轮廓尺寸,主骨架采用∟75×6 mm 角钢做 10 个支撑骨架,骨架之间采用 3 mm 厚、5 cm 宽的钢板焊接牢固,保证在加工过程中胎具稳定,在支撑骨架之间按照顶帽钢筋轮廓设置上下两层钢筋胎具,同时在骨架内侧按照钢筋间距设置卡槽,用于定位主筋,便于快速将钢筋排布完成。各钢筋交叉点采用扎丝绑扎牢固,形成整体式墩帽钢筋。

3. 该工艺工装优势

该工艺工装提高了墩帽钢筋绑扎质量,与以往在现场绑扎钢筋相比,钢筋绑扎作业环境好,克服了以往墩帽钢筋在现场绑扎作业平台不平整的弊病,较好解决了钢筋绑扎顶面不平整的问题,且不受现场天气的影响。同时,钢筋胎具固定了墩帽最外层钢筋的间距,确保了钢筋绑扎位置、间距等的准确性,并实现了墩帽钢筋绑扎工厂化作业,钢筋绑扎质量明显提高,解决了墩帽钢筋绑扎不规范的弊病。现场墩帽钢筋安装效果如图 9.31 所示。

图 9.31 现场墩帽钢筋安装效果

9.2.7 墩身钢筋保护层调整工装

1. 传统工艺的劣势

墩身施工钢筋保护层控制的常规做法是在钢筋绑扎完成后,在侧面按不少于 4 个/m^2 的标准安装混凝土保护层垫块。由于具有墩柱等结构,浇筑节段少则数米多则十几米,钢筋骨架特别是上部容易偏斜,经常有钢筋保护层过大或过小等不均匀现象,圆弧处钢筋往往偏差过大。

对于墩柱等钢筋骨架较高的构件,钢筋安装的尺寸偏差、钢筋骨架变形、振捣不规范等导致垫块损坏或位移,仅依靠绑扎钢筋保护层垫块来调整保护层厚度,往往达不到保护层厚度合格率 90% 以上的要求。如果保护层控制不到位,混凝土浇筑后难以发现,直接影响工程的施工质量,甚至会成为工程事故的隐患。

如保护层过薄,钢筋周围黏结滑移所引起的裂缝很容易发展到构件表面,形成沿纵向钢筋的裂缝,使保护层混凝土发生劈裂破坏,导致钢筋的强度无法充分发挥作用,且劈裂裂缝对钢筋的腐蚀构成严重威胁,直接影响了结构的耐久性。

如保护层过厚,除在构件表面容易出现较大的收缩裂缝和温度裂缝之外,轻则会直接削弱构件的承载能力,重则会发生重大质量事故。

2. 新工艺工装使用

墩身钢筋保护层调整工装施工流程为:钢筋安装→内外层钢筋间距调整工装→模板安装→圆弧段、直线段调整工装安装→调整钢筋与模板间距→验收合格。具体操作方法如下。

内外层:安装带卡口内外层主筋间距控制工装,既可以控制竖向钢筋间距,又可以控制内外层钢筋间距,确保钢筋骨架安装尺寸准确,保护层厚度可控。

圆弧段:用螺栓在模板上口顶面固定角钢,一端用精轧螺纹钢筋或丝杆顶住角钢,另一端安装垫板和螺母,通过调节螺母来控制箍筋外边缘到模板的距离,从而控制保护层厚度。圆弧段保护层厚度调整工装如图 9.32 所示。

直线段:切割统一规格尺寸的钢板,一端用螺栓固定在模板顶口,另一段切割椭圆孔,通过移动卡扣精确控制保护层厚度。直线段保护层厚度调整工装如图 9.33 所示。

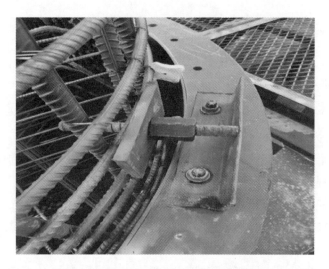

图 9.32 圆弧段保护层厚度调整工装

图 9.33 直线段保护层厚度调整工装

3. 该工艺工装优势

钢筋保护层纠偏装置小巧,安装、拆除方便,能有效调整钢筋外缘与模板的距离,确保钢筋保护层厚度,能有效解决钢筋保护层厚度控制合格率不高的问题。

9.2.8 墩身防"烂根"工装

1. 传统工艺的劣势

在墩身首节段施工过程中,刚性的墩身模板与承台顶面往往较难紧贴密实,通常做法是在模板和承台面缝隙处填充水泥砂浆进行封堵。由于砂浆强度低,混凝土拆模后经常出现墩身底部混凝土不密实或破损的现象,也就是俗称的"烂根"现象。漏浆较少时边角出现"毛边",漏浆严重则出现"蜂窝麻面"。

"烂根"现象不仅会影响桥墩的美观和实体质量,大量修饰工作还会造成人工、机具、材料的浪费,不利于节能环保。

2. 新工艺工装使用

墩身防"烂根"工装施工流程为:胎模板底面安装槽钢→安装压板、海绵条→调平固定模板和装置→通过丝杆压紧海绵条→消除间隙。具体操作方法如下。

首先将槽钢用螺栓直接固定在模板底面法兰上,然后用原子灰将接缝抹平并打磨光滑,装上压板、海绵条和调节螺栓,将模板和工装一起装在承台上并调平固定,再向下调整海绵条,使海绵条贴紧承台,消除间隙。

3. 该工艺工装优势

该工艺工装有效解决了墩身底板模板封堵不严密的问题,有效提高了墩身混凝土外观质量和实体质量。实践证明,这种"刚柔并济"、治疗墩身底部漏浆通病的小发明成本低、操作性强、效果好。工装安装效果如图 9.34 所示。

图 9.34　工装安装效果

9.2.9 墩身混凝土自动喷淋养护工装

1. 传统工艺的劣势

传统墩身养护采用墩顶覆盖土工布+墩顶安放养护水桶进行滴水养护的方式,存在养护不及时、不到位的情况,且养护水桶放置在墩顶,需要工人上到墩身顶进行加水,安全风险高,很多时候存在加水不及时导致墩身混凝土养护不到位的情况,存在一定的质量风险。

2. 新工艺工装使用

墩身混凝土自动喷淋养护工装施工流程见图 9.35。

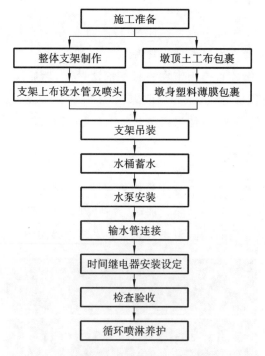

图 9.35 墩身混凝土自动喷淋养护工装施工流程

具体操作方法如下。
墩身喷淋养护系统由喷淋支架、喷淋管、输水管、蓄水箱、水泵、开关组成。
(1)喷淋支架。
采用直径为 48 mm 的钢管及直径为 16 mm 的钢筋制作整体支架系统,支架尺寸以大于墩帽 5 cm 为宜,定位架整体涂刷黄黑漆或红白漆。在定位架下方安装喷淋管道(根据实际情况选用材质,一般为 PE 管,在管道上安装喷头,喷头间距为 50 cm。

(2) 蓄水箱。

蓄水箱采用不小于 1 m^3 容量的硬塑料水桶或铁皮箱。

(3) 泵送系统。

一般采用 5 m 以上扬程的高压水泵,具体根据墩高调整,并在水泵电闸箱内安装继电器开关。

(4) 覆盖喷淋养护。

喷淋支架和泵送系统安装完成后,先喷淋湿润墩身,再对墩顶高度 1 m 范围内采用 400 g/m^2 土工布进行包裹,墩身采用塑料薄膜包裹,最后使用宽胶带粘贴加固,必要时用绑带加固。完成后通过继电器设置好喷淋频率和时长即可。

墩身养护如图 9.36 所示。

图 9.36　墩身养护

3. 该工艺工装优势

(1) 养护效果明显提高。

自动喷淋系统能将水均匀地喷淋到混凝土表面,避免形成干湿循环,克服了以往墩身混凝土洒水养护不均匀的弊端,较好解决了墩身表面混凝土的开裂问题,具有施工操作灵活、方便、节水,可根据现场天气及温度的变化和养护效果调整喷淋时间等特点。该工艺工装达到了全天候、全湿润的养护要求,养护质量及效果明显提高,提高了混凝土质量。

(2) 养护施工安全风险明显降低。

养护系统除在安装及提升时需要人工操作外,其他工作状态不需要人工干预。该工艺工装降低了人工高空作业风险,同时降低了养护施工时发生安全事故的可能性,避免人工养护不均匀的现象发生。

(3) 节约用水量明显提升。

自动喷淋养护系统可将水柱转换为自动喷淋养护,增大了混凝土面与水接触的面积,弥补了人工养护时水柱养护面不均和喷洒水流失的缺陷,节约用水资源,基本可以实现养护用水的100%利用。

9.2.10 墩身混凝土养护剂养护工艺

1. 传统工艺的劣势

传统的养护工艺为洒水养护及覆盖养护。洒水养护是指在混凝土裸露表面覆盖麻袋或草帘后采用直接洒水、蓄水等养护方式。洒水养护应保证混凝土处于湿润状态。覆盖养护是指在混凝土裸露表面覆盖塑料薄膜、塑料薄膜加麻袋、塑料薄膜加草帘后进行养护。塑料薄膜应紧贴混凝土裸露表面,塑料薄膜内应保持有凝结水,覆盖物应严密。

洒水养护及覆盖养护受限于天气及人工影响,高温期间蒸发作用明显,养护效果往往不理想,表现为养护不均匀、强度增长缓慢、容易产生温度引力裂缝等,且需要在养护期间不间断进行洒水保湿养护,工效低下,存在一定的质量及安全风险。其产生的漂浮物容易造成安全事故。

2. 新工艺工装使用

墩身混凝土养护剂养护工艺施工流程为:墩身混凝土脱模→喷洒(滚涂)混凝土养护剂→静置养护。具体操作方法如下。

养护剂养护是指在混凝土裸露表面喷涂覆盖致密的养护剂进行养护。养护剂均匀喷涂在结构构件表面,具有可靠的保湿效果。

在墩身混凝土脱模后,即可喷洒混凝土养护剂,用简易喷浆泵(农用喷雾器或手压泵)即可喷涂,喷 1～3 遍至混凝土表面均匀为止;也可采用滚筒直接滚涂。

喷洒时,喷头距混凝土表面 30 cm 为宜。喷洒完毕,应用清水将喷头、喷管等器材冲洗干净,以免所用器材再次使用时堵塞。

养护剂喷后遇雨不影响养护效果。喷后约 30 min 内成膜,温度低时,成膜时间会相应延长。此膜可长期对混凝土起养护作用,半年后自行脱落,不留任何污斑和痕迹。

3. 该工艺工装优势

与传统工艺相比,混凝土养护剂具有节省人工、安全、环保等优点。养护过程不需要洒水,边拆模边喷涂。工作人员在操作平台即可操作,免去了高墩拆模后工人上到墩顶进行覆盖土工布、塑料膜和洒水等步骤。

采用该工艺工装能够在混凝土表面形成保护膜,有效减少混凝土表面水分损失,减少温度不均引起的混凝土收缩,减少表面龟裂与裂缝,提升养护质量,降低传统养护产生的漂浮物造成邻近既有线施工安全事故的风险或高墩养护安全风险。实施过程、实施效果如图 9.37 和图 9.38 所示。

图 9.37 实施过程

图 9.38 实施效果

9.2.11 安全梯笼工装

1. 传统工艺的劣势

在桥梁施工过程中依靠梯子或墩身模板自有的爬梯通道帮助作业人员上线。桥梁墩身超过 5 m 或者为连续梁施工,需要作业人员长时间上下墩身时,作业人员采用常规搭设脚手架的方式上下或依靠墩身自有爬梯上下,无法满足多名作业人员同时上下、携带工机具的要求,且具有安全隐患。

2. 新工艺工装使用

安全梯笼工装施工流程为:确定梯笼安装位置→预埋梯笼地脚螺栓→浇筑梯笼基础→安装第一节梯笼→梯笼随墩身施工逐步提升→安装梯笼附墙连接→梯笼使用及日常检查。具体操作方法如下。

根据梁体边缘轮廓线及施工环境确定梯笼的安装位置,在原地面浇筑20 cm 厚的混凝土,并根据梯笼尺寸预埋地脚螺栓,同时做好四周排水沟,防止雨水浸泡梯笼基础。待基础混凝土达到龄期后,安装第一节梯笼,底部与地脚螺栓连接并采用双螺母拧紧,顶部梯笼高度随墩身施工进度逐步升高,梯笼每 5～8 m 与墩身附墙件连接一次,以保证梯笼稳定性。在使用过程中,每周检查梯笼各连接螺栓是否松动,若有松动应及时拧紧。该梯笼可作为桥面系作业人员上下通道,可供每次 5 人同时上下。

3. 该工艺工装优势

安全梯笼具有承载力强、整体稳定性好、安全可靠、安装便捷、适用性强等特点,同时可以重复使用,利用率高,可用于大部分登高通道。

9.2.12 垫石模板锚栓孔定位工装

1. 传统工艺的劣势

传统方法将定型钢模板作为垫石外模,使用独立 PVC 管两端封闭胶带,逐个定位放线后,将其预埋进垫石钢筋网,浇筑垫石混凝土后抽出或凿除 PVC 管,形成锚栓孔。

定型钢模板较重,高处搬运或吊装具有安全风险。钢模板与 PVC 预埋管无法有效加固固定,浇筑振捣混凝土过程中易造成锚栓孔移位、倾斜。放线过程中需要逐个进行锚栓孔定位,人为因素影响大,易造成定位不准。PVC 预埋管在混凝土终凝后抽出时,因自身强度不足易破损、断裂,若采用凿除方式则浪费材料,费时费力。

2. 新工艺工装使用

垫石模板锚栓孔定位工装施工流程为:垫石外轮廓及支座中心线放线→钢筋绑扎(预留锚栓孔位置)→垫石模板安装→锚栓孔定位架安装→锚栓孔铝合金管安装→混凝土浇筑→终凝拔锚栓铝合金管→灌水养护。具体操作方法如下。

该模板由厂家按照设计图纸制定,材质为非金属高强新材料,强度高质量轻。锚栓孔和定位架由铝合金材质加工而成,使用时采用配套螺栓连接,与模板形成整体系统。

垫石施工前,对垫石进行放样,墨线弹出垫石轮廓线,然后将该模板沿墨线安装牢固,锚栓孔和定位架采用螺栓与模板连接牢固。垫石混凝土初凝后,取出钢质螺栓孔定位装置即可。

3. 该工艺工装优势

与传统钢模板和独立PVC管锚栓孔相比,该模板采用非金属材质,重量轻,安装风险低;锚栓孔和定位架采用铝合金材质,整体定位,与模板上配套螺栓孔栓接,定位更为便捷、精准、牢靠,有效规避锚栓孔偏位、倾斜;采用非传统金属螺栓加固方式,安拆更为方便、高效;铝合金管抽拔成孔,强度高,循环利用,绿色环保。垫石模板锚栓孔定位工装实物、使用效果如图9.39和图9.40所示。

图9.39 垫石模板锚栓孔定位工装实物

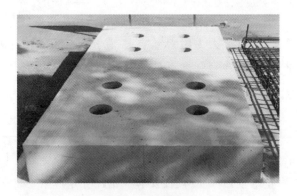

图9.40 使用效果

9.2.13 墩身吊围栏施工提升平台

1. 传统工艺的劣势

所有铁路墩身都会在墩顶安装吊围栏,将其作为后期设备管理单位的维修检查平台。但在墩身浇筑完成拆模后,墩高等原因造成吊围栏安装困难、安全风险较高。一般采用长梯、汽车吊或路政车站在桥下将作业人员和材料吊装上去再进行安装,这样增加了施工成本和施工人员的安全风险。

2. 新工艺工装使用

墩身吊围栏施工提升平台施工流程为:固定牵引绳→组装作业平台→安装作业平台→固定牵引轮→接通电源→平台调试→提升平台。具体操作方法如下。

本提升平台由牵引系统、平台及辅助轮组成。在墩身浇筑拆模达到养护期限后,将牵引缆绳用锁扣锁于墩顶垫石钢筋上,另一侧固定于操作平台,平台侧面安装封闭栏杆,以保证作业人员安全。直线平台和弧形平台组装形成整体平台系统,平台边侧固定安装辅助轮,通过卷扬机将平台提升至吊围栏位置。该平台可以顺着墩面垂直升降,具有操作简单、施工安全风险低、工效高的特点。操作流程如下。

(1) 作业准备。

一般情况下,一条铁路普通墩身基本都为同一种墩身形式。作业前对墩身形式截面尺寸进行统计,加工直线平台和弧形平台,配备缆绳和卷扬机。配置完成后应事先组装,进行调试,确保各构件使用良好,各项系统正常运行。

(2) 组装。

先将缆绳固定于墩顶垫石钢筋上,必须锁牢固。如果没有条件进行固定,可以在墩顶施作膨胀螺栓进行固定。固定完成后,在墩下组装平台,直线平台和弧形平台必须组装牢固、形成整体。组装完成后,将缆绳和固定在平台上的卷扬机连接形成整体。如果只需要进行半边安装,则端部安装辅助轮与墩面密贴,稳定整个平台系统。组装完成后先进行调试,如各项目性能良好,可以上人施工。

(3) 安装作业。

作业人员站在平台上,通过线控开关控制平台的上升、下降和暂停,以便安装吊围栏。

3. 该工艺工装优势

该装置灵活方便,操作简便,让作业人员摆脱长期站在梯子上、汽车吊吊笼内、路政车平台上的束缚,作业空间大、作业灵活,同时具有降低施工安全风险、提高工效、降低成本的优点。

9.3 支座施工标准化工艺工装

此处介绍的是一种桥梁支座预埋孔检查装置。

1. 传统工艺的劣势

以往验收垫石支座锚杆预留孔及凿毛区采用钢卷尺进行检查,工效低,验收效果不佳,设备及人员投入较大。

用钢卷尺测量时需要从多位置、多角度测量。整体工作效率较低且易出差错。

2. 新工艺工装使用

桥梁支座预埋孔检查装置施工流程为:查阅图纸/支座统计表→支座中心点放样→弹支座中心线→凿毛区凿毛→工装与支座方向匹配放置→检查孔位及凿毛区。具体操作方法如下。

根据项目设计采用的图纸及规范,对支座锚栓设计预留孔位位置及相应直径在 CAD(computer aided design,计算机辅助设计)软件中进行 1∶1 放样,并根据支座横、纵桥向尺寸特点,在垫石预留孔检查装置上喷绘使用位置、方向、凿毛区域、尺寸刻度线,使一个装置进行旋转后通用 GD、HX、ZX、DX 支座(GD 为固定支座,HX 为横向活动支座,ZX 为纵向活动支座,DX 为多向活动支座)。使用时仅需要将其旋转至喷绘文字注明方向即可使用,在解决问题的同时优化材质,确保检查时效果直观。该装置方便携带且不易损坏,提高了检查工效及检查质量。

3. 该工艺工装优势

(1) 进度质量效益:①工装不仅节约了垫石预留孔检查验收时间(每个桥墩节约用时 10 min),还保障了架桥机架设简支箱梁顺利施工,进一步保证了工期,提高了企业的声誉;②克服了原钢卷尺测量时不同支座尺寸变换检查的出错问题;③工装使用方便、直观,仅需要对支座不同方向进行旋转,即可直观看出预留孔位是否有误,同时检查了凿毛区范围是否合格。

(2) 经济效益:①该装置极大缩短了垫石预留孔检查时间,节约人工、吊车投入;②规避预留孔位检查不到位引起的窝工、加班抢工风险,保障了架梁作业顺利进行；③推广该工装能够促进企业提质增效，更好地提高企业经营效益。支座放样及弹线如图9.41所示。

图9.41 支座放样及弹线

9.4 箱梁施工标准化工艺工装

9.4.1 梁底增设清扫孔工艺

1. 传统工艺的劣势

0号块模板、钢筋施工过程中会有钢筋连接焊渣、底部木模加工碎屑、灰尘等杂物。因0号块钢筋、预应力管道密集，清理作业空间有限，杂物无法得到有效清理。混凝土浇筑后，杂物附着于0号块混凝土内，极易引起梁底混凝土松散、不密实、夹杂杂物、铁锈污染等问题。

2. 新工艺工装使用

梁底增设清扫孔工艺施工流程为：支座安装→支架搭设及预压→底模开清扫孔→底模安装→侧模安装→底板钢筋及预应力管道安装→侧板钢筋及预应力管道安装→内模安装→顶板钢筋、预埋件及预应力管道安装→底模冲洗除杂物→混凝土浇筑→预应力施工。具体操作方法如下。

在模板加工前进行策划，根据连续梁设计图纸，绘制设计模板图纸，同时在0号块两支座间、支座外侧底模标高最低位置，视梁段长度和宽度，开设若干个30 cm×40 cm清扫孔，数量根据实际情况而定。

用清水将底模上的杂物从清扫孔冲出,待整个底模清理干净后,混凝土浇筑前,封堵模板预留孔,保证梁底混凝土施工质量。

3. 该工艺工装优势

使用该工艺工装可以将模板底部的杂物冲洗干净,保证梁底混凝土密实、表面光滑、色泽美观。

9.4.2 多孔振捣工艺

1. 传统工艺的劣势

传统方法将定型钢模板作为0号块外模和内模,模板不单独开振捣窗,一般采用插入式振捣棒或辅以附着式振捣器振捣混凝土,使之密实。

因0号块支座等位置钢筋密集,造成混凝土振捣棒无法按规定的作用半径和深度插入振捣混凝土,极易引起混凝土表面松散、蜂窝等质量缺陷;连续梁中支点加强区及横隔板过人孔均设有倒角,横隔板底板设有盖板。混凝土浇筑过程中,气泡无法有效排出,拆模后常有大量气泡、气孔。

2. 新工艺工装使用

多孔振捣工艺施工流程为:支座安装→支架搭设及预压→模板开窗(孔)→模板安装→钢筋、预应力管道及预埋件安装→混凝土浇筑通过振捣窗振捣→预应力施工。具体操作方法如下。

在侧模上对应支座部位,距底模 30 cm 和 60 cm 处共开设 8～10 个直径为 100 mm 的振捣孔,振捣孔间距为 40 cm。在支撑桁架处调整间距,预置振捣通道进行定点振捣。从孔内先临时安装长 1.5 m、直径为 90 mm 的 PVC 管,振捣棒顺着 PVC 管伸入梁内进行振捣,并在振捣棒上做好距离标识,从内往外振捣。需要配置的工装:直径为 90 mm 的 PVC 管、开孔器。

在中支点加强区上倒角模板上每侧开设 2 个 50 cm×40 cm 的振捣窗,窗口设活动封盖。当混凝土浇筑至该位置时,可用螺栓插销固定进行封堵。同时,对跨度大于 100 m 的连续梁,在加宽区模板外侧布置 4 个附着式振捣器加强振捣。

横隔板过人孔底模处以及下倒角处,在左右两侧距纵向中心线 30 cm 处,对称各开设 3 个 20 cm×30 cm 的振捣窗,如图 9.42 所示。

图 9.42 横隔板过人孔底模处开设振捣窗

3. 该工艺工装优势

该工艺工装通过多窗振捣有效避免混凝土质量缺陷,混凝土内实外美。

9.4.3 精轧螺纹钢分中连接器

1. 传统工艺的劣势

挂篮后锚系统、悬挂系统、走行轨锚固系统多采用精轧螺纹钢抗拉受力,采用传统连接器连接。

人为操作的偏差影响极易造成连接器两端精轧螺纹钢旋入长度不一致,精轧螺纹钢抗拉出现薄弱点,严重情况下可造成精轧螺纹钢连接处拔脱,挂篮或连续梁底模整体倾覆。

2. 新工艺工装使用

精轧螺纹钢分中连接器施工流程为:连接器中间开孔→插入插销→一端精轧螺纹钢旋入→另一端精轧螺纹钢旋入。具体操作方法如下。

在使用连接器之前,在沿连接器的长度方向上的正中位置开设圆孔,插入卡销。由于卡销限位作用,两端精轧螺纹钢旋入至限位卡销处即无法继续旋入,便可实现精轧螺纹钢连接居中,确保挂篮悬臂现浇施工中挂篮三大受力系统的安全可控。

3. 该工艺工装优势

该工艺工装便于实现精轧螺纹钢连接居中,确保挂篮悬臂现浇施工中挂篮精轧螺纹钢受力均匀,安全可控。

9.4.4　挂篮防雨棚工装

1. 传统工艺的劣势

铁路连续梁大部分均采用挂篮进行施工,且大跨度连续梁基本上都是全线控制性工程,施工难度大、工期紧。在南方地区,雨季雨量较大且持续周期较长,对连续梁挂篮施工影响极大,从而影响整体工期。同时,对于刚浇筑的节段混凝土,因天气突变下雨,无法及时有效地进行防雨覆盖。

2. 新工艺工装使用

挂篮防雨棚工装施工流程为:防雨棚加工→防雨棚安装→下雨期间展开防雨棚→无雨期间收缩防雨棚。具体操作方法如下。

该雨棚支架立柱及连接系采用14号槽钢,顶部滑道采用445 mm×3 mm钢管,雨棚油布骨架采用445 mm×3 mm钢管,对应钢管位置的雨棚油布穿孔,通过铁丝与钢管连接牢固。雨棚油布分为两幅,分别以挂篮左右两侧主桁为中心,打开后雨棚油布顶面用尼龙绳固定。雨棚布上方的尼龙绳必须拉紧,保证起风时雨棚布不脱离纵向钢管。注意纵向钢管与圆环的焊接质量,保证纵向钢管沿横向钢管顺利滑动。

雨后、吊装腹板钢筋前、混凝土浇筑前等不利于雨棚结构的情况下,应及时把雨棚收拢到位,以有利于雨棚的保养。应不定期检查雨棚布是否出现超过5 cm的撕裂口,若有较大的撕裂口应及时采用粘胶布或其他方式填补,以保证功能完好。

3. 该工艺工装优势

传统的挂篮均无防雨棚。下雨期间,钢筋等原材被雨水淋湿,无法进行焊接作业,增加作业人员的安全风险。雨季停工还会造成人员窝工,工期无法得到保证。该装置能够减少下雨对施工的影响,从而实现不间断施工,以满足工期要求。

9.4.5　移动倒链张拉工装

1. 传统工艺的劣势

常规的连续梁张拉工序采用汽车吊调运千斤顶至梁端,需要长时间占用汽车吊,存在安全风险。

2. 新工艺工装使用

移动倒链张拉工装施工流程为:确定各项材料尺寸→编制技术交底→移动倒链安装→吊装千斤顶至移动倒链→张拉→滑动移动倒链工装→张拉。具体操作方法如下。

该工装可以直接对张拉设备进行提升和移动,减少汽车吊投入,降低了吊装作业安全风险,降低了施工成本,提高了工效。该工装由 12 号槽钢、4 根直径为 32 mm 的精轧钢、2 组移动倒链组成。首先将 4 根直径为 32 mm 的精轧钢从挂篮前横梁下垂至 1 m 的位置,采用连接器与槽钢连接牢固,再在槽钢上安装 2 组移动倒链,以槽钢为滑道,移动倒链,实现横向移动。

在进行张拉工序时,张拉千斤顶可以直接悬挂于移动倒链上,同时可左右移动,完成端头纵向预应力筋的张拉。

3. 该工艺工装优势

该工艺工装制作简单,操作安装及拆卸容易,适用性极强,能够减少张拉预应力时汽车吊的投入,减少成本支出,同时降低邻近营业线施工的安全风险。

9.4.6 连续梁挂篮轻质兜底工艺

1. 传统工艺的劣势

传统挂篮兜底在挂篮走行过程中不平衡力矩较大,造成一定的安全隐患。同时,养护用水的废水排放、用电安全、防风、防火等也存在安全隐患。

2. 新工艺工装使用

连续梁挂篮轻质兜底工艺施工流程为:兜底横梁与挂篮底模采用精轧螺纹钢悬吊于底模横梁下方→底板铺设(防坠落、防水处理)→防护棚四周围挡设置。具体操作方法如下。

挂篮轻质兜底防护平台构造主要考虑防高空物体坠落及防水两项防护工作。本防护平台可防坠物、防水、防电、防风、防火。为了保证行车及施工安全,在挂篮的底部、前面和两侧安设防抛网。兜底宽度为 13 m,长度为 6 m。在底部周边用钢板封闭,高度为 0.3 m,形成总高 1.1 m 的防护平台。兜底采用两根横梁,横梁与挂篮底模前后横梁位置对应,采用精轧螺纹钢悬吊于底模横梁下方。横梁采用双拼 14 号工字钢,长度为 14 m,间距为 5 m(挂篮前后横梁间距)。

为减轻包裹自重,底板由 10 cm×10 cm 方钢、竹胶板和铁皮组合制作而成,高度为 1.5 m。设置两层方钢,第一层垂直于横梁,间距为 80 cm;垂直于第一层方钢设置第二层方钢,间距也为 80 cm。在方钢上铺设竹胶板,竹胶板与方钢采用铁丝绑扎固定。平台左右两侧及前端设置防护栏。防护栏采用方钢搭设,并高于梁顶 2 m,挂铁丝网和密目防护网。栏杆与防坠落平台间的连接形式为焊接。在栏杆内侧设置双层防坠落阻燃密目安全网(25 mm×2 mm),外侧设置钢丝网(55 mm×5 mm),兜底在挂篮正下方加工,然后采用倒链提吊与挂篮底模横梁精轧螺纹钢连接。这样使挂篮系统处于一个相对封闭的空间,从而保证了挂篮悬浇施工过程中的行车安全及人身安全。

为保证施工废水不流向公路,兜底采用集中排水,即在包裹底部设置集水槽。集水槽采用 2 mm 厚钢板焊接,并保证焊接质量,确保不漏水。集水槽通过与包裹主横梁垂直的两根 20 号工字钢悬挂于包裹底部。

在竹胶板上铺设双层土工布过滤废水,防止废水在流向集水槽的过程中流入公路。为防止施工过程中焊渣掉落至竹胶板上引起火灾,在竹胶板上再铺设一层 0.5 mm 厚白铁皮。

防坠落措施:①在挂篮刚性吊架上满铺竹胶板和钢板,并与型钢固定,防止落物;②在挂篮四周设置细眼钢丝网(进行空中防护,道路不封闭),防止施工中的钢筋、石子或其他物体掉落到桥下,钢丝网超出混凝土梁顶 2 m。

防水措施:①在挂篮防坠落木板上钉 0.5 mm 厚铁皮,铁皮与竹胶板间刷防水胶,铁皮接缝处压 3 mm 厚钢带,钢带宽度为 5 cm,作为防水层;②在箱梁两侧设挡水檐,防止桥面养护水下流;③箱梁采用集中排水,各节段完成后预留孔洞提前封闭;④在挂篮下方设防水层(木板和铁皮),并在四周设挡水板,以免箱梁浇筑过程中,离析水滴到公路上;⑤在防水层上设集水槽和排水导管,让积水排出,安排专人管理排水导管,保证其不堵、不漏。

防护棚四周围挡安装要点如下。

①围挡骨架安装。防护棚四周围挡骨架采用 8 cm×8 cm 方钢,横杆间距为 1 m。立杆间距为 0.75~1.5 m。

②钢板和钢丝网安装。防护棚骨架下端外侧安装 3 mm 厚钢板,每块钢板为 1.5 m×3 m。钢板与骨架角钢进行段焊,每 50 cm 焊接一次,焊缝长 5 cm。相邻两块钢板之间进行点焊,每 50 cm 点焊一次。钢板焊接时,需要注意在 36 V 电源下,采用型号 E4303、牌号 J422Y 的焊条进行焊接。

防护棚底板平台以上 3 m 至顶端,在骨架内侧安装 5 mm×5 mm 不锈钢防护网,每块防护网宽 1.2 m。防护网与骨架用铁丝绑扎,每 60 cm 绑扎一道。

3. 该工艺工装优势

防护平台与底模承力系统结合在一起,除兼顾分离式防护平台安全防护要求外,还具有三个优点:①降低了传统普通兜底梁体两端的不平衡重,减少了挂篮走行过程中的不平衡力矩,使挂篮走行更安全;②降低了防护平台的高度,使平台距离下方的既有路面净空更大,从而更为安全;③加强了防护平台的整体稳定性,确保恶劣天气时防护平台的安全。使用效果如图 9.43 所示。

图 9.43　使用效果

9.4.7　挂篮走行锚固精轧钢定位工装

1. 传统工艺的劣势

挂篮走行要求锚固精轧钢定位准确,间距一致,线形顺直。传统的挂篮走行锚固精轧钢采用带线定位,用钢筋进行固定,在浇筑混凝土的过程中,振捣棒触碰钢筋导致预埋精轧钢发生偏位,从而导致挂篮走行锚固精轧钢定位不准确,高度不一致,为挂篮走行与锚固带来困难,存在很大的安全隐患。

2. 新工艺工装使用

挂篮走行锚固精轧钢定位工装施工流程为:定位工装制作→梁体钢筋绑扎→精轧钢预埋→定位工装安装→梁体混凝土浇筑→定位工装拆除。具体操作方法如下。

挂篮走行锚固精轧钢预埋定位工装由10号槽钢制作而成。根据挂篮走行锚固精轧钢预埋位置图,在槽钢上按照预埋间距进行开孔制作,定位孔的直径比锚固精轧钢的直径大5 mm(防止孔过大导致固定螺帽穿过孔起不到固定作用)。

在连续梁钢筋绑扎完成后测量放出挂篮走行轨道锚固精轧钢预埋位置,安装预埋精轧钢后采用定位槽钢对精轧钢进行固定,保证走行轨道预埋锚固精轧钢在一条直线上。

挂篮走行锚固精轧钢定位工装安装完成之后,采用塑料薄膜覆盖在工装顶面螺栓上,防止混凝土污染螺栓,进而给拆除工装带来影响。

3. 该工艺工装优势

采用挂篮走行锚固精轧钢定位工装确保梁面挂篮走行轨道预埋精轧钢纵、横向位置准确,提高了安装的准确性,降低了挂篮走行的安全风险。锚固精轧钢定位工装安装效果如图9.44所示。

图9.44 锚固精轧钢定位工装安装效果

9.4.8 梁端钢模板钢筋定位工装

1. 传统工艺的劣势

梁体端头模板多采用木模,钢筋和预应力管道位置均采用人工切割模板制作,梁体纵向支撑钢筋及纵向预应力管道定位精度不高、固定困难,且混凝土浇筑时易造成梁体纵向钢筋及预应力管道位置偏移,影响连续梁实体质量,后期运营存在一定的安全隐患。

2. 新工艺工装使用

梁端钢模板钢筋定位工装施工流程为:连续梁端模制作→模板安装→梁体钢筋绑扎→预应力管道安装→梁体混凝土浇筑。具体操作方法如下。

在模板加工前进行策划,根据连续梁设计图纸,在模板厂定制加工梁端模板,采用5 mm厚钢模板和∠5 cm×5 cm角钢共同制作。按照连续梁端部尺寸进行模板加工,按照节段钢筋间距、数量进行模板钢筋卡槽的制作,卡槽深度满足钢筋直径和梁体钢筋混凝土保护层厚度要求。

按照设计位置在端模面板上进行打孔,制作时面板上的预应力管道定位孔直径大于预应力管道直径5 mm即可,防止孔过大导致浇筑混凝土过程中出现漏浆现象。

施工过程中,按照模板上预留的定位孔和钢筋卡槽进行钢筋绑扎和预应力管道埋设,确保主筋数量和间距满足设计要求。预应力管道穿过定位孔,确保位置准确。

3. 该工艺工装优势

该工艺工装确保连续梁各节段预应力波纹管和纵向钢筋位置准确,确保纵向钢筋、预应力管道位置符合设计要求,提高连续梁施工作业标准及施工质量。梁端钢模板钢筋定位工装实施效果如图9.45所示。

图9.45 梁端钢模板钢筋定位工装实施效果

9.4.9 波纹管定位工装

1. 传统工艺的劣势

传统工艺按照图纸及规范要求间距,测量波纹管平曲线、竖曲线,并对波纹管进行逐点固定限位。

传统波纹管的定位方式受人为因素影响大,工效低,检查复核困难,容易造成波纹管定位不准以及预应力钢绞线的位置偏差,从而使预应力损失、局部应力过大,形成质量隐患。

2. 新工艺工装使用

波纹管定位工装施工流程为:梁体钢筋绑扎→波纹管定位工装定位→波纹管定位工装井字架固定→波纹管安装。具体操作方法如下。

根据设计图纸确定不同断面波纹管的位置,依据波纹管位置绘制工装加工图纸,精确加工相应截面的整体井字架。井字架采用直径为 12 mm 的钢筋制作。准确定位该断面波纹管的位置。井字架钢筋与管道间隙为 2 mm,便于波纹管顺畅穿过该工装的井字架。工装加工完成后,涂刷油漆防锈。

在梁体部分钢筋安装完之后、安装波纹管前,即可安装事先加工完成的波纹管定位工装,通过仪器测量、调整该工装,并将其固定至设计位置。在安装波纹管时,必须保证每根波纹管穿过该工装的井字架,同时焊接 U 形钢筋固定波纹管,即可将波纹管牢固定位至设计位置。

3. 该工艺工装优势

波纹管定位工装实现了梁体预应力管道精准定位,确保了梁体施工质量。

9.4.10 连续梁预应力管道排气装置

1. 传统工艺的劣势

传统工艺未设预应力管道排气管或无法通过排气管很好地观察出浆,易造成孔道压浆困难或竖曲管道最高处附近压浆不饱满,压浆料无法对预应力筋形成有效保护,影响预应力筋耐久性。

2. 新工艺工装使用

连续梁预应力管道排气装置施工流程为：预应力管道安装→预应力管道开口并连接固定三通管→穿预应力筋→张拉→压浆（观察出浆）→封锚养护。具体操作方法如下。

半圆形塑料管与波纹管紧密贴合，采用锁箍将其固定在波纹管壁上，波纹管对应连接头位置提前开孔，同时采用胶带缠绕，确保连接可靠。压浆时，从波纹管的一头压入，从另一头出浓浆后关闭出浆口，观察排气孔是否出浆。排气管出浓浆后，方可停止压浆。

3. 该工艺工装优势

该工装操作简单，可直观判断压浆是否灌注饱满密实，确保了预应力筋的耐久性。

9.4.11 张拉槽钢模板施工工艺

1. 传统工艺的劣势

在传统的现浇梁、连续梁张拉槽的位置采用木模，会造成张拉槽的位置爆模或出现空洞的现象，同时也会造成锚垫板定位不准，出现张拉槽口位置不易校准、施工质量差、施工费工费时、材料周转率低等技术问题。

2. 新工艺工装使用

张拉槽钢模板施工工艺流程为：根据设计图纸确定尺寸→绘制张拉槽钢模板加工图→准备材料→加工成型→锚盒、端模、锚垫板三者刚性栓接→吊装定位。具体操作方法如下。

锚盒由钢板按图纸设计尺寸精确加工而成，钢制模板由一块底模板和四块侧模板围合而成，钢制模板的尺寸及形状与预留张拉槽口的尺寸及形状相匹配，钢制模板的底模板中部开设有一通孔，定位螺帽设置在钢制模板的上方，定位螺帽与底模板中部的通孔在同一铅垂线上，定位螺帽通过连接杆与钢制模板固定连接。

在使用过程中，将锚盒、端模、锚垫板三者刚性栓接，整体吊装，通过精确定位端模，实现锚垫板的精准定位。

3. 该工艺工装优势

该工艺工装操作简单,实现锚垫板的精准定位,锚端混凝土密实饱满,同时可以重复利用,降低成本。工装实际使用效果如图9.46所示。

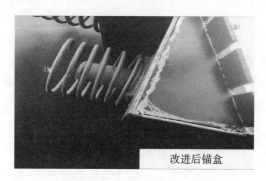

图 9.46　工装实际使用效果

9.4.12　连续梁混凝土下料工装

1. 传统工艺的劣势

传统工艺通常在连续梁腹板钢筋安装完成后,施工混凝土时下放串桶。由于连续梁梁体腹板高度大,腹板内钢筋、预应力孔道分布密集,串桶安装时常受到钢筋或预应力管道影响,无法下放到预定的位置,串桶下口与浇筑面距离往往大于2 m。混凝土在下落过程中与钢筋或预应力孔道发生碰撞造成离析现象,导致拆模后梁体腹板部位极易出现蜂窝、麻面、空洞、露筋等质量缺陷,严重影响梁体质量。

2. 新工艺工装使用

连续梁混凝土下料工装施工流程为:制作料斗→随腹板钢筋安装预置串筒→安装漏斗→混凝土浇筑→拆除串筒→漏斗移至下一串筒位置。具体操作方法如下。

该工装由下料PE管和梯形漏斗组成。根据连续梁腹板高度及钢筋密度,选取直径为160～200 mm的PE管。PE管的长度按距离梁体腹板底部1 m,顶部超出梁面50 cm的原则确定,采用5 mm厚钢板焊接制作与PE管直径匹配的梯形漏斗。

在使用时,梁体钢筋绑扎安装完成后,在腹板位置沿纵向2～3 m预埋一PE

管,PE 管顶部设梯形漏斗,在浇筑混凝土时,混凝土泵送至梯形漏斗,沿着 PE 管下放至梁体内,从而减少了混凝土的自由落差,保证了混凝土的工作性能。

3. 该工艺工装优势

该工艺工装在连续梁腹板钢筋安装时直接预置在腹板钢筋中,串桶间距分布均匀,串桶下口距混凝土浇筑面高度符合规范要求,连续梁混凝土浇筑时可将混凝土均匀下放至底板和腹板,减少混凝土离析现象的产生,确保了连续梁实体质量。工装布置如图 9.47 所示。

图 9.47 工装布置

9.4.13 连续梁自动喷淋养护工装

1. 传统工艺的劣势

连续梁梁体的传统养护方法一般有两种:一种是搭设养护平台,将喷头固定于养护平台上,喷头用供水管道依次连接,接到供水管道上,采用 360°自动旋转喷头;另一种方法是人工洒水养护,此方法需要配备吊车。

传统 360°自动旋转喷头养护工艺存在耗水量大、养护不均匀等问题。同时,人员洒水养护劳动强度大,养护效率低、不均匀,安全隐患大,养护覆盖不到的部位较多,需要配备吊车等工具,经济效益差。

2. 新工艺工装使用

连续梁自动喷淋养护工装施工流程为:制作喷头及支架工装→安装自动喷

淋系统→设置自动喷淋时间参数→梁体自动喷淋养护→移至下一节段。具体操作方法如下。

根据连续梁设计图纸,绘制喷淋养护工装加工图,计算需要水管的长度、喷淋阀的数量、三通管规格数量、直径为 20 mm 的钢筋支架的数量,准备 5 t 的专用养护水桶、定时继电器等材料,并按照图纸加工组装。

梁体浇筑完成之后,首先使用直径为 20 mm 的钢筋做支架固定水管,水管从地面专用养护水桶内沿墩身上梁面,并引入箱内、翼缘板和腹板外侧,水管上安装三通管连接喷淋阀,并在电箱内设置定时装置。组装完成之后,进行喷淋测试,及时调整存在的问题。

测试无问题后,设置每半小时自动进行一次喷淋,同时按照喷淋水量定期加水。该节段梁体达到养护龄期后,移至下一节段。

3. 该工艺工装优势

该工艺工装通过自动喷淋养护可有效克服传统人工养护的随意性,避免了养护不及时、不到位,安全隐患大等缺点,不仅提高了工效,而且节约了人工成本,减少混凝土裂缝和裂纹,确保连续梁的实体质量。

9.4.14　接触网基础钢筋定位工装

1. 传统工艺的劣势

以往接触网支柱预埋件对其安装水平、螺栓间距等设计允许误差的要求高,现大部分项目只安装上钢板调平控制且钢板基本存在歪斜现象。同时,防护不到位导致混凝土及其他杂物黏结在支柱上或产生螺杆生锈等情况,后期四电施工要求返工或调整,给项目部增加成本。

外观尺寸精度控制难度大,混凝土施工时易对预埋螺栓造成污染,造成螺纹失效、无法使用等问题。

2. 新工艺工装使用

接触网基础钢筋定位工装施工流程为:使用透明胶带将螺杆有螺纹处整体缠绕一圈→在接触网支柱 4 个角上各安装一个螺栓→将四个螺栓使用水平尺调平,保证水平尺随意放置在其中两个螺栓上都保持水平状态→再次将水平尺放置在横向相邻的两个螺帽上→使用卷尺测量翼缘板挡块至水平尺下侧高度,复核螺帽是否在同一水平面上及接触网支柱外露高度→将上钢板安装好并调平→将剩余4个螺帽安装至对应螺杆上固定钢板,防止钢板在后续作业时发生倾斜→使用水平尺复核所有接触网支柱螺杆是否水平→使用篷布或透明胶带将支柱覆盖好,防止混凝土浇筑过程中掉落混凝土及其他杂物污染→灌注工序完成后将螺帽、上钢板、透明胶带拆除→在螺杆有螺纹处满刷钙基润滑脂→将裁剪好的热胶套管(由交联聚烯烃材料及内层热熔胶复合加工而成)套入螺杆(热缩套管直径比螺杆大10 mm即可)上,确保所有螺纹均在热胶套管内→使用明火或吹风机对热胶套管加热,使其收缩及上口密封,防止后期掉落。

具体操作方法如下。工装由接触网上钢板、8个螺帽组成,使用水平尺和卷尺辅助调平。8个螺帽每2个一组,分别安装在调平钢板四角处,螺帽中间安装上钢板调平。混凝土浇筑完成后取下螺帽及钢板,涂刷钙基润滑脂,将热胶套管套上做好防护。

3. 该工艺工装优势

该工艺工装操作简单,所有工装每个项目均已配备,完工后可将工装调拨至下个项目或退回厂家,不需要额外增加项目成本。同时,接触网支柱预埋件安装精度及防护质量得到有效保证,避免后期因接触网支柱出现质量缺陷增加大量返工成本。

9.4.15　接触网加高平台梳子板工装

1. 传统工艺的劣势

预制箱梁接触网加高平台混凝土随梁体混凝土一并浇筑,未预留出A墙、接触网支柱基础以及防护墙位置,未按照图纸施工。同时,接触网加高平台普遍存在成型不规范的问题。箱梁架设后,存在接触网位置防护墙侵限、遮板安装受影响等质量隐患。

钢筋密集位置的模板无法封堵严密,造成跑浆、漏浆,影响下一步工序,造成接触网基础钢筋绑扎、遮板安装、A墙施工困难。

2. 新工艺工装使用

接触网加高平台梳子板工装施工流程为:根据接触网支柱型号制作梳齿板→梳齿板根据尺寸分别命名为A、B、C、D、E型梳齿板→钢筋绑扎胎具依次组装

A、B、C、D、E型梳齿板→在模型上用扎丝固定梳齿板连接处→混凝土浇筑。具体操作方法如下。

工装由9块梳齿状钢板组成,板与板之间采用扎丝绑扎。对照钢筋布置图,将钢筋布设位置制作为锯齿状,使模板可插入至与翼缘板混凝土等高的高度,形成物理隔离。使接触网支柱基础加高平台浇筑混凝土时将混凝土阻隔,避免混凝土侵入竖墙A和防护墙范围内,为后续桥面施工提供施工空间和施工条件。

3. 该工艺工装优势

①解决了接触网加高台钢筋与防护墙和A墙钢筋接触部位无法立模的问题;②避免了防护墙与A墙混凝土须二次浇筑的问题,提高了防护墙与A墙的整体性;③规避了箱梁架设后遮板安装受影响等质量问题,减少消缺费用。

9.4.16 接触网基础预埋件定位工装

1. 传统工艺的劣势

传统接触网基础预埋件施工采用预埋件与现场绑扎钢筋直接焊接,但接触网预埋件位置精度要求高,极易造成后期返工,工效低下。预埋件与现场绑扎钢筋直接焊接不仅对预埋螺栓防腐涂层造成损害,并且混凝土浇筑过程中,振动棒扰动预埋件,会产生偏位的问题。

2. 新工艺工装使用

接触网基础预埋件定位工装施工流程为:根据接触网基础尺寸对角钢、钢板加工→按照尺寸焊接→连接孔打孔→现场与翼缘板端头模螺栓连接安装。具体操作方法如下。

接触网预埋钢板及预埋螺栓精准定位工装由70 mm角钢与3 mm厚钢板焊接而成。根据接触网基础尺寸,加工不同规格尺寸的接触网预埋钢板及预埋螺栓精准定位工装。使用过程中,在翼缘板端头模采用螺栓连接。

3. 该工艺工装优势

该工艺工装对接触网预埋钢板及预埋锚栓精准定位,施工控制性好,大大提高了接触网基础施工的合格率,降低了返工成本。

9.4.17 密闭式预应力钢绞线释放台座工装

1. 传统工艺的劣势

传统钢绞线释放装置采用临时钢管支架固定装置,虽然实现了钢绞线的放线功能,但钢绞线由内向外放线至最后几圈时,支撑架不能将活动的钢绞线收紧,钢绞线易产生紊乱和脱架现象。另外,传统钢绞线释放装置不能实现钢绞线防雨、防锈,且易出现钢绞线紊乱和脱架伤人的现象,造成质量和安全隐患。

2. 新工艺工装使用

密闭式预应力钢绞线释放台座工装施工流程为:根据现场实际需求设计台座→出具设计图纸→工装制作→进场工装验收→钢绞线放入台座中→工装调试→钢绞线穿束。具体操作方法如下。

密闭式预应力钢绞线释放台座工装由外壳、限位装置、释放锥筒三个部分组成。外壳为长方体空腔结构,该结构其中一个侧面水平间隔安装有一对旋转把手,与该侧面相对的侧面对称安装旋转把手。旋转把手安装于外壳上并与螺旋丝杆连接,螺旋丝杆设置于外壳内,旋转把手可通过轴承与外壳连接。限位装置包括联动摆臂和一对活动压杆,联动摆臂一侧的上下两端连接有活动压杆,联动摆臂与螺母固定,活动压杆的轴线与螺旋丝杆的轴线垂直。释放锥筒与外壳另一个侧面连接,外壳对应释放锥筒处设置有开孔,设置有释放锥筒的侧面和设置有旋转把手的侧面相邻,释放锥筒朝外的一侧设置有释放口。

钢绞线放置于外壳中,属于封闭空间。通过旋转把手转动带动螺旋丝杆转动,从而带动螺母做直线运动,螺母带动限位装置移动。将四组限位装置固定于钢绞线四周,限位装置的移动方向垂直于钢绞线的轴线方向,限位装置的活动压杆轴线平行于钢绞线轴线方向,通过钢绞线两侧限位装置的运动和活动压杆的限制将钢绞线锁紧。一侧 2 个螺旋丝杆控制 4 个点(即上下压杆),通过一拖二联动压紧钢绞线,实现钢绞线释放。

3. 该工艺工装优势

该工艺工装有效解决了采用以往传统施工方法时钢绞线易发生紊乱和脱架的问题,实现了钢绞线防雨、防锈,确保钢绞线穿束的施工质量和安全,提高施工效率,随用随取,灵活方便。

9.4.18　现浇梁定制橡胶凹槽帽压浆罩工装

1. 传统工艺的劣势

传统压浆罩利用橡胶良好的密封性能,在压浆罩凹槽内设置O形橡胶密封圈,拧紧螺杆,使压浆罩内O形橡胶密封圈与工作锚具表面密封紧贴,以达到抽真空、持压不漏浆的效果。

每次压完浆后要及时将压浆罩拆卸,立即清理压浆罩内的压浆料。若过早拆卸,孔道端头的浆体顺着夹片与钢绞线间隙渗出;若拆卸时间晚,压浆罩难以清理。

2. 新工艺工装使用

现浇梁定制橡胶凹槽帽压浆罩工装施工流程为:安装压浆罩→安装进出端连接管装置→制浆→浆体检验→进浆→检查严密性→进浆→出浆端出浓浆→关闭出浆端排气/浆液阀门→第一次持压(压力表读数为0.5~0.6 MPa时)→第一次排气(进浆端进浆阀关闭,接着打开进浆端排气/浆液阀门)→排出空气、出浓浆后关闭排气/浆液阀门,再打开进浆阀→第二次持压(压力表读数为0.5~0.6 MPa时)→第二次排气(关闭进浆端进浆阀,接着打开进浆端排气/浆液阀门)→排出空气和浓浆后关闭排气/浆液阀门,再打开进浆阀→进浆→持压3 min(压力表读数为0.5~0.6 MPa)→下一孔道压浆(按照前面两压两排的工序进行作业)。具体操作方法如下。

将压浆罩内O形橡胶圈更换为定制橡胶凹槽帽,利用橡胶与混凝土的不贴合特性,待浆体初凝后再拆除橡胶帽,有效解决原压浆罩浆体清理难度大的问题。

3. 该工艺工装优势

该工艺工装提高预应力管道压浆的饱满度,有效保证了管道压浆的质量,在工序上降低了操作难度。

9.4.19　预应力智能张拉压浆工装

1. 传统工艺的劣势

传统预应力张拉工艺采取手动驱动油泵、压力表读取张拉力、钢尺测量伸长值和人工记录张拉数据的方式。

(1) 传统张拉工艺劣势。

①传统张拉中人为原因会使操作同步性差,持荷时间、加载速率随意性大,易导致张拉中预应力损失较大,锚下预应力达不到设计要求,使梁板总体有效预应力偏小;②因人为操作精确度差,可能出现张拉过度,导致个别梁板张拉力失控,钢绞线屈服。传统张拉操作精度仅能达到±15%;③传统张拉由人工操作,难以规范施工,易出现钢绞线缠绕的现象,导致同束索力不均匀,且钢绞线伸长值由人工测量,误差较大,导致应力出现较大偏差;④当用2台或多台千斤顶同步对称张拉时,因需要多人操作,同步张拉偏差很大,易出现预应力损失;⑤张拉中各项原始数据均为人工记录,数据随意性强,数据真实性难以保证,无法成为张拉过程及张拉质量的凭证。

(2) 传统压浆工艺劣势。

①传统压浆中人为控制浆液水胶比,易出现较大偏差,且施工现场常为改善流动性而肆意增加用水量,易导致泌水量过大形成空洞;②人为操作具有随意性,规范管理难度大,灌浆压力施力随意,常无法在全管路形成有效压力,保持一定时间稳压,仅靠浆液自流,易出现管道注浆不充盈、压浆不密实的现象;③传统压浆操作中无法对压入管道内浆液的流量、压力准确计量,无法控制灌浆流速和灌浆压力;④压浆中各项原始数据均由人为记录,数据随意性强,真实性难以保证,无法掌握压浆真实的质量情况。

2. 新工艺工装使用

预应力智能张拉压浆工装施工流程为:设备安装→设备安装情况检查确认→软件参数设置→检查软件通信功能→张拉(或压浆)→过程检查→上传数据。具体操作方法如下。

(1) 预应力智能张拉系统。

预应力智能张拉系统通过传感技术采集每台张拉设备(千斤顶)的工作压力和钢绞线伸长量(含回缩量)等数据,并实时将数据传输给系统主机进行分析,以应力为控制指标、伸长量误差为校对指标进行判断,同时张拉设备(泵站)接收系统指令,实时调整变频电机工作参数,实现高精度实时调控油泵电机转速,实现张拉力及加载速度实时精度控制。

(2) 智能压浆系统。

智能压浆系统由系统主机、测控系统、循环压浆系统组成。使浆液在由预应力管道、制浆机、压浆泵组成的回路内持续循环以排净管道内空气,及时发现管道堵塞等情况,并通过加大压力进行冲孔,排出杂质,消除导致压浆不密实的因素。在管道进、出浆口分别设置精密传感器对压力、流量与浆液水胶比等参数进行实时监测,并实时反馈给系统主机进行分析判断,测控系统根据主机指令调整压力与流量,保证在施工技术规范要求的浆液质量、压力大小、稳压时间等重要指标约束下完成压浆过程,确保压浆饱满、密实。

3. 该工艺工装优势

该工艺工装可以减少现场技术人员和作业人员,同时降低人为操作影响,提高工效。

9.4.20 现浇梁支架预压观测点埋设施工工艺

1. 传统工艺的劣势

传统工艺为在底板上部或底板下部埋设观测点,底板上部通常堆满了预压物料,对埋设观测点造成阻碍。底板下部有方木、型钢、支架等,容易对观测点造成遮挡,导致观测困难。

2. 新工艺工装使用

现浇梁支架预压观测点埋设施工工艺流程为:布置点位的同时将仪器架设在整个支架体系中视野最合适的地方→将螺栓的一头带上螺帽,用锤子将螺栓顺着孔位打进底板模板,螺帽卡入木板,螺栓的另一头会在方木之间穿出,在下方将另一个螺帽拧紧→在钢钎下端安装观测标(可采用两张反光贴对贴固定在钢钎上),方向朝向观测者。

具体操作方法如下。现浇梁支架预压观测点埋设施工工艺通过采取在底板上埋设观测点的方式,可解决预压过程中个别观测点采集不到预压数据的问题。预埋观测点埋设工装由 1 个长 0.3 m、直径为 12 mm 的螺纹钢钎,2 个对应型号的螺母及 2 个测量反光贴组成。

3. 该工艺工装优势

该工艺工装将观测点埋设在底板上,观测点可以直接反映底板木模的位移沉降情况,使数据更具真实性。相比其他埋设方式(如焊接点)不需要太大的工作空间,埋设过程简单,经济成本低廉,具有良好的实用价值。

9.4.21 挂篮预压反力架工装

1. 传统工艺的劣势

传统工艺采用预压块进行预压劣势具体如下:①塔吊装卸预压块施工效率低;②高空作业多,安全风险高;③需要投入预压块材料、塔吊、人员、材料、机械投入成本高。

2. 新工艺工装使用

挂篮预压反力架工装施工流程为:在0号块施工腹板位置预埋三脚架竖向双拼工字钢→挂篮组拼完成→三脚架横向梁、斜杆安装→千斤顶下方受力梁调整完成→千斤顶安装→按计算的荷载加压预压。具体操作方法如下。

采用预应力张拉用的液压千斤顶加载,千斤顶加载在底板范围内进行。在0号块端面腹板内预埋双拼I40a工字钢三脚架,将其作为预压反力点。用2I40a工字钢将水平杆件与钢板连接成三角反力支架。两腹板三脚架下焊接水平的2I40a工字钢。

在挂篮底模板横桥向放置双拼工字钢横梁,横梁上布置30 mm厚钢板,钢板上再布置液压千斤顶,千斤顶上方再放置一层工字钢横梁,挂篮底模板与工字钢之间增加楔块进行调平。然后进行分级加载预压。具体材料规格以计算书为准。

3. 该工艺工装优势

①施工效率高。传统堆载方法需要提前预制好混凝土预制块,然后用塔吊将预制块吊至挂篮之上。新工艺采用液压千斤顶,形成反力架系统预压方式,仅需要使用塔吊进行工字钢及千斤顶的装卸,只需4 h。

②减少了吊装作业及高空作业的时间,降低了安全风险。

③整体成本不高。液压千斤顶及智能张拉设备是后续预应力混凝土连续现

浇梁预应力张拉必备设备，无须单独购买，无额外机械设备费用。挂篮底模板上方工字钢可用于其他施工部位，材料费用仅为0号块腹板刚性三脚架的费用。根据以往经验，采用挂篮预压反力架工装所需费用仅为传统工艺方法所需费用的七分之一。

9.4.22 临时固结绳锯切割工艺

1. 传统工艺的劣势

传统工艺面临作业时间久、劳动强度大、工作环境差（噪声大、粉尘多）、高处作业安全隐患大以及切口部位外观质量差等诸多问题，无法满足环保及质量要求，已逐渐被淘汰。

2. 新工艺工装使用

临时固结绳锯切割工艺施工流程为：搭设作业平台→切口部位放线→钻吊装孔和穿绳孔→安装固定导向轮→固定绳锯机→穿吊装绳→安装金刚石绳索→切割临时固结→切割件吊装→清理杂物→切口部位防锈处理→拆除作业平台。具体操作方法如下。

临时固结切割作业时，需要在主墩处搭设钢管支架操作平台，满铺20 cm宽、5 cm厚木板，同时配备好施工所需用水，降噪除尘。采用绳锯机将临时固结沿着梁底面和墩顶面进行切割，保证切割后临时固结在梁底面和墩顶面处无突起。

金刚石线切割机的切割原理：通过高速旋转和往复旋转的绕线筒驱动金刚石线进行往复运动，在金刚石线和要切割的物体之间产生磨削以形成切割。

3. 该工艺工装优势

该工艺工装不受被切割物体积大小和形状的限制，能切割和拆除大型的钢筋混凝土构筑物；可以实现任意方向的切割，如横向、竖向、对角线方向等；能够快速切割，缩短工期，切割效率高；解决了常规拆除施工过程中的振动、噪声、灰尘及其他环境污染问题；可远距离操作控制，可以实现水下、危险作业区等一些特定环境下一般设备、技术难以完成的切割；切口部位平齐，一次成型，不需要二次修整。绳锯切割技术工装配置、临时固结绳锯切割技术效果如图9.48和图9.49所示。

图 9.48　绳锯切割技术工装配置

图 9.49　临时固结绳锯切割技术效果

参考文献

[1] 中冶京诚工程技术有限公司.钢结构设计标准:GB 50017—2017[S].北京:中国建筑工业出版社,2018.

[2] 陈良江,周勇政.我国高速铁路桥梁技术的发展与实践[J].高速铁路技术,2020,11(2):27-32.

[3] 崔玲枝.高速铁路混凝土梁桥典型病害仿真分析及对策研究[D].成都:西南交通大学,2018.

[4] 邓宏.我国高速铁路桥梁施工中的新技术[J].国防交通工程与技术,2016,14(S1):42-43+48.

[5] 刁永锋,陈岗.高速铁路桥梁工程[M].成都:西南交通大学出版社,2022.

[6] 付慧.高速铁路桥梁工程施工技术[M].北京:中国铁道出版社,2014.

[7] 傅凌芳,王辉.高速铁路概论[M].上海:上海交通大学出版社,2017.

[8] 郭章保.高速铁路桥梁综合接地施工技术探究[J].四川建材,2017,43(1):137-138+140.

[9] 侯斌.不同地质情况下钻孔灌注桩钻机设备选型[J].设备管理与维修,2021(8):119-120.

[10] 焦胜军.高速铁路桥涵施工与维护[M].成都:西南交通大学出版社,2017.

[11] 靳晓燕,隋永兴.铁路桥涵施工及维修[M].北京:中国铁道出版社,2014.

[12] 李得伟,韩宝明.高速铁路概论[M].北京:中国铁道出版社,2021.

[13] 李向国,黄守刚.高速铁路[M].3版.北京:中国铁道出版社,2022.

[14] 刘星星.中国高速铁路桥梁技术的发展与实践[J].工程技术研究,2021,6(19):186-187.

[15] 马怀超.高速铁路桥梁连续梁工程施工技术[J].工程建设与设计,2020(4):197-198.

[16] 马艳霞,马悦茵.高速铁路桥梁工程施工技术[M].北京:中国铁道出版社,2019.

[17] 尚迪,朱梅,陈源,等.国际铁路联盟标准《高速铁路实施 定义和特点》主要内容分析[J].铁道技术监督,2020,48(11):1-6.

[18] 孙树礼,周四思.高速铁路桥梁设计与实践(第2版)[M].北京:中国铁道出版社,2021.

[19] 铁道第三勘察设计院集团有限公司,中铁第四勘察设计院集团有限公司.高速铁路设计规范:TB 10621—2014[S].北京:中国铁道出版社,2014.

[20] 王军龙.高速铁路桥涵施工与养护[M].成都:西南交通大学出版社,2012.

[21] 徐智刚.铁路桥梁病害检测及分析研究[D].兰州:兰州交通大学,2018.

[22] 杨德斌.桥梁桩基础检测技术与应用研究[J].黑龙江交通科技,2021,44(10):72-73.

[23] 冶金工业信息标准研究院,中冶建筑研究总院有限公司,天津冶金集团中兴盛达钢业有限公司,等.预应力混凝土用钢绞线:GB/T 5224—2014[S].北京:中国标准出版社,2015.

[24] 尹树刚.高速铁路桥梁综合接地施工技术[J].国防交通工程与技术,2015,13(S1):174-175+168.

[25] 岳俊夫.铁路连续梁挂篮施工技术的应用分析——以鲁南高铁跨济徐高速为例[J].工程建设与设计,2021(13):134-137.

[26] 张宏志.高速铁路大跨径预应力混凝土桥梁工程与技术创新[J].工程建设与设计,2020(17):77-78+81.

[27] 张宏志.上跨高速铁路桥梁工程转体施工技术[J].工程建设与设计,2020(15):154-156.

[28] 张运波.漫谈高速铁路桥梁工程施工[M].北京:中国铁道出版社,2020.

[29] 中国建筑科学研究院,歌山建设集团有限公司,柳州欧维姆机械股份有限公司,等.预应力筋用锚具、夹具和连接器:GB/T 14370—2015[S].北京:中国标准出版社,2016.

[30] 中国建筑西南设计研究院有限公司,四川省建筑科学研究院.木结构设计标准:GB 50005—2017[S].北京:中国建筑工业出版社,2017.

[31] 中铁二局股份有限公司,卿三惠.高速铁路施工技术桥梁工程分册[M].北京:中国铁道出版社,2013.

[32] 中铁三局集团有限公司.高速铁路桥涵工程施工技术规程:Q/CR 9603—

2015[S].北京:中国铁道出版社,2015.

[33] 周金鹏.高速铁路桥梁连续梁挂篮施工技术及质量控制对策分析[J].工程建设与设计,2022(14):177-179.

[34] 左鹏飞.UIC《高速铁路设计》系列国际标准编制研究[J].铁道标准设计,2021,65(4):1-5+13.

后　　记

近年来,我国高速铁路桥梁工程施工技术快速发展,除了跨度梁设计、制造、运输、架设的成套技术,还取得了其他突破,包括崎岖山区的跨度拱桥、电缆安装桥和悬索桥建设,海上桥梁建设,多座典型高速桥建设等。这表明中国高速铁路桥梁工程施工技术已进入世界先进行列。随着国民经济的发展以及铁路网的延伸(到2030年末将形成"八纵八横"的高铁格局,高速铁路网将连接主要城市群,基本连接省会城市和50万人口以上大中城市),尤其是铁路跨海通道建设需求的增加,桥梁施工还将迎来更大的机遇和挑战。

高速铁路桥梁的施工水平关系到整个高速铁路项目。高速铁路桥梁的施工质量不仅关系到国家投资的效益最大化,还关系到运营期的运行安全。对此,铁路行业工作者必须熟练掌握当前行业前沿的高速铁路桥梁工程施工技术,保证施工水平,并重视桥梁的病害预防及治理工作,保证高速铁路桥梁工程施工的质量和安全。在此基础上,铁路行业也要不断地深化改革、勇于创新,不断地完善和优化施工技术和流程,以强大的技术创新能力和积累深度为后盾,以此促进我国高速铁路事业更好地发展,使得我国的高速铁路事业不断自我超越。